여러분의 합격을 응원하는
해커스PSAT의 특별 혜택

 해커스PSAT 온라인 단과강의 20% 할인쿠폰

K3D07E58K7345000

해커스PSAT 사이트(psat.Hackers.com) 접속 후 로그인 ▶
우측 퀵배너 [쿠폰/수강권등록] 클릭 ▶ 위 쿠폰번호 입력 후 이용

* 등록 후 7일간 사용 가능(ID당 1회에 한해 등록 가능)

 PSAT 패스 [교재 포함형] 10% 할인쿠폰

K3477DE4A80BC000

해커스PSAT 사이트(psat.Hackers.com) 접속 후 로그인 ▶
우측 퀵배너 [쿠폰/수강권등록] 클릭 ▶ 위 쿠폰번호 입력 후 이용

* 등록 후 7일간 사용 가능(ID당 1회에 한해 등록 가능)

PSAT 패스 [교재 미포함형] 10% 할인쿠폰

0AEK7DE5AB24K000

해커스PSAT 사이트(psat.Hackers.com) 접속 후 로그인 ▶
우측 퀵배너 [쿠폰/수강권등록] 클릭 ▶ 위 쿠폰번호 입력 후 이용

* 등록 후 7일간 사용 가능(ID당 1회에 한해 등록 가능)

 모바일 자동 채점 + 성적 분석 서비스

교재 내 수록되어 있는 문제의 채점 및 성적 분석 서비스를 제공합니다.
* 세부적인 내용은 해커스공무원(gosi.Hackers.com)에서 확인 가능합니다.

바로 이용하기 ▶

쿠폰 이용 관련 문의 1588-4055

해커스PSAT

7급 PSAT
김용훈 자료해석

실전동형모의고사

김용훈

이력

- 서울시립대 법학부 졸업
- 서울대 행정대학원 행정학 전공 석사과정 재학중
- 2012~2014년 5급 공채 행시 PSAT 합격
- (현) 해커스 7급 공채 PSAT 자료해석 대표강사
- (현) 베리타스 법학원 5급 공채 PSAT 자료해석 대표강사
- (전) 위포트 NCS 필기 대표강사
- (전) 강남대 공공인재론/공공인재실무와 역량 출강 교수
- (전) 법률저널 PSAT 전국모의고사 출제 및 검수위원
- (전) 중앙대 정보해석 출강 교수
- 2014~2018년 PSAT 자료해석 소수 그룹지도
- 강원대, 건국대, 경상대, 공주대, 서울시립대, 충북대 등 전국 다수 대학
  특강 진행

저서

- 해커스PSAT 7급 PSAT 김용훈 자료해석 실전동형모의고사
- 해커스공무원 7급 PSAT 기출문제집
- 해커스공무원 7급 + 민경채 PSAT 15개년 기출문제집 자료해석
- 해커스 5급 PSAT 김용훈 자료해석 11개년 기출문제집
- 해커스 단기합격 7급 PSAT 유형별 기출 200제 자료해석
- 해커스공무원 7급 PSAT 기본서 자료해석
- 해커스공무원 7급 PSAT 입문서
- EBS 와우패스 NCS 한국전력공사
- EBS 와우패스 NCS 한국수력원자력
- EBS 와우패스 NCS NH농협은행 5급
- EBS 와우패스 NCS 고졸채용 통합마스터
- EBS 와우패스 NCS 근로복지공단
- PSAT 자료해석의 MIND 기본서 실전편
- PSAT 초보자를 위한 입문서 기초편

7급 PSAT 자료해석,
어떻게 준비해야 하나요?

7급 공채 PSAT 시험을 준비하는 과정에서
자료해석 학습에 어려움을 겪는 수험생이 많습니다.

PSAT는 공직적격성 평가이므로 단순 암기식 학습방법은 효과적이지 않고,
시험에 자주 출제되는 유형에 대해 학습하며 문제의 구조와 출제 패턴에 맞는 전략을 익히는 것이 중요합니다.

PSAT 자료해석에 자주 출제되는 문제 유형에 대한 이해를 높일 수 있도록,
빈출 유형 문제를 집중적으로 풀이하여 효과적으로 실전에 대비할 수 있도록,
취약한 유형이나 본인의 약점을 확실하게 파악하고 고득점을 달성할 수 있도록,

수많은 고민을 거듭한 끝에
「해커스PSAT 7급 PSAT 김용훈 자료해석 실전동형모의고사」를 출간하게 되었습니다.

「해커스PSAT 7급 PSAT 김용훈 자료해석 실전동형모의고사」는

1. 유형별 대표기출문제 분석을 통해 실제 시험 문제의 풀이 방법을 학습하고 문제별 핵심 포인트를 파악할 수 있습니다.

2. 다년간의 PSAT 기출문제를 분석하여 엄선한 빈출 유형 문제를 통해 빈출 유형을 파악하고 실전 감각을 키울 수 있습니다.

3. 취약 유형 분석을 통해 본인이 취약한 유형을 파악하고 상세한 해설로 오답을 풀이하여 고득점을 달성할 수 있습니다.

「해커스PSAT 7급 PSAT 김용훈 자료해석 실전동형모의고사」가
7급 PSAT 고득점을 꿈꾸는 모든 수험생 여러분에게 훌륭한 길잡이가 되기를 바랍니다.

김용훈

목차

실전동형모의고사 문제집

약점 보완 해설집 (책 속의 책)

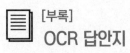

[부록]
OCR 답안지

자료해석 고득점을 위한 **이 책의 활용법**

1 **유형별 대표기출문제 풀이**로 **대표 유형을 파악**한다.

· 본격적으로 실전동형모의고사를 풀이하기 전에 7급 PSAT 기출문제 중 자료해석의 유형별 대표문제를 확인하여 유형에 대한 이해를 높일 수 있습니다.

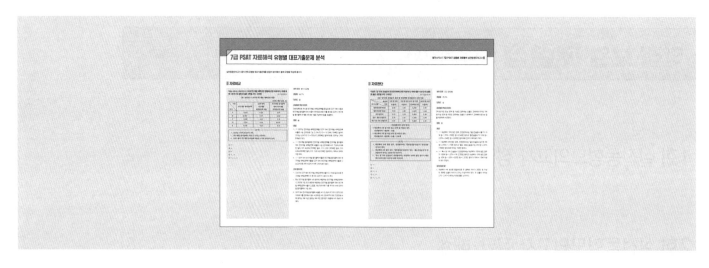

2 **실전동형모의고사**로 **빈출 유형**을 파악하여 **전략적으로 학습**한다.

· 다년간의 PSAT 기출을 분석하여 제작한 문제들로 자료해석의 빈출 유형을 확실하게 파악할 수 있습니다.

· 실제 시험과 동일한 문항수로 구성된 모의고사 전 문항을 풀고 분석하면서 문제풀이 능력을 향상시키고 실전 감각을 끌어올릴 수 있습니다.

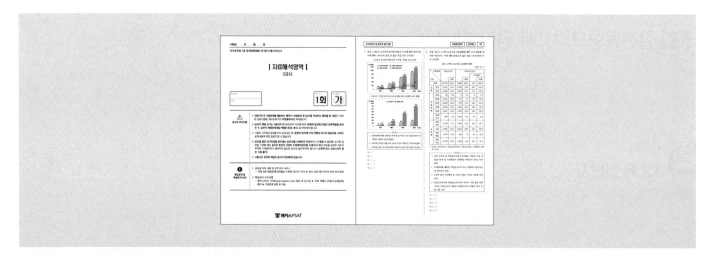

3 **해설** 및 **취약 유형 분석표**로 **취약한 유형**을 꼼꼼하게 **보완**한다.

· 모든 문제에 제시된 유형을 확인하며 실력을 점검할 수 있습니다.

· 해설과 문제 풀이 팁으로 문제를 보다 쉽게 해결할 수 있는 방법을 함께 학습할 수 있습니다.

· 유형별로 맞힌 문제 개수와 정답률을 체크하여 효과적으로 취약 유형을 점검할 수 있습니다.

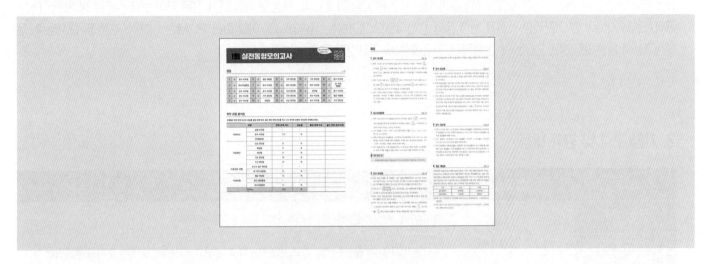

4 부록으로 제공되는 **자료를 활용**하여 **학습 효율**을 높인다.

· 실제 시험처럼 OCR 답안지에 마킹하며 문제를 풀어봄으로써 실전 감각을 극대화하고 시간 관리 연습도 할 수 있습니다.

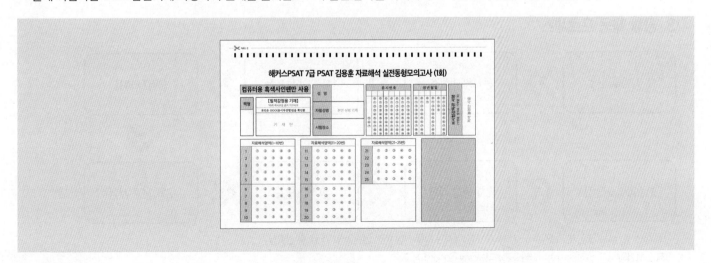

7급 PSAT 알아보기

▌PSAT 소개

1. PSAT란?

PSAT(Public Service Aptitude Test, 공직적격성평가)는 공직과 관련된 상황에서 발생하는 여러 가지 문제에 신속히 대처할 수 있는 문제해결의 잠재력을 가진 사람을 선발하기 위해 도입된 시험입니다. 즉, 특정 과목에 대한 전문 지식 보유 수준을 평가하는 대신, 공직자로서 지녀야 할 기본적인 자질과 능력 등을 종합적으로 평가하는 시험입니다. 이에 따라 PSAT는 이해력, 추론 및 분석능력, 문제해결능력 등을 평가하는 언어논리, 상황판단, 자료해석 세 가지 영역으로 구성됩니다.

2. 시험 구성 및 평가 내용

과목	시험 구성	평가 내용
언어논리	각 25문항/120분	글의 이해, 표현, 추론, 비판과 논리적 사고 등의 능력을 평가함
상황판단		제시문과 표를 이해하여 상황 및 조건에 적용하고, 판단과 의사결정을 통해 문제를 해결하는 능력을 평가함
자료해석	25문항/60분	표, 그래프, 보고서 형태로 제시된 수치 자료를 이해하고 계산하거나 자료 간의 연관성을 분석하여 정보를 도출하는 능력을 평가함

* 본 시험 구성은 2022년 시험부터 적용

3. 공채 채용 프로세스

* 2023년 국가직 7급 공채 기준이며, 1차 PSAT 시험에서는 최종 선발 예정 인원의 약 7배수를 선발함
* 최신 시험의 상세 일정은 사이버국가고시센터(www.gosi.kr) 참고

▌시험장 Tip

1. 시험장 준비물

- **필수 준비물**: 신분증(주민등록증, 운전면허증, 여권, 주민등록번호가 포함된 장애인등록증 등), 응시표, 컴퓨터용 사인펜
- **기타**: 수정테이프(수정액 사용 불가), 손목시계, 무음 스톱워치, 클리어 파일, 풀이용 필기구(연필, 지우개) 등

2. 시험 시간표

시험 시간	단계	내용
13:00~13:30 (30분)	1교시 응시자 교육	13:00까지 시험실 입실 소지품 검사, 답안지 배부 등
13:30~15:30 (120분)	1교시 시험	언어논리영역 · 상황판단영역 * 2개 영역(언어논리, 상황판단)이 1개의 문제책으로 배부되며, 과목별 문제풀이 시간은 구분되지 않음
15:30~16:00 (30분)	휴식시간	16:00까지 시험실 입실
16:00~16:30 (30분)	2교시 응시자 교육	소지품 검사, 답안지 배부 등
16:30~17:30 (60분)	2교시 시험	자료해석영역

* 2023년 국가직 7급 공채 기준임

3. 시험장 실전 전략

- 시험 종료 후에는 별도의 OCR 답안지 작성 시간이 주어지지 않으므로 시험 시간 내에 OCR 답안지 작성을 완료할 수 있도록 답안지 작성 시간을 고려하여 문제 풀이 시간을 조절합니다.
- 시험 시간 중 화장실 사용은 지정된 시간(시험 시작 20분 이후 ~ 시험 종료 10분 전)에 1회에 한하여 사용할 수 있습니다.
  - 지정된 화장실만 사용 가능하고 사용 전 · 후 소지품 검사를 실시하며, 소지품 검사, 대기시간 등 화장실 사용과 관련된 모든 시간은 시험시간에 포함되므로 시험시간 관리에 유념해야 함

7급 PSAT 자료해석 출제 경향 및 출제 유형

▌영역 분석 및 경향

1. 영역 분석

자료해석은 문제에 제시된 표, 그래프, 보고서 형태로 제시된 수치 자료를 이해하고 계산하거나 자료 간의 연관성을 분석하여 정보를 도출하는 능력을 평가하는 영역입니다. 이에 따라 사전에 암기한 지식을 통해 해결하는 문제보다는 종합적인 사고를 요하는 문제가 출제됩니다.

2. 출제 경향

- **유형**: 대부분 5급 및 민간경력자 PSAT 시험에 출제되었던 유형이 모두 동일하게 출제되고 있습니다. 제시된 자료의 수치를 곱셈 또는 분수 비교하는 유형 외에 빈칸을 채워서 문제를 해결하고 자료와 조건을 활용하여 계산을 하는 문제가 높은 비중으로 출제됩니다.

- **소재**: 5급 및 민간경력자 PSAT 시험과 마찬가지로 인구, 사회, 산업, 교육, 수산 등 다양한 분야의 통계 자료와 함께 실무와 관련된 소재가 출제됩니다. 다만, 인포그래픽 형태의 시각 자료나 보고서가 제시된 문제의 출제 비중은 매년 상이하며, 자료해석 영역에서 가장 흔하게 제시되는 표의 형태를 가지는 자료가 다수 출제되고 있습니다.

▌출제 유형

자료해석은 크게 네 가지 유형으로 나눌 수 있으며, 네 유형 모두 표나 그래프 등의 수치 자료를 올바르게 분석 또는 계산하여 해석하여야 하므로 주어진 시간 내에 자료를 빠르고 정확하게 파악하는 능력이 필요합니다.

자료비교	제시된 자료의 수치를 올바르게 비교하고 분석할 수 있는지 평가하는 유형	
	곱셈 비교형	주어진 자료의 수치를 토대로 곱셈식을 구성하고, 이를 서로 비교하여 선택지나 〈보기〉의 내용이 옳은지 판단하는 유형
	분수 비교형	실수 또는 비율 자료가 제시되고, 분수 형태의 수식을 비교하여 선택지나 〈보기〉의 내용이 옳은지 판단하는 유형
	반대해석형	제시된 자료에서 기준과 합계가 같은 2가지 이상의 항목이 제시되고, 선택지나 〈보기〉에서 특정 항목의 비율을 물어볼 때, 반대되는 항목의 비율로 해석하거나 반대되는 항목과의 배수 관계를 파악하여 선택지나 〈보기〉의 내용이 올바른지 판단하는 유형
자료판단	제시된 자료와 조건을 활용하여 올바르게 항목을 매칭하고, 추가로 제시된 각주 및 정보를 활용하여 올바르게 판단할 수 있는지 평가하는 유형	
	단순 판단형	자료해석 영역에서 요구되는 기본적인 이론에 대한 학습이 없어도 답을 도출할 수 있는 단순한 유형
	매칭형	자료와 함께 조건이나 정보가 제시되고, 이를 활용하여 자료의 항목과 선택지의 항목이 일치하도록 매칭하는 유형
	빈칸형	제시된 자료 중 일부 항목이 빈칸으로 나타나고, 이 누락된 수치를 직접 또는 간접적으로 파악하여 선택지나 〈보기〉의 내용이 올바른지 판단하는 유형
	각주 판단형	각주에 문제 풀이에 관한 핵심적인 정보나 계산식 등이 추가로 제시되고, 이를 적용하여 새로운 항목값을 계산·비교하는 유형
	조건 판단형	표 또는 그래프와 함께 박스 형태로 추가적인 규칙이나 계산방식이 제시되었을 때, 이를 자료에 적용하여 문제에서 요구하는 항목을 도출하는 유형
자료 검토·변환	보고서나 보도자료 등으로 제시된 자료를 해석하고, 특정 형태의 자료를 다른 형태로 변환할 수 있는지 평가하는 유형	
	보고서 검토·확인형	보고서를 작성하기 위해 추가로 필요한 자료가 있는지 검토하거나, 보고서 작성 시 사용된 자료가 있는지 표나 그래프를 통해 확인하는 유형
	표-차트 변환형	표가 1~3개 내외로 제시되고, 제시된 자료를 그래프로 나타내었을 때 옳지 않게 변환한 자료를 판단하는 유형
자료이해	다양한 형태의 자료를 제시하고, 평균, 반대해석, 최소여집합 등의 개념을 활용하여 자료를 올바르게 이해할 수 있는지 평가하는 유형	
	평균 개념형	일반 단순평균인 산술평균과 가중치를 적용한 가중평균에 관한 원리를 활용하여 선택지나 〈보기〉가 올바른지 판단하는 유형
	분산·물방울형	가로축과 세로축에 제시된 항목 간의 상관관계를 파악하여 선택지나 〈보기〉의 내용이 올바른지 판단하는 유형
	최소여집합형	자료의 합계는 동일하나 기준은 2가지 이상인 자료가 제시되고, 선택지나 〈보기〉에서 자료의 공통적인 속성을 모두 만족하는 항목의 수를 물어볼 때, 최소여집합을 활용하여 선택지나 〈보기〉의 내용이 올바른지 판단하는 유형

7급 PSAT 자료해석 유형별 대표기출문제 분석

실전동형모의고사 풀이 전에 유형별 대표기출문제를 꼼꼼히 분석해서 출제 유형을 학습해 봅시다.

▌자료비교

다음 <표>는 2022년 A~E국의 연구개발 세액감면 현황에 관한 자료이다. 이에 대한 <보기>의 설명 중 옳은 것만을 모두 고르면?
23 7급공채 6

〈표〉 2022년 A~E국의 연구개발 세액감면 현황

(단위: 백만 달러, %)

구분 국가	연구개발 세액감면액	GDP 대비 연구개발 세액감면액 비율	연구개발 총지출액 대비 연구개발 세액감면액 비율
A	3,613	0.20	4.97
B	12,567	0.07	2.85
C	2,104	0.13	8.15
D	4,316	0.16	10.62
E	6,547	0.13	4.14

〈보기〉

ㄱ. GDP는 C국이 E국보다 크다.
ㄴ. 연구개발 총지출액이 가장 큰 국가는 B국이다.
ㄷ. GDP 대비 연구개발 총지출액 비율은 A국이 B국보다 높다.

① ㄱ
② ㄴ
③ ㄷ
④ ㄴ, ㄷ
⑤ ㄱ, ㄴ, ㄷ

세부 유형 분수 비교형

정답률 66.7%

난이도 중

문제풀이 핵심 포인트

구분 항목으로 제시된 연구개발 세액감면액을 중심으로 GDP 대비 비중과 연구개발 총지출액 대비 비중이 주어졌으므로 이를 토대로 GDP나 연구개발 총지출액 크기를 나타내는 식을 구성하여 답을 도출한다.

정답 ④

해설

ㄱ. (X) GDP는 연구개발 세액감면액을 GDP 대비 연구개발 세액감면액 비율로 나눈 값이므로 C는 2,104 / 0.13 ≒ 161,846,154백만 달러이고 E는 6,547 / 0.13 ≒ 503,615,385백만 달러이므로 GDP는 C국이 E국보다 작다.

ㄴ. (O) 연구개발 총지출액은 연구개발 세액감면액을 연구개발 총지출액 대비 연구개발 세액감면액 비율로 나눈 값이므로 A가 7,269,618백만 달러, B가 44,094,737백만 달러, C가 2,581,595백만 달러, D가 4,064,030백만 달러, E가 15,814,010백만 달러이다. 따라서 B국이 가장 크다.

ㄷ. (O) GDP 대비 연구개발 총지출액 비율은 연구개발 총지출액 대비 연구개발 세액감면액 비율을 GDP 대비 연구개발 세액감면액 비율로 나눈 값이므로 A국 4.02%가 B국 2.46%보다 높다.

문제 풀이 팁!

ㄱ. C와 E의 GDP 대비 연구개발 세액감면액 비율이 0.13%로 같으므로 연구개발 세액감면액이 더 큰 E의 GDP가 C보다 더 크다.

ㄴ. B는 연구개발 총지출액 식의 분자에 해당하는 연구개발 세액감면액이 12,567로 가장 크고 분모에 해당하는 연구개발 총지출액 대비 연구개발 세액감면액 비율이 2.85로 가장 작으므로 다른 국가에 비해 연구개발 총지출액이 가장 크다.

ㄷ. GDP 대비 연구개발 총지출액 비율은 A가 0.20/4.97, B가 0.07/2.85이므로 이를 정리해서 분수 비교하면 A의 20/497이 B의 7/285에 비해 분자는 2배 이상, 분모는 2배 미만 증가했기 때문에 A가 B보다 더 크다.

▌자료판단

다음은 '갑'국의 건설공사 안전관리비에 관한 자료이다. 이에 대한 <보기>의 설명 중 옳은 것만을 모두 고르면?   23 7급공채 20

〈표〉 '갑'국의 건설공사 종류 및 대상액별 안전관리비 산정 기준

공사 종류＼구분	5억 원 미만 요율(%)	5억 원 이상 50억 원 미만 요율(%)	5억 원 이상 50억 원 미만 기초액(천 원)	50억 원 이상 요율(%)
일반건설공사(갑)	2.93	1.86	5,350	1.97
일반건설공사(을)	3.09	1.99	5,500	2.10
중건설공사	3.43	2.35	5,400	2.46
철도·궤도신설공사	2.45	1.57	4,400	1.66
특수 및 기타 건설공사	1.85	1.20	3,250	1.27

─────〈안전관리비 산정 방식〉─────

○ 대상액이 5억 원 미만 또는 50억 원 이상인 경우,
  안전관리비 = 대상액 × 요율
○ 대상액이 5억 원 이상 50억 원 미만인 경우,
  안전관리비 = 대상액 × 요율 + 기초액

─────────〈보기〉─────────

ㄱ. 대상액이 10억 원인 경우, 안전관리비는 '일반건설공사(을)'가 '중건설공사'보다 적다.
ㄴ. 대상액이 4억 원인 경우, '일반건설공사(갑)'와 '철도·궤도신설공사'의 안전관리비 차이는 200만 원 이상이다.
ㄷ. '특수 및 기타 건설공사' 안전관리비는 대상액이 100억 원인 경우가 대상액이 10억 원인 경우의 10배 이상이다.

① ㄱ
② ㄴ
③ ㄱ, ㄷ
④ ㄴ, ㄷ
⑤ ㄱ, ㄴ, ㄷ

세부 유형 조건 판단형

정답률 35.9%

난이도 상

문제풀이 핵심 포인트

5억 원 미만 또는 50억 원 이상인 경우에는 요율만 고려하면 되지만 5억 원 이상 50억 원 미만인 경우에는 요율과 기초액까지 고려해야 된다는 점을 체크하여 비교한다.

정답 ①

해설

ㄱ. (O) 대상액이 10억 원인 경우, 안전관리비는 '일반건설공사(을)'이 10억 원×1.99% + 550만 원 = 2,540만 원이고 '중건설공사'가 10억 원×2.35% + 540만 원 = 2,890만 원이므로 전자가 후자보다 적다.

ㄴ. (X) 대상액이 4억 원인 경우, 안전관리비는 '일반건설공사(갑)'은 4억 원×2.93% = 1,172만 원이고 '철도·궤도신설공사'는 4억 원×2.45% = 980만 원이므로 차이는 192만 원이다.

ㄷ. (X) '특수 및 기타 건설공사' 안전관리비는 대상액이 100억 원인 경우가 100억 원×1.27% = 1억 2,700만 원이고 대상액이 10억 원인 경우는 10억 원×1.20% + 325만 원 = 1,525만 원이다. 따라서 10배 이상이 되지 못한다.

문제 풀이 팁!

ㄴ. 대상액이 4억 원으로 동일하므로 두 금액의 차이가 200만 원 이상이 되려면 요율의 차이가 0.5%p 이상이어야 한다. 두 요율의 차이는 2.93-2.45=0.48%p이므로 틀린 선지이다.

▌자료 검토·변환

다음은 2013~2022년 '갑'국 국방연구소가 출원한 지식재산권에 관한 자료이다. 제시된 <표> 이외에 <보고서>를 작성하기 위해 추가로 필요한 자료만을 <보기>에서 모두 고르면?

23 7급공채 5

〈표〉 2013~2022년 '갑'국 국방연구소의 특허 출원 건수

(단위: 건)

구분＼연도	2013	2014	2015	2016	2017	2018	2019	2020	2021	2022
국내 출원	287	368	385	458	514	481	555	441	189	77
국외 출원	34	17	9	26	21	13	21	16	2	3

〈보고서〉

'갑'국 국방연구소는 국방에 필요한 무기와 국방과학기술을 연구·개발하면서 특허, 상표권, 실용신안 등 관련 지식재산권을 출원하고 있다.

2013~2022년 '갑'국 국방연구소가 출원한 연도별 특허 건수는 2017년까지 매년 증가하였고, 2019년 이후에는 매년 감소하였다. 2013~2022년 국외 출원 특허 건수를 대상 국가별로 살펴보면, 미국에 출원한 특허가 매년 가장 많았다.

2013~2022년 '갑'국 국방연구소는 2015년에만 상표권을 출원하였으며, 그 중 국외 출원은 없었다. 또한, 2016년부터 2년마다 1건씩 총 4건의 실용신안을 국내 출원하였다.

〈보기〉

ㄱ. '갑'국 국방연구소의 연도별 전체 특허 출원 건수

(단위: 건)

연도	2013	2014	2015	2016	2017	2018	2019	2020	2021	2022
전체	321	385	394	484	535	494	576	457	191	80

ㄴ. '갑'국 국방연구소의 국외 출원 대상 국가별 특허 출원 건수

(단위: 건)

대상 국가＼연도	2013	2014	2015	2016	2017	2018	2019	2020	2021	2022
독일	1	1	1	0	0	0	0	0	0	0
미국	26	15	8	18	20	11	16	15	2	3
일본	0	1	0	2	0	0	1	1	0	0
영국	0	0	0	5	1	1	0	0	0	0
프랑스	7	0	0	0	0	0	0	0	0	0
호주	0	0	0	0	0	0	3	0	0	0
기타	0	0	0	1	0	1	1	0	0	0
계	34	17	9	26	21	13	21	16	2	3

ㄷ. '갑'국 국방연구소의 연도별 상표권 출원 건수

(단위: 건)

구분＼연도	2013	2014	2015	2016	2017	2018	2019	2020	2021	2022
국내출원	0	0	2	0	0	0	0	0	0	0
국외출원	0	0	0	0	0	0	0	0	0	0

ㄹ. '갑'국 국방연구소의 연도별 실용신안 출원 건수

(단위: 건)

구분＼연도	2013	2014	2015	2016	2017	2018	2019	2020	2021	2022
국내출원	0	0	0	1	0	1	0	1	0	1
국외출원	0	0	0	0	0	0	0	0	0	0

① ㄱ, ㄴ
② ㄱ, ㄷ
③ ㄴ, ㄷ
④ ㄷ, ㄹ
⑤ ㄴ, ㄷ, ㄹ

세부 유형 보고서 검토·확인형

정답률 92.4%

난이도 하

문제풀이 핵심 포인트

<표>에서 제시하는 내용은 특허 출원 건수의 연도별 국내 출원과 국외 출원만 제시되어 있으므로 이 외의 내용이 <보고서>에 등장하는 경우 해당 내용을 <보기>에서 찾아 추가로 필요한 자료임을 확인한다.

정답 ⑤

해설

ㄴ. (○) 두 번째 문단 두 번째 문장에서 '2013~2022년 국외 출원 특허 건수를 대상 국가별로 살펴보면, 미국에 출원한 특허가 매년 가장 많았다.'라고 하였으므로 이를 작성하기 위해서는 ㄴ.'갑'국 국방연구소의 국외 출원 대상 국가별 특허 출원 건수가 추가로 필요하다.

ㄷ. (○) 세 번째 문단 첫 번째 문장에서 '2013~2022년 '갑'국 국방연구소는 2015년에만 상표권을 출원하였으며, 그중 국외 출원은 없었다.'라고 하였으므로 이를 작성하기 위해서는 ㄷ.'갑'국 국방연구소의 연도별 상표권 출원 건수가 추가로 필요하다.

ㄹ. (○) 세 번째 문단 두 번째 문장에서 '또한, 2016년부터 2년마다 1건씩 총 4건의 실용신안을 국내 출원하였다.'라고 하였으므로 이를 작성하기 위해서는 ㄹ.'갑'국 국방연구소의 연도별 실용신안 출원 건수가 추가로 필요하다.

자료이해

다음 <그림>은 2020년과 2021년 '갑'국의 농림축수산물 종류별 수출입량에 관한 자료이다. 이에 대한 <보기>의 설명 중 옳은 것만을 모두 고르면? 23 7급공채 9

〈그림〉 2020년과 2021년 농림축수산물 종류별 수출입량

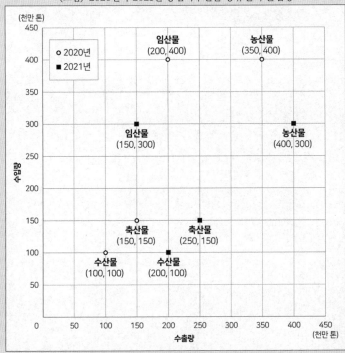

※농림축수산물 종류는 농산물, 임산물, 축산물, 수산물로만 구분됨.

〈보기〉

ㄱ. 2021년 농산물, 축산물, 수산물의 수출량은 각각 전년 대비 증가하였다.
ㄴ. 2021년 농림축수산물 총수입량은 전년 대비 증가하였다.
ㄷ. 수출량 대비 수입량 비율이 가장 높은 농림축수산물 종류는 2020년과 2021년이 같다.
ㄹ. 2021년 수출량의 전년 대비 증가율은 축산물이 가장 높다.

① ㄱ, ㄴ
② ㄱ, ㄷ
③ ㄱ, ㄹ
④ ㄴ, ㄷ
⑤ ㄴ, ㄹ

세부 유형 분산·물방울형

정답률 83.5%

난이도 중

문제풀이 핵심 포인트

분산형 차트이므로 기울기를 통해 x축과 y축 항목의 비율을 판단한다.

정답 ②

해설

ㄱ. (O) 2021년 수출량은 농산물 350 → 400, 축산물 150 → 250, 수산물 100 → 200으로 각각 전년 대비 증가하였다.

ㄴ. (X) 농림축수산물 총수입량은 2020년 1,050천만 톤에서 2021년 850천만 톤으로 감소하였다.

ㄷ. (O) 수출량 대비 수입량 비율은 2020년과 2021년 임산물이 모두 2.0으로 가장 높다.

ㄹ. (X) 2021년 수출량은 전년 대비 축산물이 150에서 250으로 100만큼 증가하여 100/150≒66.7%의 증가율을 보이고 있지만 수산물은 100에서 200으로 100만큼 증가하여 100/100≒100%의 증가율을 보이고 있기 때문에 축산물보다 수산물이 더 높다.

문제 풀이 팁!

ㄱ. 임산물은 제외하고 판단하여야 하는 점을 반드시 체크한다.

ㄷ. 그림에서 수출량 대비 수입량 비율이 가장 높은 항목은 기울기가 가장 큰 항목으로 판단한다.

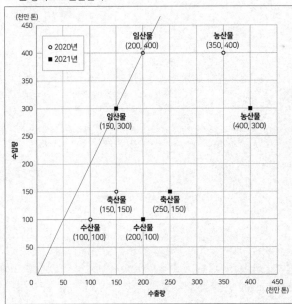

실전동형모의고사

• 본 교재의 맨 뒤에 제공되는 OCR 카드를 활용하여 실전처럼 모의고사를 풀어보세요.
• 자료해석영역은 총 25문제로 시험시간 60분 내에 문제풀이와 답안지 작성이 완료되어야 합니다.

시험일: _____년 _____월 _____일

국가공무원 7급 공개경쟁채용 1차 필기시험 모의고사

| 자료해석영역 |
2교시

응시번호

성명

모의고사 **1회**

문제책형 **가**

응시자 주의사항

1. **시험시작 전 시험문제를 열람하는 행위나 시험종료 후 답안을 작성하는 행위를 한 사람**은 「공무원 임용시험령」 제51조에 의거 **부정행위자**로 처리됩니다.

2. **답안지 책형 표기는 시험시작 전** 감독관의 지시에 따라 **문제책 앞면에 인쇄된 문제책형을 확인**한 후, **답안지 책형란에 해당 책형(1개)을 '●'로 표기**하여야 합니다.

3. 시험이 시작되면 문제를 주의 깊게 읽은 후, **문항의 취지에 가장 적합한 하나의 정답만을 고르며**, 문제내용에 관한 질문은 할 수 없습니다.

4. **답안을 잘못 표기하였을 경우**에는 답안지를 교체하여 작성하거나 수정할 수 있으며, 표기한 답안을 수정할 때는 **응시자 본인이 가져온 수정테이프만을 사용**하여 해당 부분을 완전히 지우고 부착된 수정테이프가 떨어지지 않도록 손으로 눌러주어야 합니다. **(수정액 또는 수정스티커 등은 사용 불가)**

5. **시험시간 관리의 책임은 응시자 본인에게 있습니다.**

정답공개 및 해설강의 안내

1. 모바일 자동 채점 및 성적 분석 서비스
   • '약점 보완 해설집'에 회차별로 수록된 QR코드 인식 ▶ 응시 인원 대비 자신의 성적 위치 확인

2. 해설강의 수강 방법
   • 해커스PSAT 사이트(psat.Hackers.com) 접속 후 로그인 ▶ 우측 퀵배너 [쿠폰/수강권등록] 클릭 ▶ 쿠폰번호 입력 후 이용

🏛 해커스PSAT

1. 다음 〈그림〉은 A국가의 농가와 비농가 소득에 관한 자료이다. 이에 대한 〈보기〉의 설명 중 옳은 것을 모두 고르면?

〈그림 1〉 농가와 비농가의 가구당·1인당 소득 수준

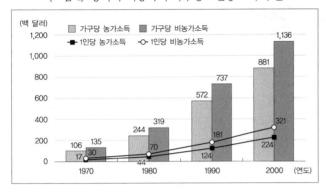

〈그림 2〉 가구당 농가소득 중 농업소득과 농업외 소득 현황

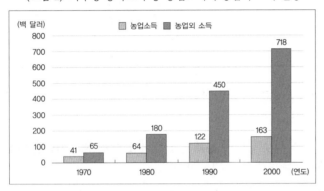

─〈보기〉─

ㄱ. 1980년에 비해 1990년 가구당 농가소득 중 농업소득이 차지하는 비중은 감소하였다.

ㄴ. 1970년 가구당 사람 수는 농가 가구가 비농가 가구보다 많다.

ㄷ. 1970년 이후 조사연도마다 비농가소득의 증가폭은 커진다.

① ㄱ
② ㄴ
③ ㄱ, ㄴ
④ ㄱ, ㄷ
⑤ ㄴ, ㄷ

2. 다음 〈표〉는 A지역 노동시장 고용형태에 대한 조사 결과를 정리한 자료이다. 이에 대한 설명으로 옳은 것을 〈보기〉에서 모두 고르면?

〈표〉 A지역 노동시장 고용형태 현황

(단위: 명, %)

고용형태 \ 구분	임금근로자	비율	비임금근로자	비율	프리랜서	비율
전체	12,679	100.0	5,690	100.0	479	100.0
성별 남성	7,654	60.4	3,392	59.6	307	64.0
성별 여성	5,025	39.6	2,298	40.4	172	36.0
연령대별 10대	79	0.6	6	0.1	6	1.2
연령대별 20대	2,651	20.9	174	3.1	50	10.4
연령대별 30대	3,808	30.0	877	15.4	148	30.8
연령대별 40대	3,405	26.9	1,965	34.5	109	22.7
연령대별 50대	2,034	16.0	1,622	28.5	120	25.0
연령대별 60대 이상	702	5.6	1,048	18.4	46	9.9
학력별 중졸 이하	2,182	17.2	1,894	33.3	123	25.7
학력별 고졸	4,882	38.5	2,267	39.8	158	32.9
학력별 전문대졸	1,876	14.8	430	7.6	48	10.0
학력별 대졸 이상	3,739	29.5	1,099	19.3	150	31.4

※ 근로자 = 임금근로자 + 비임금근로자이며, 비임금근로자는 프리랜서가 포함된 수치임.

─〈보기〉─

ㄱ. 여성 근로자 중 비임금근로자가 차지하는 비중은 여성 비임금근로자 중 프리랜서가 차지하는 비중보다 20%p 이상 높다.

ㄴ. 프리랜서를 제외한 비임금근로자 수는 연령대가 높아질수록 증가하고 있다.

ㄷ. A지역 남성 프리랜서 중 40대 이상은 적어도 103명 이상이다.

ㄹ. 임금근로자수와 비임금근로자수의 차이가 가장 컸던 학력수준은 임금근로자 비율과 비임금근로자 비율의 차이 또한 가장 크다.

① ㄱ, ㄴ
② ㄱ, ㄷ
③ ㄴ, ㄷ
④ ㄴ, ㄹ
⑤ ㄷ, ㄹ

3. 다음 〈표〉는 A국의 주류 출고량과 담배 소비 추이를 정리한 것이다. 이에 대한 설명 중 옳은 것을 고르면?

〈표 1〉 연간 주류 출고량 추이

(단위: 천㎘, ℓ)

연도＼주류	2020	2021	2022	2023	2024	증감률
맥주	1,850.3	1,730.8	1,755.2	1,935.2	1,896.3	-2.0
소주	761.8	866.9	784.9	866.3	928.5	7.2
탁·약주	249.3	181.0	170.2	175.9	189.2	7.6
기타	80.8	68.2	81.5	79.2	63.4	-19.9
전체 출고량	2,942.3	2,846.9	2,791.8	3,056.6	3,077.4	0.7
1인당 출고량	93.6	83.5	80.5	86.8	86.2	-0.7

※ 증감률은 전년 대비 증감률을 의미함.

〈표 2〉 연간 담배 판매량 및 판매금액

(단위: 백만 개비, 십억 원)

구분＼연도		2020	2021	2022	2023	2024	증감률
담배	판매량	95,715	104,945	98,917	91,956	96,925	5.4
	판매금액	2,540	5,280	5,864	6,263	7,037	12.3
국산	판매량	91,527	95,076	83,416	72,486	74,385	2.6
	판매금액	2,362	4,586	4,595	4,666	5,158	10.5

※담배는 국산 담배와 외산 담배 2가지만 존재함.

① 2021~2024년 동안 외산 담배 판매량 증가율은 매년 증가하고 있다.
② 2024년 인구는 전년 대비 감소하였다.
③ 2020년 이후 1인당 주류 출고량은 매년 감소하고 있다.
④ 2024년 한 개비당 판매금액은 국산 담배가 외산 담배보다 높다.
⑤ 2023년 이후 전체 출고량 중 맥주 출고량이 차지하는 비중은 매년 60% 이상이다.

4. 다음 〈표〉는 전국 및 6대 광역시의 상용직 및 임시직 평균임금지수 동향을 나타낸 것이다. 이에 대한 〈보기〉의 설명 중 옳은 것을 모두 고르면?

〈표 1〉 연도별 상용직 및 임시직 평균임금지수

(2010년 기준＝100)

구분＼연도	상용직 평균임금지수				임시직 평균임금지수			
	전체	10대 기업	11~50대 기업	51대 기업 외	전체	10대 기업	11~50대 기업	51대 기업 외
2010	100.0	100.0	100.0	100.0	100.0	100.0	100.0	100.0
2011	105.5	99.8	100.5	103.5	106.5	103.2	105.4	110.2
2012	103.5	99.2	101.1	108.4	107.4	103.1	106.1	112.0
2013	90.7	88.1	89.2	93.7	87.6	86.0	86.7	89.4
2014	93.8	86.8	87.5	101.7	102.3	89.0	100.0	113.3
2015	94.2	85.6	88.2	103.1	113.7	96.3	113.4	127.1
2016	103.5	88.4	95.2	117.2	132.4	130.1	130.1	152.5
2017	108.7	110.0	109.0	106.6	83.8	87.6	81.4	79.5
2018	103.3	104.7	102.8	101.3	90.1	93.3	89.2	86.2
2019	100.3	101.4	100.3	98.6	92.3	94.8	90.8	89.5
2020	100.2	100.7	100.2	99.3	96.5	97.4	95.8	95.5

※평균임금지수는 2010년 기준으로 작성하였음.

〈표 2〉 2020년 6대 광역시 상용직 및 임시직 평균임금지수

(2010년 기준＝100)

구분	상용직 평균임금지수				임시직 평균임금지수			
	전체	10대 기업	11~50대 기업	51대 기업 외	전체	10대 기업	11~50대 기업	51대 기업 외
부산	94.5	82.1	82.5	108.7	112.2	93.7	104.4	131.3
대구	93.8	79.3	85.1	108.1	120.3	100.6	113.1	139.2
인천	116.6	98.1	100.7	133.0	163.5	131.1	152.6	181.6
광주	78.0	74.6	78.7	80.0	96.0	86.7	100.5	102.5
대전	110.6	92.9	104.2	124.9	143.0	107.9	116.7	170.4
울산	88.6	81.5	85.3	93.4	115.6	95.8	119.9	127.8

※평균임금지수는 각 광역시별 2010년 기준으로 작성된 수치임.

〈보기〉

ㄱ. 2019년 10대 기업 상용직 평균임금은 11~50대 기업 상용직 평균임금보다 높다.
ㄴ. 2011년 대비 2020년 평균임금의 감소율은 임시직이 상용직보다 더 크다.
ㄷ. 2020년 인천의 51대 기업 외 상용직 평균임금이 광주의 51대 기업 외 상용직 평균임금의 60%라면, 2010년 51대 기업 외 상용직 평균임금은 광주가 인천의 3배 이상이 된다.

① ㄱ　　　　② ㄴ　　　　③ ㄷ
④ ㄱ, ㄴ　　　⑤ ㄴ, ㄷ

5. 다음 〈표〉는 연도별 취업률을 정리한 것이다. 이에 대한 〈보기〉의 설명 중 옳지 않은 것을 모두 고르면?

〈표〉 연도별 전체 및 여성 졸업자의 취업률

(단위: %)

| 구분 | 고등학교 | | | | | | 대학교 | | | |
| | 일반계 고등학교 | | 실업계 고등학교 | | 전문대학 | | 4년제 대학교 | | | |
	전체	여성	전체	여성	전체	여성	전체	여성	전체	여성
1970년	37.5	33.5	31.6	33.5	43.3	33.4	57.5	50.6	44.0	28.0
1975년	38.3	32.4	17.3	17.9	56.4	55.2	72.6	65.3	70.6	50.5
1980년	39.9	36.6	16.9	18.7	56.1	53.5	58.3	53.3	71.8	55.4
1985년	37.9	42.4	15.7	21.3	58.2	62.8	50.3	44.5	73.0	55.2
1990년	42.1	49.4	16.2	24.2	60.4	65.6	57.2	49.9	52.1	31.7
1995년	51.0	60.2	18.7	27.1	84.0	86.7	71.8	68.2	55.0	39.7
2000년	69.3	74.3	26.4	28.5	90.9	91.9	74.2	70.9	60.9	50.0
2005년	66.1	69.7	15.5	16.8	88.8	89.3	79.4	78.2	56.0	53.4
2010년	66.4	69.4	18.9	19.4	88.2	89.6	81.0	79.8	56.7	54.1
2015년	66.3	69.7	18.1	18.5	90.0	91.1	80.7	79.2	60.7	59.1

※ 1) 고등학교는 일반계와 실업계로 대학교는 전문대학과 4년제 대학교로만 구분됨.

2) 취업률(%) = $\dfrac{\text{취업자 수}}{\text{졸업자 수}} \times 100$

〈보기〉

ㄱ. 1995년 이전에는 매 조사연도마다 대학교 취업률은 고등학교 취업률보다 각각 높았다.

ㄴ. 1970년에 비해 2015년에는 모든 항목의 여성 취업률이 각각 증가하였다.

ㄷ. 매 조사연도마다 전문대학 남성 취업자 수는 여성 취업자 수보다 각각 많았다.

① ㄱ

② ㄴ

③ ㄷ

④ ㄱ, ㄴ

⑤ ㄴ, ㄷ

6. 다음 〈그림〉은 대학생 10,000명을 대상으로 성형수술에 대해 설문 조사한 결과이다. 이에 대한 설명으로 옳지 않은 것은?

〈그림 1〉 성형수술 희망 응답자의 성별 비율

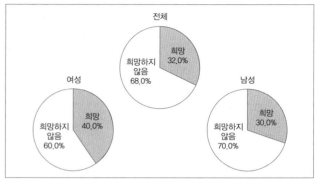

※ 설문조사 대상자 중 미응답자는 없음.

〈표 2〉 희망 성형수술 유형별 비율

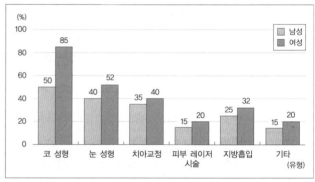

※ 성형수술을 희망하는 사람만 희망 성형수술 유형에 대해 응답하였음(복수응답 가능).

① 성형수술을 희망하는 여성응답자 수보다 성형수술을 희망하는 남성응답자 수가 3배 많다.

② 설문조사에 참여한 남성응답자 수가 여성응답자 수보다 300% 많다.

③ 눈 성형을 희망하는 여성응답자 중 코 성형을 희망하는 사람이 차지하는 비중은 37% 이상이다.

④ 지방흡입을 희망하는 남성응답자 수는 코 성형을 희망하는 여성응답자 수보다 적다.

⑤ 눈 성형을 희망하는 남성응답자는 전체 설문대상의 10% 미만이다.

7. 다음 〈표〉는 2014년 세계 석유 생산량과 수출입량 현황을 정리한 자료이다. 이에 대한 설명으로 옳은 것을 〈보기〉에서 모두 고르면?

〈표〉 세계 석유 생산량과 수출입량 현황

(단위: 톤, %)

순위	국가	생산량	국가	수출량	국가	수입량
1	러시아	494 (12.9)	사우디 아라비아	355 (18.2)	미국	564 (27.0)
2	사우디 아라비아	452 (11.8)	러시아	241 (12.4)	일본	199 (9.5)
3	미국	320 (8.3)	이란	120 (6.2)	중국	175 (8.4)
4	이란	206 (5.4)	UAE	108 (5.5)	인도	128 (6.1)
5	중국	194 (5.0)	나이지리아	102 (5.2)	한국	116 (5.6)
6	캐나다	152 (4.0)	앙골라	92 (4.7)	독일	105 (5.0)
7	멕시코	146 (3.8)	노르웨이	90 (4.6)	이탈리아	88 (4.2)
8	베네수엘라	126 (3.3)	쿠웨이트	89 (4.6)	프랑스	83 (4.0)
9	쿠웨이트	124 (3.2)	이라크	88 (4.5)	스페인	61 (2.9)
10	UAE	120 (3.1)	베네수엘라	74 (3.8)	네덜란드	57 (2.7)
11위 이하		1,509 (39.2)	11위 이하	593 (30.4)	11위 이하	514 (24.6)

─〈보기〉─

ㄱ. 전 세계 석유 생산량 중 60% 이상은 상위 10개 국가에 의해 생산되었고, 그 중 절반 이상은 상위 3개 국가에 의해 생산되었다.

ㄴ. 수입량 상위 10개 국가 중 생산량보다 수입량이 많은 국가는 적어도 3개 이상이다.

ㄷ. 생산량 중 수출하고 남은 양과 수입량의 합을 소비량이라고 하면, 러시아의 소비량은 사우디아라비아의 소비량보다 많다.

① ㄱ　　　　② ㄴ　　　　③ ㄱ, ㄴ
④ ㄱ, ㄷ　　　⑤ ㄱ, ㄴ, ㄷ

8. 다음 〈표〉는 성인과 청소년을 대상으로 한 인터넷 중독 실태 조사 결과이다. 이에 대한 〈보고서〉의 설명 중 옳지 않은 것을 모두 고르면?

〈표 1〉 2010년 성인 인터넷 중독 실태

(단위: 명, %)

사용자 집단 ＼ 문제점	인원수	수면 부족	일상생활 지장
고위험	73	69.9	60.3
잠재적 위험	306	55.6	52.6
일반	2,621	18.9	16.8
계	3,000	23.9	21.5

※ 1) 고위험: 금단, 내성, 일상생활 장애에 모두 해당되는 중증 상태.
　2) 잠재적 위험: 금단, 내성, 일상생활 장애 세 가지 중 하나 또는 두 가지에 해당되는 상태.
　3) 일반: 금단, 내성, 일상생활 장애 등 아무런 문제가 없는 정상적 상태.

〈표 2〉 청소년 인터넷 중독 도움 상담처

(단위: %)

도움 상담처 ＼ 연도	2010년 1순위	2011년 1순위
부모	66.2	67.9
친구들	20.1	17.4
학교 선생님	5.4	8.4
전문 상담원	6.5	4.6
인터넷	0.6	0.9
주위 어른	0.7	0.3
기타	0.5	0.5

※ 2010년과 2011년 모두 청소년 설문대상자는 1,500명으로 동일함.

─〈보고서〉─

2010년 성인 3,000명을 대상으로 인터넷 중독 실태를 조사한 결과 ㉠ 금단, 내성, 일상생활 장애 중 하나 이상의 장애를 갖고 있는 사람이 전체의 12% 이상인 것으로 나타났으며, ㉡ 이들 중 수면 부족을 나타내고 있는 비율은 23.9%로 일상생활에 지장이 있다는 비율보다 2.4%p 높은 것으로 조사되었다. 중독 정도에 따른 집단별로 보아도 ㉢ 모든 집단에서 수면 부족을 갖고 있는 성인이 일상생활에 지장이 있다는 성인보다 많은 것으로 나타났으며 특히 일반에서 고위험 군으로 정도가 심해질수록 그 차이는 점차 커지는 것으로 조사되었다.

청소년 1,500명을 대상으로 조사한 인터넷 중독에 따른 도움 상담처 결과 ㉣ 2010년과 2011년 모두 1순위로 부모에게 도움을 상담한다는 응답이 가장 많았으며, 다음으로 친구들, 학교 선생님이라는 응답이 그 뒤를 이었다. 또한 ㉤ 2010년에 비해 2011년 부모의 1순위 응답자는 20명 이상 증가하였으며, 이는 학교 선생님 1순위 응답자 증가폭의 50% 이상이었다.

① ㄱ, ㄴ　　　② ㄱ, ㅁ　　　③ ㄴ, ㄹ
④ ㄴ, ㄷ, ㄹ　⑤ ㄴ, ㄷ, ㅁ

해커스PSAT 7급 PSAT 김용훈 자료해석 실전동형모의고사

9. 다음 〈표〉는 네 지역의 산술적 인구밀도와 경지 인구밀도를 조사한 자료이다. 이에 대한 설명 중 옳지 않은 것을 고르면?

〈표〉 지역별 인구밀도

(단위: 만 명, 명/km²)

지역명	인구수	산술적 인구밀도	경지 인구밀도
가	2,000	25	75
나	3,000	40	50
다	6,000	20	25
라	9,000	45	120

※ 1) 산술적 인구밀도 $= \dfrac{인구수}{지역면적}$

2) 경지 인구밀도 $= \dfrac{인구수}{경지면적}$

3) 취업률(%) $= \dfrac{경지면적}{지역면적} \times 100$

① 경지면적 대비 지역면적이 가장 큰 지역은 '가'지역이다.

② 지역면적이 가장 큰 지역이 경지면적도 가장 크다.

③ 경지율은 '나'지역이 '다'지역보다 높다.

④ '가~라'지역 전체 산술적 인구밀도보다 낮은 지역은 2개이다.

⑤ '라'지역을 제외한 나머지 지역의 인구조사가 잘못되어 '가'~'다'의 인구를 각각 절반으로 수정해야 한다면 지역면적이 가장 큰 지역은 '라'지역이 된다.

10. 다음 〈표〉는 국가별 경제사회발전지표 중 4개국에 대한 자료이다. 〈정보〉의 설명을 토대로 A~D국가를 옳게 짝지은 것을 고르면?

〈표 1〉 국가별 인구 백만 명당 연구개발인력 현황

(단위: 명)

구분	2006년	2007년	2008년	2009년
A국	2,178	2,230	1,994	2,145
B국	444	464	376	409
C국	4,894	4,947	5,145	5,181
D국	3,848	4,084	4,997	5,303

〈표 2〉 국가별 첨단기술 관련 제품 수출액

(단위: 백만 달러)

구분	2006년	2007년	2008년	2009년
A국	27,401	31,167	30,630	41,066
B국	15,280	19,773	24,180	28,834
C국	100,150	103,144	93,996	103,187
D국	140,235	163,929	171,998	181,188

〈정보〉

ㄱ. 영국은 매년 인구증가율보다 연구개발인력의 증가율이 높았다.

ㄴ. 독일은 이탈리아에 비해 첨단기술 관련 제품의 수출액이 매년 더 많았다.

ㄷ. 매년 인구 백만 명당 연구개발인력은 캐나다가 이탈리아의 절반 미만이었다.

ㄹ. 2007년 대비 2008년 첨단기술 관련 제품 수출액이 증가한 국가는 영국과 캐나다이다.

	A	B	C	D
①	이탈리아	영국	캐나다	독일
②	이탈리아	캐나다	영국	독일
③	이탈리아	캐나다	독일	영국
④	캐나다	이탈리아	영국	독일
⑤	캐나다	이탈리아	독일	영국

11. 다음 〈표〉는 KTX 여객 수송 동향에 관한 자료이다. 이에 관한 〈보기〉의 설명 중 옳지 않은 것을 모두 고르면?

〈표〉 KTX 여객 수송 동향

(단위: 천 명, %)

구분	경부선 이용좌석수	경부선 이용률	호남선 이용좌석수	호남선 이용률	경전선 이용좌석수	경전선 이용률	전라선 이용좌석수	전라선 이용률
2021 9월	3,199	102	641	69	302	108	–	–
2021 10월	3,421	111	642	74	362	109	95	100
2021 11월	3,264	111	599	73	354	109	107	101
2021 12월	3,303	107	599	70	363	107	108	99
2022 1월	3,236	101	609	70	351	102	113	101
2022 2월	3,115	107	527	66	337	106	102	101
2022 3월	3,162	99	544	63	341	100	105	97
2022 4월	3,222	104	568	68	351	106	111	106
2022 5월	3,370	108	624	73	362	107	188	97
2022 6월	3,190	103	542	65	345	104	209	95

※ 1) 이용률(%) = $\frac{\text{이용좌석수}}{\text{전체 좌석수}} \times 100$

2) 전체 좌석수 = 이용좌석수 + 미이용좌석수

3) KTX는 경부선, 호남선, 경전선, 전라선에 한하여 운행함.

─〈보기〉─

ㄱ. 2021년 9월 이후 매달 경부선 KTX의 이용좌석수는 전체 좌석수를 초과하였다.

ㄴ. 분기별로 보면 2021년 4분기 이후 KTX 이용좌석수는 매분기 경부선이 70% 이상으로 가장 많았으며 이어서 호남선, 경전선, 전라선 순으로 이용좌석수가 많았다.

ㄷ. 2022년 6월 호남선 KTX 미이용좌석수는 전라선 KTX 전체 좌석수보다 적었다.

① ㄱ
② ㄴ
③ ㄱ, ㄴ
④ ㄱ, ㄷ
⑤ ㄱ, ㄴ, ㄷ

12. 다음 〈표〉는 우리나라의 특별시 및 광역시의 '걷고 싶은 길' 조성 현황에 대한 자료이다. 이에 대한 설명으로 옳지 않은 것을 〈보기〉에서 모두 고르면?

〈표〉 '걷고 싶은 길' 조성 현황

(단위: km)

구분	전체 길이	보행자 전용도로	자전거 보행자 겸용도로	자전거 전용차로	인구 천 명당 '걷고 싶은 길'의 길이
전국 합계	13,036.00	1,841	10,960	235	–
서울	843.6	258	584	1.6	0.084
부산	329.3	50	278	1.3	0.096
대구	548.2	48	498	2.2	0.226
인천	406.9	63	342	1.9	0.154
광주	510.3	67	441	2.3	0.352
대전	591.5	108	480	3.5	0.391
울산	281.8	39	241	1.8	0.272

─〈보기〉─

ㄱ. 광역시 중 보행자 전용도로 대비 자전거보행자 겸용도로의 비율은 대구가 가장 크고 대전이 가장 작다.

ㄴ. 특별시 및 광역시 중 '걷고 싶은 길'의 전체 길이가 길수록 자전거 전용차로 역시 길다.

ㄷ. 서울 인구는 부산 인구의 2배 미만이다.

ㄹ. 인구 1명당 자전거 전용차로 길이는 대구가 광주보다 짧다.

① ㄱ, ㄴ
② ㄱ, ㄷ
③ ㄴ, ㄷ
④ ㄴ, ㄹ
⑤ ㄷ, ㄹ

13. 다음 〈표〉는 2010년 이후 모범택시 보유율 현황에 관한 회사별 자료를 정리한 것이다. 〈정보〉를 토대로 전체 택시 보유 대수가 가장 많은 회사와 가장 적은 회사, 그리고 그 격차를 순서대로 나열한 것은?

〈표〉 모범택시 보유율 현황

(단위: %)

연도 택시회사	2010	2011	2012	2013	2014
A회사	5.5	12.4	25.8	45.4	51.2
B회사	11.0	17.0	22.6	48.2	66.4
C회사	2.4	26.6	38.8	41.2	80.0
D회사	8.8	16.5	29.1	38.8	49.5
E회사	10.0	25.0	35.3	49.0	67.1
전체	7.6	22.9	34.0	45.6	66.9

※ 모범택시 보유율은 해당 연도에 각 택시회사에서 보유하는 전체 택시 중 모범택시가 차지하는 비중을 의미함.

──────〈정보〉──────

• A~E회사 전체 택시 보유 대수는 매년 10,000대로 고정되어 있으며, 각 회사별 전체 택시 보유 대수 역시 매년 동일하다.

• 전체 택시 보유 대수는 A회사와 D회사가 같다.

• 2010년 A회사와 B회사 모범택시 보유 대수의 합은 2011년 D회사 모범택시 보유 대수의 2/3이었다.

• 2014년 모범택시 보유율이 가장 높았던 회사의 전체 택시 보유 대수는 2,500대이다.

• 2014년 C회사의 모범택시 보유 대수와 2010년 E회사의 모범택시 보유 대수의 합은 C회사의 2014년 전체 보유 택시 대수와 같다.

① C회사, D회사, 1,500대
② C회사, E회사, 2,500대
③ E회사, C회사, 2,500대
④ E회사, B회사, 4,500대
⑤ E회사, A회사, 4,500대

14. 다음 〈표〉는 국내에 수입되는 자동차의 현지 판매가격과 국내 판매가격 현황을 정리한 자료이다. 이에 대한 설명으로 옳지 않은 것을 〈보기〉에서 모두 고르면?

〈표〉 자동차 현지 가격 및 국내 판매 가격 현황

(단위: 만 원)

생산국	자동차	현지 판매가격	국내 판매가격	관세율
미국	A	3,800	5,300	20%
	B	4,500	6,000	
독일	C	2,500	3,300	30%
	D	2,800	3,700	
일본	E	3,000	4,000	15%
	F	4,400	5,900	

※ 1) 수입 판매업체 이익 = (국내 판매가격 – 현지 판매가격) – 관세
　 2) 관세 = 현지 판매가격 × 관세율

──────〈보기〉──────

ㄱ. 현지 판매가격이 높은 자동차일수록 국내 판매가격 또한 높은 것으로 나타났다.

ㄴ. 현지 판매가격과 수입 판매업체 이익은 변화 없이 미국 자동차 수입 관세율만 현재 20%에서 10%로 변경된다면, A와 B의 국내 판매가격은 각각 10% 이상 감소한다.

ㄷ. 수입 판매업체 이익이 가장 많은 자동차의 생산국은 일본이다.

① ㄱ
② ㄴ
③ ㄷ
④ ㄱ, ㄴ
⑤ ㄴ, ㄷ

15. 다음 〈표〉는 7급 공채에 응시한 사람들의 교통편을 정리한 자료이다. 이에 대한 설명으로 옳은 것을 〈보기〉에서 모두 고르면?

〈표 1〉 2차 시험 응시자의 교통편 이용 방법

(단위: %)

2차＼1차	자가용	지하철	도보	계
자가용	44	35	21	100
지하철	36	58	6	100
도보	10	18	72	100

〈표 2〉 3차 시험 응시자의 교통편 이용 방법

(단위: %)

3차＼2차	자가용	지하철	도보	계
자가용	56	35	9	100
지하철	28	60	12	100
도보	18	9	73	100

※ 1) 7급 공채는 1~3차에 걸쳐서 시험이 진행되며, 1차에 합격한 사람만 2차에 응시할 수 있으며, 2차에 합격한 사람만 3차에 응시할 수 있음.
2) 1차와 2차에 합격한 사람은 모두 2차와 3차 시험 각각에 응시하였음.

〈보기〉

ㄱ. 2차 시험 응시자 중 1차 시험 때와 동일한 교통편을 이용한 비율은 3차 시험 응시자 중 2차 시험 때와 동일한 교통편을 이용한 비율보다 모든 교통편에서 각각 낮다.

ㄴ. 1차 시험 때 도보로 이동한 사람에 비해 3차 시험 때 도보로 이동했다고 응답한 사람은 증가하였다.

ㄷ. 2차 시험 때 이용한 교통편을 1차 시험 때 이용하지 않은 비율은 자가용이 가장 높았다.

① ㄱ
② ㄴ
③ ㄱ, ㄴ
④ ㄱ, ㄷ
⑤ ㄴ, ㄷ

16. 다음 〈표〉는 A지역 20~50대 공무원 2,640명을 대상으로 한 투표 결과를 정리한 자료이다. 이에 대한 〈보기〉의 설명 중 옳지 않은 것을 모두 고르면?

〈표〉 후보자의 득표수와 득표율 및 선거 참여율

(단위: 표, %)

연령대＼후보자	갑	을	병	득표율	선거 참여율
20대	154	48	58	26.0	25.0
30대	224	36	140	40.0	40.0
40대	43	83	14	14.0	70.0
50대	27	112	61	20.0	50.0
계	448	279	273	100.0	–

※ 1) 연령대별 득표율(%) = (연령대별 득표수 / 전체 득표수) × 100
2) 연령대별 선거 참여율(%) = (연령대별 득표수 / 연령대별 공무원 수) × 100

〈보기〉

ㄱ. 연령대별 득표수는 30대가 가장 많고 40대가 가장 적었다.

ㄴ. 50대를 제외하면, 연령대별로 각각 득표수의 절반 이상을 갑 후보자가 획득하였다.

ㄷ. 공무원 수는 30대가 가장 많았다.

ㄹ. 갑 후보자가 받은 득표 중 20~30대가 차지하는 비중과 40~50대가 차지하는 비중의 차이는 80%p 이상이다.

① ㄱ, ㄴ
② ㄱ, ㄷ, ㄹ
③ ㄴ, ㄷ
④ ㄴ, ㄹ
⑤ ㄴ, ㄷ, ㄹ

17. 다음 〈그림〉은 근로자 중 최저임금 이하를 받는 근로자의 비중을 소득 분위별로 정리한 자료이다. 이에 대한 설명으로 옳지 않은 것을 〈보기〉에서 모두 고르면?

〈그림〉 소득 분위별 근로자 중 최저임금 이하를 받는 근로자 비중

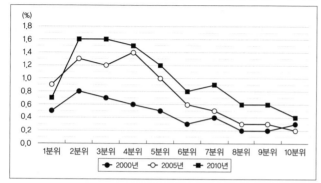

※ 소득분위는 1분위에서 10분위로 갈수록 소득이 많아지며, 각 분위별 근로자 수는 동일함.

── 〈보기〉 ──

ㄱ. 2000년과 2010년 각각 근로자 중 최저임금 이하를 받는 근로자가 차지하는 비중은 2분위가 가장 크고 10분위가 가장 낮다.

ㄴ. 2005년과 2010년 각각 최저임금 이하를 받는 근로자 수는 3분위가 6분위보다 2배 이상 많다.

ㄷ. 2000년과 2010년에 최저임금 이하를 받는 근로자 수의 격차가 가장 작은 소득분위는 10분위이다.

ㄹ. 전체 근로자 수가 2005년에 비해 2010년에 10% 상승했다면, 2005년에 비해 2010년에 소득수준이 3분위인 최저임금 이하를 받는 근로자는 40% 이상 증가하였다.

① ㄱ, ㄷ
② ㄴ, ㄹ
③ ㄱ, ㄴ, ㄷ
④ ㄱ, ㄷ, ㄹ
⑤ ㄴ, ㄷ, ㄹ

18. 다음 〈표〉는 가, 나, 다 대학교 학생들의 기업(A~D)별 지원율과 합격률을 정리한 것이다. 이에 대한 설명으로 옳지 않은 것을 〈보기〉에서 모두 고르면?

〈표 1〉 대학교별 기업 지원율

(단위: %, 명)

구분	A기업	B기업	C기업	D기업	계	지원자 수
가 대학교	70.0	( )	10.0	4.0	100.0	500
나 대학교	60.0	20.0	10.0	10.0	100.0	600
다 대학교	55.0	25.0	12.0	8.0	100.0	200

〈표 2〉 대학교별 기업의 합격률

(단위: %)

구분	A기업	B기업	C기업	D기업
가 대학교	40.0	75.0	80.0	95.0
나 대학교	50.0	65.0	55.0	90.0
다 대학교	60.0	52.0	( )	87.5

※ 1) 합격률은 각 기업의 지원자 중 합격생의 비율을 의미함. 예를 들어 A기업에 지원한 가 대학교 지원자 중 합격생이 차지하는 비중은 40%임.
　2) A~D기업에 지원한 대학은 가~다 대학만 존재하며, 학생은 한 개의 기업에만 지원했다고 가정함.

── 〈보기〉 ──

ㄱ. A~D기업 모두 나 대학교 지원자 수가 각각 가장 많았다.

ㄴ. 가 대학교 학생의 A~D기업 전체 합격률은 50% 미만이다.

ㄷ. 나와 다 대학교 지원자 중 어느 기업에도 합격하지 못한 학생이 차지하는 비율은 두 대학교 지원자 전체의 40%를 넘는다.

ㄹ. 다 대학교 학생의 A~D기업 전체 합격률이 61%라면 C기업에 대한 합격률은 다 대학이 가장 높았다.

① ㄱ, ㄴ
② ㄱ, ㄷ
③ ㄴ, ㄷ
④ ㄴ, ㄹ
⑤ ㄷ, ㄹ

19. 다음 〈표〉는 우리나라의 연도별 출입국자 현황 및 월별 입국자 순위별 현황이다. 이에 대한 〈보기〉의 설명 중 옳지 않은 것을 모두 고르면?

〈표 1〉 우리나라의 연도별 출입국자 현황

(단위: 명)

구분 연도	출국			입국		
	소계	내국인	외국인	소계	내국인	외국인
2013	12,003,902	7,386,088	4,617,814	11,969,026	7,311,431	4,657,595
2014	14,820,796	9,139,314	5,681,482	14,788,664	9,038,119	5,750,545
2015	16,363,758	10,372,409	5,991,349	16,274,277	10,265,750	6,008,527
2016	17,905,126	11,833,511	6,071,615	17,945,995	11,704,739	6,241,256
2017	19,854,595	13,620,503	6,234,092	19,979,129	13,553,872	6,425,257
2018	19,017,545	12,315,221	6,702,324	19,186,075	12,362,263	6,823,812
2019	17,590,236	9,804,725	7,785,511	17,616,268	9,782,270	7,833,998
2020	21,442,918	12,807,359	8,635,559	11,545,183	2,778,268	8,766,915
1월	1,749,198	1,146,555	602,643	1,654,740	1,084,345	570,395
2021. 1월	1,953,156	1,295,592	657,564	1,888,599	1,298,110	590,489

〈표 2〉 2021년 1월 기준 외국인 입국자 수 상위 10개국 현황

(단위: 명)

월 국적	2020년						2021년 1월
	1월	8월	9월	10월	11월	12월	
일본	208,990	262,145	265,767	299,247	273,301	228,415	196,093
중국	72,550	223,149	162,128	168,968	131,418	108,582	103,722
미국	47,597	62,329	59,239	65,565	51,807	48,092	48,289
타이완	39,205	41,155	35,081	42,183	37,648	26,852	28,648
타이	14,026	27,079	30,481	31,193	27,808	23,713	22,059
홍콩	14,612	11,966	12,622	30,522	17,347	26,668	18,994
필리핀	14,020	20,287	13,536	21,264	18,996	20,738	14,209
영국	7,201	6,398	7,517	9,420	8,416	7,178	8,039
캐나다	7,295	8,047	7,703	9,656	8,288	5,789	8,008
러시아	8,407	10,827	10,145	10,817	8,930	7,514	7,873
합계	570,395	742,326	675,654	777,599	670,602	597,096	590,489

─〈보기〉─

ㄱ. 2014~2017년 동안 입국자 수의 전년 대비 증가율이 가장 큰 해는 2015년이다.

ㄴ. 2021년 1월 내국인 출국자 수의 전년 동월 대비 증가율은 내국인 입국자 수의 전년 동월 대비 증가율보다 작았다.

ㄷ. 2021년 1월 기준 외국인 입국자 수 상위 10개국 중 2020년 8월부터 2021년 1월까지 월별 전체 외국인 입국자 수 증감 방향과 동일한 국적은 3개이다.

ㄹ. 2021년 1월 전체 외국인 입국자 수의 전년 동월 대비 증가폭보다 외국인 입국자 수 증가폭이 컸던 국적은 중국뿐이다.

① ㄱ, ㄷ
② ㄴ, ㄷ
③ ㄱ, ㄴ, ㄹ
④ ㄱ, ㄷ, ㄹ
⑤ ㄴ, ㄷ, ㄹ

20. 다음 〈표〉는 우리나라 내륙 지역의 물가수준을 비교한 자료이다. 이에 대한 설명으로 옳은 것을 고르면?

〈표〉 연도별 각 지역의 물가수준 비교

지역\연도	2017	2018	2019	2020	2021
서울	154	156	154	151	162
부산	132	134	136	140	141
대구	128	129	130	131	132
인천	135	137	140	145	150
광주	112	114	110	117	120
대전	120	121	123	122	123
울산	123	119	121	124	126
경기	130	131	134	140	152
강원	100	100	100	100	100
충북	110	116	122	128	134
충남	95	97	95	97	100
전북	85	87	89	90	92
전남	95	94	93	92	91
경북	90	91	97	98	101
경남	101	102	105	106	108

※ 해당연도 강원지역의 물가수준을 100으로 기준 설정하여 나타낸 것임.

① 2017년과 2019년 서울의 물가는 변화 없었다.

② 2017~2019년 동안 부산 물가의 증가율은 매년 감소한다.

③ 2017~2019년 동안 전남과 경북의 물가 증감방향은 서로 반대이다.

④ 2017~2021년 동안 경기와 울산의 물가의 격차는 지속적으로 증가하고 있다.

⑤ 2018~2020년 동안 매년 전북의 물가가 가장 낮다.

※ 다음 〈표〉는 연도별 세무조사 추이에 관한 자료이다. 다음 물음에 답하시오. [21.~22.]

〈표 1〉 연도별 개인 및 법인 세무조사 현황

구분\연도	대상 인원 (천 명)		조사 인원 (명)		부과 세액 (억 원)		조사 비율 (%)	
	개인	법인	개인	법인	개인	법인	개인	법인
2013	2,010	317	4,522	4,536	2,026	23,495	0.22	1.43
2014	2,115	330	4,370	5,683	2,118	31,409	0.21	1.72
2015	2,236	342	3,989	6,343	2,298	30,158	( )	1.86
2016	2,279	361	4,049	5,545	4,563	27,993	( )	1.54
2017	2,736	372	4,090	4,174	5,775	39,363	0.15	1.12
2018	3,074	393	3,335	2,974	4,245	26,590	0.11	( )
2019	3,584	416	3,068	3,867	4,771	20,735	0.09	( )
2020	3,570	440	3,624	4,430	5,175	35,501	0.10	1.00
2021	3,785	467	3,669	4,689	7,175	44,438	0.10	1.00

※ 1) 세무조사는 개인과 법인 대상으로만 이루어 짐.
   2) 조사 비율(%)은 대상 인원 대비 조사 인원이 차지하는 비율을 의미함.

〈표 2〉 연도별 조세범칙 부과 세액 및 조사 건수

(단위: 억 원, 건)

구분\연도	조세범칙 부과 세액	조세범칙 조사 건수	범칙처분		
				고발	통고처분
2013	3,969	172	170	164	6
2014	10,262	347	336	308	28
2015	9,045	327	316	277	39
2016	5,299	399	369	328	41
2017	8,327	554	530	434	96
2018	8,002	565	536	468	68
2019	7,008	383	347	301	46
2020	10,800	443	421	369	52
2021	16,569	527	504	449	55

※ 조세범칙 조사는 세무조사 종류 중 하나이며, 범칙처분과 무혐의처분으로 구분됨.

21. 위 〈표〉에 대한 〈보기〉의 설명 중 옳은 것을 모두 고르면?

〈보기〉

ㄱ. 2015~2019년 동안 세무조사 비율은 개인이 법인보다 매년 낮았다.

ㄴ. 2013년 이후 조세범칙 조사 건수 중 무혐의 처분 건수가 가장 많은 해에 세무조사에 따른 개인과 법인 사업자 부과세액 합이 가장 많았다.

ㄷ. 2014~2021년 동안 조세범칙 부과 세액의 전년 대비 증가폭이 가장 컸던 해에 조세범칙 조사 건수의 전년 대비 증가율 또한 가장 컸다.

ㄹ. 2013년 대비 2021년 법인 세무조사의 조사 인원 1인당 부과세액은 100% 이상 증가하였다.

① ㄱ, ㄴ

② ㄱ, ㄷ

③ ㄴ, ㄷ

④ ㄴ, ㄹ

⑤ ㄷ, ㄹ

22. 위 〈표〉를 근거로 하여 정리한 것 중 〈보기〉에서 옳은 것을 모두 고르면?

〈보기〉

ㄱ. 연도별 개인 및 법인 조사 인원

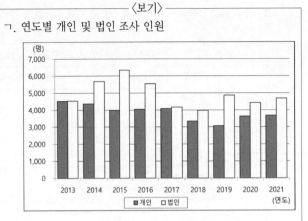

ㄴ. 조세범칙 조사 부과세액의 전년 대비 증가율

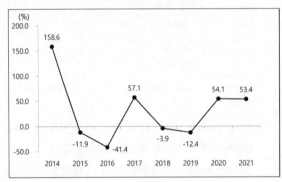

ㄷ. 법인과 개인의 조사 비율 차이

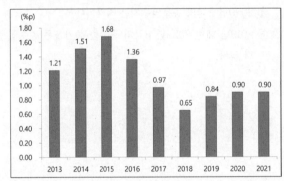

ㄹ. 조세범칙 조사 건수에서 범칙처분 대비 고발이 차지하는 비중

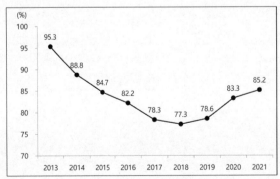

① ㄱ, ㄴ   ② ㄱ, ㄹ   ③ ㄴ, ㄷ

④ ㄴ, ㄹ   ⑤ ㄷ, ㄹ

23. 다음 〈표〉는 A국, B국, C국의 무역관계를 나타낸 자료이다. 이에 대한 설명 중 옳은 것을 고르면?

〈표〉 A국 기준 B국과의 무역현황과 B국 기준 C국과의 무역현황

(단위: 억 달러, %)

구분			2019년	2020년	2021년	2022년
A국 기준 B국과의 무역현황	수출	금액	126	205	240	400
		총수출 대비 비중	23.0	14.0	10.0	8.0
	수입	금액	186	318	484	643
		총수입 대비 비중	32.0	24.0	22.0	18.0
B국 기준 C국과의 무역현황	수출	금액	77	415	1,005	2,700
		총수출 대비 비중	2.0	8.0	15.0	24.0
	수입	금액	92	415	841	1,203
		총수입 대비 비중	2.0	9.0	14.0	24.0

※ 무역수지는 수출에서 수입을 뺀 값으로, 이 값이 양(+)이면 흑자, 음(-)이면 적자임.

① 2019년 A국은 B국에 대해 무역수지 적자를 기록하였고 B국은 C국에 대해 무역수지 흑자를 기록하였다.

② 2022년 A국의 총수출액은 5,000억 달러를 초과한다.

③ 2021년의 총수출액은 B국이 A국의 3배 이상이다.

④ 2020년 B국의 총무역수지는 적자이다.

⑤ 2019년 대비 2022년 B국의 총수출 증가율은 총수입 증가율보다 크다.

24. 다음 〈표〉는 A국 게임 이용자의 한 달 평균 게임비용에 대한 자료이다. 이에 대한 설명 중 옳은 것을 모두 고르면?

〈표〉 한 달 평균 게임비용

(단위: 원)

구분		온라인 게임	모바일 게임	PC 게임	비디오 게임	휴대용 게임	아케 이드 게임
전체		30,809	10,914	24,444	41,287	24,268	6,604
성	남성	28,266	9,353	25,043	46,025	26,455	7,219
	여성	38,158	13,174	21,966	24,273	19,755	5,475
연령	10~14세	15,992	10,710	19,867	71,500	30,958	4,383
	15~19세	19,970	9,005	35,153	32,000	21,615	6,146
	20~24세	46,457	4,969	18,479	39,333	31,000	4,725
	25~29세	24,643	6,559	16,236	36,375	23,605	8,280
	30~34세	28,204	6,652	20,913	33,826	25,664	3,427
	35~39세	33,340	11,643	29,156	31,000	18,077	8,113
	40~44세	37,452	43,292	33,400	46,250	15,679	13,929
	45~49세	39,800	10,500	24,455	34,286	28,250	12,500

※ 게임은 표에 제시된 것만 고려함.

〈보기〉

ㄱ. 한 달 평균 게임비용의 여성 대비 남성의 비율은 비디오게임이 가장 높고 모바일게임이 가장 낮다.

ㄴ. 온라인게임의 한 달 평균 게임비용이 많은 연령대부터 나열하면 40~49세, 30~39세, 20~29세, 10~19세 순이다.

ㄷ. 아케이드게임을 이용하는 20~29세의 한 달 평균 게임비용은 아케이드게임을 이용하는 35~39세의 한 달 평균 게임비용보다 적다.

① ㄱ

② ㄴ

③ ㄱ, ㄴ

④ ㄱ, ㄷ

⑤ ㄴ, ㄷ

25. 다음 〈표〉는 KBO 주요 야구 선수의 경기 기록에 대한 자료이다. 아래의 〈선정방식〉을 따를 때 장타율상과 출루율상을 수상한 선수를 알맞게 고르면?

〈표〉 KBO 주요 야구 선수의 경기 기록

이름	포지션	타수	득점	단타	2루타	3루타	홈런	타점	4사구
A	내야수	472	130	86	42	5	47	140	103
B	외야수	520	103	122	42	1	23	116	67
C	내야수	410	97	94	33	5	11	57	45
D	내야수	425	85	95	32	1	20	89	51
E	내야수	528	129	92	35	1	53	146	78
F	외야수	493	94	142	15	7	4	42	68
G	내야수	470	87	101	28	1	26	90	40
H	외야수	487	66	111	28	2	18	83	34
I	외야수	564	112	117	34	5	28	135	32
J	외야수	512	103	114	26	0	28	121	102

※ 1) 안타＝단타＋2루타＋3루타＋홈런
　 2) 타석수는 타수와 4사구의 합이고 타율은 안타수를 타수로 나눈 값임.

───── 〈선정방식〉 ─────

○ 수상 선수 선정방식
　타석수가 정규시즌 144경기의 3.5배 이상이면서 타율이 0.340 이상인 선수 중 장타율 또는 출루율이 가장 높은 자를 선정함.

○ 장타율상: 장타율이 가장 높은 선수를 선정하여 수상함.
　　　장타율＝[단타의 개수＋(2루타의 개수×2)＋(3루타의 개수×3)＋(홈런의 개수×4)]÷타수

○ 출루율상: 출루율이 가장 높은 선수를 선정하여 수상함. 출루율＝(안타＋4사구)÷타석수

	장타율상	출루율상
①	A	A
②	A	B
③	E	A
④	E	B
⑤	E	J

| 자료해석영역 |
2교시

응시번호	
성명	

모의고사
2회

문제책형
다

응시자 주의사항

1. **시험시작 전 시험문제를 열람하는 행위나 시험종료 후 답안을 작성하는 행위를 한 사람**은 「공무원 임용시험령」 제51조에 의거 **부정행위자**로 처리됩니다.

2. **답안지 책형 표기는 시험시작 전** 감독관의 지시에 따라 **문제책 앞면에 인쇄된 문제책형을 확인**한 후, **답안지 책형란에 해당 책형(1개)을 '●'로 표기**하여야 합니다.

3. 시험이 시작되면 문제를 주의 깊게 읽은 후, **문항의 취지에 가장 적합한 하나의 정답만을 고르며,** 문제내용에 관한 질문은 할 수 없습니다.

4. **답안을 잘못 표기하였을 경우에는 답안지를 교체하여 작성하거나 수정할 수 있으며,** 표기한 답안을 수정할 때는 **응시자 본인이 가져온 수정테이프만을 사용**하여 해당 부분을 완전히 지우고 부착된 수정테이프가 떨어지지 않도록 손으로 눌러주어야 합니다. **(수정액 또는 수정스티커 등은 사용 불가)**

5. **시험시간 관리의 책임은 응시자 본인에게 있습니다.**

정답공개 및 해설강의 안내

1. 모바일 자동 채점 및 성적 분석 서비스
   • '약점 보완 해설집'에 회차별로 수록된 QR코드 인식 ▶ 응시 인원 대비 자신의 성적 위치 확인

2. 해설강의 수강 방법
   • 해커스PSAT 사이트(psat.Hackers.com) 접속 후 로그인 ▶ 우측 퀵배너 [쿠폰/수강권등록] 클릭 ▶ 쿠폰번호 입력 후 이용

1. 다음 〈보고서〉는 인터넷 선택 기준 및 하루 평균 인터넷 이용시간에 대해 20대 이상 여론주도층 1,000명을 대상으로 실시한 설문조사 결과이다. 〈보기〉의 ㄱ~ㄷ에 해당하는 값을 바르게 나열한 것은?

─────〈보고서〉─────

　　인터넷 하루 평균 이용시간을 기준으로 본 초고속 인터넷 서비스 선택 기준에 대한 분석 결과는 다음과 같다. 인터넷 선택 시 '속도'를 가장 중요한 선택 기준으로 본다는 응답자는 전체 응답자의 38%를 차지하였다. 이 항목 응답자의 하루 평균 인터넷 이용시간은 4시간 이상이 40%로 가장 높게 나타났으며, 2시간 이상~4시간 미만이 25%로 그 다음으로 많았고, 1시간 이상~2시간 미만과 1시간 미만의 사용자가 각각 20%, 15%로 나타났다.

　　또한 인터넷 선택 시 '이용료'를 가장 중요한 선택 기준으로 본다는 응답자는 전체 응답자의 32%를 차지했으며, 이 항목 응답자의 하루 평균 인터넷 이용 시간은 1시간 미만이 37.5%로 가장 많았으며, 1시간 이상~2시간 미만과 4시간 이상이 각각 25%로 동일하게 나타났으며 2시간 이상~4시간 미만이 12.5%로 나타났다.

　　인터넷 선택 시 '접속안전성'과 '회사 이미지' 및 '친절성'은 각각 전체 응답자의 16%, 10%, 4%에 불과하였다.

※ 초고속 인터넷 서비스 선택 기준은 총 다섯 가지로 제시되었으며, 이 중에서 가장 중요하다고 생각하는 기준을 한 가지만 선택하게 하였음.

─────〈보기〉─────

ㄱ. 인터넷 선택 시 '속도'를 가장 중요한 선택 기준이라고 응답한 사람 중에서 하루 평균 인터넷 이용시간이 2시간 이상~4시간 미만이라고 응답한 사람의 수

ㄴ. 인터넷 선택 시 '인터넷 이용료'를 가장 중요한 선택 기준이라고 응답한 사람 중에서 하루 평균 인터넷 이용시간이 2시간 이상~4시간 미만이라고 응답한 사람의 수

ㄷ. 인터넷 선택 시 '속도'를 가장 중요한 선택 기준이라고 응답한 사람 중 하루 평균 인터넷 이용시간이 2시간 미만이라고 응답한 사람의 수와 '인터넷 이용료'를 가장 중요한 선택 기준이라고 응답한 사람 중 하루 평균 인터넷 이용시간이 2시간 미만이라고 응답한 사람의 수 격차

	ㄱ	ㄴ	ㄷ
①	95	40	63
②	95	40	67
③	95	80	63
④	152	80	63
⑤	152	120	67

2. 다음 〈표〉는 6개 부서로 이루어진 어느 연구소의 부서별 항목별 예산과 인원 현황을 나타낸 자료이다. 이에 근거하여 정리한 것으로 옳지 않은 것을 〈보기〉에서 모두 고르면?

〈표 1〉 부서별 항목별 예산 내역

(단위: 원)

부서	항목	2010년 예산	2011년 예산
A	인건비	49,560	32,760
	기본경비	309,617	301,853
	사업비	23,014,430	41,936,330
	소계	23,373,607	42,270,943
B	인건비	7,720	7,600
	기본경비	34,930	33,692
	사업비	7,667,570	9,835,676
	소계	7,710,220	9,876,968
C	인건비	7,420	7,420
	기본경비	31,804	31,578
	사업비	2,850,390	3,684,267
	소계	2,889,614	3,723,265
D	인건비	7,420	7,600
	기본경비	24,050	25,672
	사업비	8,419,937	17,278,382
	소계	8,451,407	17,311,654
E	인건비	6,220	6,220
	기본경비	22,992	24,284
	사업비	2,042,687	4,214,300
	소계	2,071,899	4,244,804
F	인건비	4,237,532	3,869,526
	기본경비	865,957	866,791
	사업비	9,287,987	15,042,762
	소계	14,391,476	19,779,079
전체		58,888,223	97,206,713

〈표 2〉 2010년 부서별 직종별 인원

(단위: 명)

부서	정·현원		직종별 현원				
	정원	현원	일반직	별정직	개방형	계약직	기능직
A	49	47	35	3	1	4	4
B	32	34	25	0	1	6	2
C	18	18	14	0	0	2	2
D	31	29	23	0	0	0	6
E	15	16	14	0	0	1	1
F	75	72	38	1	0	8	25
계	220	216	149	4	2	21	40

※ 2010년 이후 부서별 직종별 인원 수의 변동은 없음.

─〈보기〉─

ㄱ. 부서별 2011년 예산과 2010년 예산의 차이

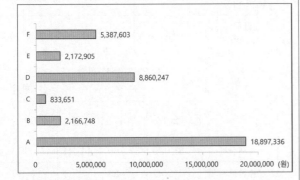

ㄴ. 2010년 부서별 정원 대비 현원의 비율

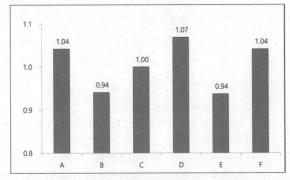

ㄷ. 2010년 전체 현원 중 직종별 현원이 차지하는 비중

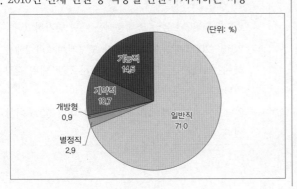

ㄹ. 2011년 부서별 인건비의 전년 대비 증가율

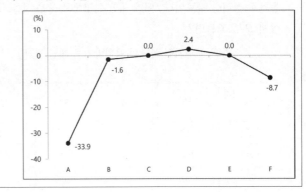

① ㄱ, ㄴ

② ㄱ, ㄹ

③ ㄴ, ㄷ

④ ㄴ, ㄹ

⑤ ㄷ, ㄹ

3. 다음 〈표〉는 H유치원의 아동이 가위바위보 게임을 한 결과를 통계로 정리한 자료이다. 이에 대한 설명으로 옳은 것을 〈보기〉에서 모두 고르면?

〈표〉 H유치원 아동의 가위바위보 게임 결과

(단위: 명)

1차 \ 2차	가위	바위	보	계
가위	91	102	27	220
바위	156	204	108	468
보	52	51	18	121
계	299	357	153	809

〈보기〉

ㄱ. 1차와 2차 시기에 같은 모양을 낸 비율은 서로 다른 모양을 낸 비율보다 더 높다.

ㄴ. 1차에서 가위 또는 바위를 낸 아동은 1차에서 보를 낸 아동의 5배 이상이다.

ㄷ. 2차 시기에서 가위를 낸 아동 중 1차 시기에서도 가위를 낸 아동이 차지하는 비중보다 2차 시기에서 바위를 낸 아동 중 1차 시기에서도 바위를 낸 아동이 차지하는 비중이 더 높다.

ㄹ. 1차 시기에서 바위를 내고 2차 시기에서 보를 낸 아동 대비 1차 시기에서 가위를 내고 2차 시기에서 보를 낸 아동의 비율은 1차와 2차 시기 모두 바위를 낸 아동 대비 1차 시기에는 보를 내고 2차 시기에는 바위를 낸 아동의 비율보다 낮다.

① ㄱ, ㄴ

② ㄱ, ㄷ

③ ㄴ, ㄷ

④ ㄴ, ㄹ

⑤ ㄷ, ㄹ

4. 다음 〈표〉는 우리나라 지방세 및 보유세에 관한 자료이다. 이에 대한 〈보기〉의 설명 중 옳은 것을 모두 고르면?

〈표 1〉 지방세 추이

(단위: 조 원, %)

구분 \ 연도	2012	2013	2014	2015	2016	2017	2018	2019	2020
특별시	8.6	8.8	8.5	8.8	10.0	10.8	11.3	10.8	10.9
광역시	6.3	6.8	6.5	7.2	8.1	8.3	8.3	8.4	9.4
도	9.2	9.1	9.3	9.8	11.5	11.4	11.6	11.4	13.7
시	4.8	5.5	6.5	6.9	8.1	8.8	10.1	10.4	10.7
군	1.1	1.2	1.3	1.4	1.5	1.6	2.0	2.1	2.1
구	1.5	1.7	2.1	1.8	2.1	2.6	2.2	2.1	2.1
계	31.5	33.1	34.2	35.9	41.3	43.5	45.5	45.2	48.9
조세총액 대비 비중	23.3	22.4	22.5	22.0	23.0	21.2	21.4	21.5	21.7
GDP 대비 비중	4.6	4.6	4.4	4.5	4.9	4.8	4.4	4.2	4.2

〈표 2〉 보유세 현황

(단위: 억 원, %)

구분 \ 연도	2016	2017	2018	2019	2020
재산세	31,090	37,760	44,111	44,233	48,157
종합토지세	137	53	1	9	8
공동시설세	5,163	5,433	5,885	5,912	6,496
도시계획세	16,062	18,828	21,828	22,692	24,653
지방교육세	6,245	7,758	9,149	9,194	48,710
계	58,697	69,832	80,974	82,040	128,024
지방세 대비 비중	14.2	16.0	17.8	18.2	26.2

※ 1) 보유세는 지방세의 항목 중 하나임.
  2) 보유세는 재산세, 종합토지세, 공동시설세, 도시계획세, 지방교육세로만 구성된다고 가정함.

〈보기〉

ㄱ. 2016~2019년 동안 지방세 중 지방교육세가 차지하는 비중은 매년 3% 미만이다.

ㄴ. 2016~2020년 동안 조세총액은 매년 증가하였다.

ㄷ. 2016~2020년 동안 재산세가 도시계획세의 2배를 초과한 해에는 특별시와 도의 지방세 역시 전년 대비 각각 증가하였다.

ㄹ. 2020년 우리나라 GDP는 2012년 대비 50% 이상 증가하였다.

① ㄱ, ㄷ   ② ㄱ, ㄹ   ③ ㄴ, ㄷ

④ ㄱ, ㄷ, ㄹ   ⑤ ㄴ, ㄷ, ㄹ

5. '갑'햄버거 가게에서는 손님이 햄버거를 만들어 먹는다. 다음 〈표〉는 구성요소 종류별 가격을 나타내고 있다. 햄버거 세트와 그 구성을 고려할 때, 두 번째로 가격이 비싼 햄버거 세트는?

〈표〉 구성요소 종류별 가격표

구성요소	종류(가격)
빵	쌀빵(1,000원), 호밀빵(1,300원), 밀가루빵(900원)
패티	쇠고기(1,300원), 돼지고기(1,100원), 치킨(1,100원), 양고기(1,400원)
채소	토마토(500원), 상추(300원), 양배추(700원)
토핑	버섯(300원), 베이컨(800원), 치즈(1,000원), 토마토소스(500원)
음료	탄산음료(800원), 주스(900원), 물(1,000원)

※ 5가지 구성요소 중 적어도 1개 이상을 선택해서 햄버거를 만들 수 있음.

① A햄버거 세트: 쌀빵 + 쇠고기 + 양배추 + 버섯 + 물
② B햄버거 세트: 호밀빵 + 치킨 + 토마토 + 치즈 + 탄산음료
③ C햄버거 세트: 밀가루빵 + 치킨 + 토마토 + 양배추 + 토마토소스 + 탄산음료
④ D햄버거 세트: 쌀빵 + 양고기 + 상추 + 베이컨 + 주스
⑤ E햄버거 세트: 밀가루빵 + 돼지고기 + 양배추 + 베이컨 + 탄산음료

6. 다음 〈표〉는 지환이의 음식점 평가 결과이다. 〈표〉를 참고하여 가~마 음식점을 평가할 때, 전체 평가 점수가 가장 높은 음식점을 고르면?

〈표〉 지환이의 음식점 평가 점수

구분		속성			
		맛	가격	친절도	위치
가중치		0.4	0.3	0.2	0.1
평가 대상 음식점	가	9	8	10	9
	나	10	7	9	10
	다	8	10	10	8
	라	8	9	10	8
	마	9	9	8	9

※ 1) 속성별 평가 점수는 각각 10점을 만점으로 산정한 것임.
　 2) 각 평가대상 음식점은 속성별 가중치를 고려하여 전체 평가 점수를 결정함.

① 가　　　　② 나　　　　③ 다
④ 라　　　　⑤ 마

7. 다음 〈표〉는 서울 강남 3구(서초구, 강남구, 송파구)의 아파트 평균 매매가격 및 평균 전세가격 지수를 나타낸 자료이다. 이에 대한 〈보기〉의 설명 중 옳지 않은 것을 모두 고르면?

〈표 1〉 강남 3구 아파트 평균 매매 및 전세가격 지수

(2006년 가격수준 = 100)

연도	평균 매매가격 지수				평균 전세가격 지수			
	서초구	강남구	송파구	계	서초구	강남구	송파구	계
1998	103	91	64	78	87	71	58	68
2000	102	92	69	81	90	76	65	73
2003	88	80	66	74	84	81	74	78
2004	91	86	75	81	93	93	88	91
2005	98	96	92	94	101	99	99	100
2006	100	100	100	100	100	100	100	100

※ 각 구의 2006년 평균 가격을 100으로 기준 설정하여 나타낸 자료임.

〈표 2〉 강남 3구 아파트 평균 매매 및 전세가격 지수

(2010년 가격수준 = 100)

연도	평균 매매가격 지수				평균 전세가격 지수			
	서초구	강남구	송파구	계	서초구	강남구	송파구	계
2006	95	85	82	85	106	95	89	89
2007	92	80	81	84	97	87	86	86
2008	93	81	86	87	95	87	91	91
2009	97	92	98	97	98	95	98	98
2010	100	100	100	100	100	100	100	100
2011	102	108	102	103	102	105	101	101

※ 각 구의 2010년 평균 가격을 100으로 기준 설정하여 나타낸 자료임.

─〈보기〉─

ㄱ. 서초구 아파트 평균 매매가격이 2010년에 20억 원이었다면, 2004년 평균 매매가격은 18.2억 원이었다.

ㄴ. 송파구 아파트 평균 전세가격은 2007년이 2004년에 비하여 낮다.

ㄷ. 2006년 서초구의 아파트 평균 매매가격이 20억 원이고 강남구 아파트 평균 전세가격이 10억 원이었다면, 2011년 서초구 아파트 평균 매매가격은 2011년 강남구 아파트 평균 전세가격보다 2배 이상 많다.

① ㄱ
② ㄴ
③ ㄱ, ㄴ
④ ㄱ, ㄷ
⑤ ㄱ, ㄴ, ㄷ

8. 다음 〈표〉는 한국을 방문한 외국인들을 대상으로 조사한 자료이다. 이에 대한 설명으로 옳지 않은 것을 〈보기〉에서 모두 고르면?

〈표 1〉 2019년 기준 한국 방문 목적 상위 5위

(단위: %)

연도 방문목적	2016	2017	2018	2019
휴가	43.6	42.2	40.4	47.6
사업	42.6	40.3	42.0	36.3
친구/친지 방문	9.1	11.5	11.5	11.5
종교	1.0	0.8	0.6	0.9
건강/치료	0.1	0.2	0.2	0.2

〈표 2〉 휴가 목적으로 한국 방문 시 고려한 요인

(단위: %)

연도 고려한 요인	2017	2018	2019
쇼핑	41.5	44.4	56.5
음식 탐방	41.7	41.5	42.1
경제적인 여행비용	24.9	27.2	38.4
가까운 거리	45.4	40.1	37.6
자연풍경 감상	25.2	23.4	22.0

※휴가 목적으로 한국 방문 시 고려한 요인은 중복응답 하였음.

〈보기〉

ㄱ. 2018년과 2019년 조사대상자 수가 동일하다고 가정할 때 2019년 외국인이 휴가 목적으로 한국 방문 시 '가까운 거리'를 고려한 요인으로 응답한 대상자는 전년 대비 감소하였다.

ㄴ. 2016~2019년 동안 휴가 또는 사업을 이유로 한국을 방문한 외국인 비중은 매년 80% 이상이다.

ㄷ. 2016~2019년 동안 방문 목적이 종교인 외국인 대비 방문 목적이 사업인 외국인의 비율은 매년 지속적으로 상승하고 있다.

ㄹ. 2018년 휴가 목적으로 한국을 방문한 외국인 중 쇼핑이 고려 요인이라고 응답한 외국인은 한국을 방문한 전체 외국인 중에서 차지하는 비중이 20% 미만이다.

① ㄱ, ㄷ

② ㄱ, ㄹ

③ ㄴ, ㄷ

④ ㄴ, ㄹ

⑤ ㄷ, ㄹ

9. 다음 〈그림〉은 A국가를 방문한 외국인 여행객의 만족도를 조사하여 정리한 것이다. 이에 대한 설명으로 옳지 않은 것을 〈보기〉에서 모두 고르면?

〈그림〉 외국인 여행객의 전반적 만족도 조사

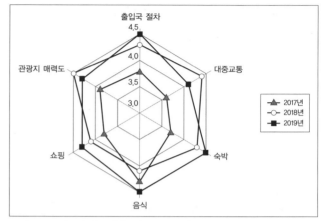

※ 만족도 조사는 출입국 절차, 대중교통, 숙박, 음식, 쇼핑, 관광지 매력도 6가지 평가기준에 대해 1~5점 사이의 점수를 부여하여 산정함.

〈보기〉

ㄱ. 2017~2019년 동안 외국인 여행객 만족도가 매년 상승하는 평가기준은 총 3가지이다.

ㄴ. 6가지 평가기준 모두 2017년에 비해 2018년에 각각 상승하였다.

ㄷ. 2018년 대비 2019년 만족도의 증가폭은 관광지 매력도가 가장 높았다.

ㄹ. 출입국 절차, 대중교통, 쇼핑의 경우 2018년의 전년 대비 증감폭이 2019년의 전년 대비 증감폭보다 더 크다.

① ㄱ, ㄴ

② ㄱ, ㄹ

③ ㄴ, ㄷ

④ ㄴ, ㄹ

⑤ ㄷ, ㄹ

10. A시에서는 공공자전거 서비스 정책의 일환으로 자전거 대여 사업을 민간 위탁하여 펼치고 있다. 다음 〈표〉는 민간 위탁한 갑, 을, 병 회사의 요금제이다. 이에 대한 〈보기〉의 설명 중 옳은 것을 모두 고르면?

〈표〉 공공자전거 대여 요금제

회사	기본요금	연장요금
갑	1시간 30분 1,200원	초과 30분당 120원
을	3시간 30분 1,400원	초과 30분당 150원
병	2시간 30분 2,000원	초과 30분당 50원

※ 1) 연장요금은 기본요금 시간 초과시 30분 단위로 부과됨. 예를 들어, 1시간 1분 대여 시에는 1시간 30분 요금이 적용됨.
　2) 을회사에서 10시간 이상 대여할 경우 3,000원만 내면 이용할 수 있음.

〈보기〉

ㄱ. 갑회사의 초과 30분당 연장요금이 150% 상승한다면 3시간 30분 이용 시 대여요금은 2,400원이 된다.

ㄴ. 5시간 10분 대여 시 을회사의 요금이 갑회사의 요금보다 많다.

ㄷ. 병회사에 비해 갑회사의 대여료가 비싸지는 이용 시간은 6시간 30분을 초과할 때부터이다.

ㄹ. 10시간을 이용할 경우 가장 적은 요금을 부과하는 회사는 을이다.

① ㄱ, ㄷ
② ㄱ, ㄹ
③ ㄴ, ㄷ
④ ㄴ, ㄹ
⑤ ㄷ, ㄹ

11. 다음 〈표〉는 지역별 인구 및 인구밀도에 대한 자료이다. 이에 대한 〈보기〉의 설명 중 옳은 것을 모두 고르면?

〈표〉 지역별 인구 및 인구밀도

(단위: 천 명, 명/km²)

구분	2017년 인구	2017년 인구밀도	2018년 인구	2018년 인구밀도	2019년 인구	2019년 인구밀도	2020년 인구	2020년 인구밀도
계	48,456	486	48,607	487	48,747	488	48,875	489
서울	10,026	16,565	10,032	16,574	10,036	16,582	10,039	16,593
부산	3,525	4,604	3,498	4,566	3,471	4,531	3,446	4,493
대구	2,470	2,794	2,457	2,779	2,444	2,764	2,431	2,750
인천	2,613	2,593	2,629	2,602	2,645	2,576	2,661	2,586
광주	1,445	2,883	1,447	2,887	1,449	2,890	1,450	2,894
대전	1,487	2,755	1,496	2,772	1,506	2,790	1,515	2,806
울산	1,080	1,021	1,085	1,026	1,089	1,030	1,094	1,033
경기	11,039	1,090	11,248	1,110	11,447	1,129	11,637	1,145
강원	1,470	89	1,461	88	1,452	87	1,443	86
충북	1,483	201	1,482	199	1,481	199	1,479	199
충남	1,936	225	1,944	226	1,951	226	1,959	227
전북	1,771	220	1,746	217	1,724	214	1,703	211
전남	1,807	149	1,784	146	1,762	144	1,740	142
경북	2,635	138	2,620	138	2,606	137	2,592	136
경남	3,125	297	3,131	297	3,137	298	3,141	298
제주	545	295	545	295	546	295	547	296

※ 수도권: 서울, 인천, 경기

〈보기〉

ㄱ. 2017년과 2018년에는 수도권 인구가 비수도권 인구보다 각각 적다.

ㄴ. 2020년 경남의 면적은 충북의 면적보다 2배 이상 넓다.

ㄷ. 2017년 경북의 면적은 경기와 전남 면적의 합보다 크다.

ㄹ. 2017년에 비해 2020년에 인구가 가장 많이 증가한 지역은 경기이다.

① ㄱ, ㄴ
② ㄱ, ㄷ
③ ㄱ, ㄹ
④ ㄴ, ㄷ
⑤ ㄷ, ㄹ

12. 다음 〈표〉는 소비자 피해구제접수현황 및 처리현황에 대한 자료이다. 이에 대한 〈보기〉의 설명 중 옳은 것을 모두 고르면?

〈표 1〉 소비자 피해구제접수

(단위: 건)

구분 ＼ 연도	2019	2020
방문 및 전화권유판매	115	91
다단계 판매	35	51
사업권유거래	24	18
전자상거래	79	140
기타	249	207
계	502	507

〈표 2〉 소비자 피해구제처리결과

(단위: 건)

연도 ＼ 구분	조정	합의	상담	이첩	기각	합계
2019	70	179	92	20	133	508
2020	62	213	120	18	80	521

※ 1) 당해연도에 접수된 소비자 피해구제접수가 그 해에 처리되지 못하면 다음 연도로 이월되며, 그 다음 해의 피해구제처리는 이월건수부터 우선 처리된다고 가정함.
2) 2020년 접수 건수는 당해연도에 모두 처리되었음.

〈보기〉

ㄱ. 2018년에 접수된 소비자 피해구제접수 건수 중 2019년으로 이월된 건수는 6건이다.

ㄴ. 2019년에 접수된 소비자 피해구제접수 건수 중 2020년으로 이월된 건수는 14건이다.

ㄷ. 연도별 소비자 피해구제처리결과 합계 중 기각건수의 비율은 2019년에 비해 2020년에 50% 이상 감소하였다.

ㄹ. 2020년 소비자 피해구제접수 건수 중 다단계 판매가 차지하는 비중은 증가하였다.

① ㄱ, ㄴ
② ㄱ, ㄷ
③ ㄴ, ㄷ
④ ㄴ, ㄹ
⑤ ㄷ, ㄹ

13. 다음 〈표〉는 수도권 권역별 현황에 대한 자료이다. 이에 대한 〈보기〉의 설명 중 옳지 않은 것을 모두 고르면?

〈표〉 수도권 권역별 현황

(단위: km², 천 명, %)

연도 ＼ 권역		과밀억제권역	비율	성장관리권역	비율	자연보전권역	비율	수도권 전체	비율
2016	면적	2,041	17.4	5,860	49.9	3,838	32.7	11,739	11.8
	인구	19,214	79.6	3,955	16.4	958	4.0	24,127	48.6
2017	면적	2,042	17.4	5,865	49.9	3,838	32.7	11,745	11.8
	인구	19,346	79.1	4,144	16.9	982	4.0	24,472	48.9
2018	면적	2,026	17.2	5,894	50.2	3,830	32.6	11,750	11.8
	인구	19,423	78.5	4,326	17.5	997	4.0	24,746	49.1
2019	면적	2,032	17.2	5,958	50.4	3,830	32.4	11,820	11.8
	인구	19,525	78.3	4,417	17.7	1,008	4.0	24,950	49.3
2020	면적	2,014	17.0	5,958	50.5	3,830	32.5	11,802	11.8
	인구	19,701	77.5	4,686	18.4	1,038	4.1	25,425	49.4

※ 1) 수도권: 서울특별시, 인천광역시, 경기도
2) 수도권 전체 비율은 전국 면적(인구) 중 수도권 면적(인구)이 차지하는 비율임.
3) 각 권역 비율은 수도권 면적(인구) 중 각 권역의 면적(인구)이 차지하는 비율임.
4) 인구밀도(명/km²) = $\dfrac{인구}{면적}$

〈보기〉

ㄱ. 2016~2020년 동안 전국면적에서 과밀억제권역면적이 차지하는 비율은 매년 17% 이상이다.

ㄴ. 2020년 성장관리권역 인구는 전국 인구의 10% 미만이다.

ㄷ. 2017년 이후 과밀억제권역의 면적과 인구의 전년 대비 증감방향은 매년 동일하다.

ㄹ. 2020년 수도권 지역의 인구밀도는 비수도권 지역의 인구밀도의 6배 이상이다.

① ㄱ, ㄷ
② ㄴ, ㄷ
③ ㄴ, ㄹ
④ ㄱ, ㄷ, ㄹ
⑤ ㄴ, ㄷ, ㄹ

14. 다음 〈표〉는 11월 출입국자 현황 및 2021년 1~11월 동안의 출입국자 누적 현황을 정리한 자료이다. 이에 대한 설명 중 옳지 않은 것을 고르면?

〈표 1〉 11월 출입국자 현황

(단위: 명)

구분		2020년 11월			2021년 11월		
		출입국자	입국자	출국자	출입국자	입국자	출국자
총계		3,536,839	1,775,125	1,761,714	3,738,455	1,858,754	1,879,701
내국인	소계	2,073,491	1,041,070	1,032,421	1,996,217	994,021	1,002,196
	승객	1,890,632	948,359	942,273	1,804,023	896,291	907,732
	승무원	182,859	92,711	90,148	192,194	97,730	94,464
외국인	소계	1,463,348	734,055	729,293	1,742,238	864,733	877,505
	승객	1,339,131	670,602	668,529	1,568,248	776,566	791,682
	승무원	124,217	63,453	60,764	173,990	88,167	85,823

〈표 2〉 2021년 1~11월 출입국자 누적 현황

(단위: 명)

구분		출입국자	입국자	출국자
총계		41,598,870	20,917,381	20,681,489
내국인	소계	23,962,063	11,988,233	11,973,830
	승객	21,858,422	10,919,680	10,938,742
	승무원	2,103,641	1,068,553	1,035,088
외국인	소계	17,636,807	8,929,148	8,707,659
	승객	15,662,404	7,914,964	7,747,440
	승무원	1,974,403	1,014,184	960,219

※ 입국과 출국 횟수는 각각 1인당 1회라고 가정함.

─〈보기〉─

ㄱ. 2021년 11월 외국인 승객 출입국자 중 출국자가 차지하는 비중은 전년 동월 대비 증가하였다.

ㄴ. 2021년 11월 전체 승객 입국자는 전체 승객 출입국자의 50% 이상이다.

ㄷ. 2021년 1~11월까지의 월 평균 출입국자 수는 2021년 1~10월까지의 월 평균 출입국자 수보다 많다.

ㄹ. 2020년 월 평균 출입국자의 수가 2020년 11월과 동일하다면 2021년 1~11월 누적 출입국자 수는 2020년 1~11월 누적 출입국자 수보다 5% 이상 많다.

① ㄱ, ㄴ

② ㄱ, ㄷ

③ ㄱ, ㄹ

④ ㄴ, ㄷ

⑤ ㄴ, ㄹ

15. 다음 〈표〉는 등록외국인의 연도별 증감추이에 대한 자료이다. 이에 대한 〈보기〉의 설명 중 옳은 것을 모두 고르면?

〈표〉 등록외국인의 연도별 증감추이 현황

(단위: 명)

연도	총계	합법체류자	불법체류자	16~60세
2011년	(　　)	162,584	67,064	64,813
2012년	252,457	168,678	83,779	80,457
2013년	437,954	365,454	72,500	68,640
2014년	468,875	(　　)	89,857	85,930
2015년	485,144	(　　)	107,049	101,824
2016년	(　　)	524,562	106,657	101,033
2017년	(　　)	658,468	107,278	101,645
2018년	(　　)	760,546	93,461	88,531
2019년	(　　)	786,907	83,729	79,056
2020년	(　　)	840,372	78,545	73,211
2020년 11월	909,841	836,506	78,697	73,335
2021년 11월	988,537	912,082	82,575	76,455

※ 등록외국인 = 합법체류자 + 불법체류자

─〈보기〉─

ㄱ. 2021년 11월 등록외국인 중 불법체류자가 차지하는 비중은 전년 동월 대비 감소하였다.

ㄴ. 2015년 합법체류자 수는 전년 대비 증가하였다.

ㄷ. 2011년 등록외국인 중 합법체류자가 차지하는 비중은 75% 이하이다.

ㄹ. 2016~2020년 동안 등록외국인수는 전년 대비 매년 증가하고 있다.

① ㄱ, ㄴ

② ㄱ, ㄹ

③ ㄴ, ㄷ

④ ㄱ, ㄷ, ㄹ

⑤ ㄴ, ㄷ, ㄹ

16. 다음 〈표〉는 채무보증제한기업집단의 채무보증금액 현황에 관한 자료이다. 이에 대한 〈보기〉의 설명 중 옳지 않은 것을 모두 고르면?

〈표 1〉 채무보증제한기업집단의 채무보증금액 현황

(단위: 억 원)

기업집단	2020.4.1	2020.4.2.~2021.3.31.현황		2021.4.1
	기초	해소	신규발생	잔여
A	–	–	1,200	1,200
B	303	28	72	347
C	650	650	650	650
D	1,012	1,012	–	–
E	–	–	607	607
F	1,723	976	–	747
G	13	13	–	–
H	669	669	663	663
I	120	120	–	–
합계	4,490	3,468	3,192	4,214

※ 채무보증 해소율(%) = $\frac{해소금액}{기초금액} \times 100$

〈표 2〉 채무보증제한기업집단의 해소 사유별 해소액

(단위: 억 원, %)

기업집단 \ 사유	여신상환	신용전환	합병	담보대체	개인입보대체	보증만기	기타	합계
B	20	–	–	8	–	–	–	28
C	650	–	–	–	–	–	–	650
D	663	–	–	–	168	–	181	1,012
F	268	–	–	–	–	708	–	976
G	13	–	–	–	–	–	–	13
H	227	442	–	–	–	–	–	669
I	36	–	84	–	–	–	–	120
합계 (비중)	1,877 (54.1)	442 (12.7)	84 (2.4)	8 (0.2)	168 (4.8)	708 (20.4)	181 (5.2)	3,468 (100.0)

※해소 사유별 해소액은 2020.4.2.~2021.3.31. 사이에 발생한 것에 한함.

〈보기〉

ㄱ. F의 채무보증 해소율은 60% 이상이다.

ㄴ. 〈표 1〉의 기업집단 중 2020년 4월 1일 기초금액이 2021년 3월 31일 이전에 모두 해소되었던 기업집단은 4곳이다.

ㄷ. 〈표 2〉의 채무보증제한기업집단 중 해소액에서 여신 상환 사유로 해소된 금액의 비중이 절반 이상인 기업집단은 2021년 4월 1일 잔여금액 전체에서 해당 기업집단의 잔여금액 합이 차지하는 비중은 20% 이상이다.

ㄹ. I의 채무보증 해소액에서 합병이 차지하는 비중은 B의 채무보증 해소액에서 여신상환이 차지하는 비중보다 작다.

① ㄱ, ㄴ
② ㄱ, ㄹ
③ ㄴ, ㄷ
④ ㄴ, ㄹ
⑤ ㄷ, ㄹ

17. 다음 〈표〉는 A, B, C 세 회사의 매출액 및 영업이익을 나타낸 자료이다. 이에 대한 설명 중 옳지 않은 것을 고르면?

〈표 1〉 A사의 매출액 및 영업이익

(단위: 천 원)

연도 구분	2020	2021	2022
매출액	1,762,334	1,842,856	1,851,397
영업이익	35,546	16,854	−23,585

〈표 2〉 B사의 매출액 및 영업이익

(단위: 천 원)

연도 구분	2020	2021	2022
매출액	782,658	1,575,451	2,425,658
영업이익	275,586	586,486	( )

〈표 3〉 C사의 매출액 및 영업이익

(단위: 천 원)

연도 구분	2020	2021	2022
매출액	189,520	214,526	324,668
영업이익	75,659	90,865	142,585

※ 1) 영업이익률(%) = $\frac{영업이익}{매출액} \times 100$

　　2) 매출액 = 영업이익 + 영업비용

① 2021년 A~C사 전체의 영업이익률은 전년 대비 감소하였다.
② 2022년 B사의 영업이익률이 25%라면, B사의 영업이익은 2020~2022년 동안 매년 증가한다.
③ 2020~2022년 동안 A사의 영업이익률은 매년 감소하였다.
④ 2020~2022년 동안 A사의 영업비용이 많을수록 매출액도 많다.
⑤ B사의 2020~2021년의 영업이익 합은 2020~2022년의 A사와 C사 영업이익 합의 2배 이상이다.

18. 다음 〈표〉는 2014~2020년 동안의 상선 선원 현황에 대한 자료이다. 이에 대한 〈보기〉의 설명 중 옳지 않은 것을 모두 고르면?

〈표〉 상선 선원 현황

(단위: 명, %)

연도 구분	2014	2015	2016	2017	2018	2019	2020
기존등록자	12,310	12,517	13,026	13,380	14,157	14,645	13,994
승선원	10,015	10,268	10,205	10,754	11,531	11,652	11,394
예비원	1,228	1,077	1,129	1,146	1,146	1,126	1,245
미취업자	1,067	1,172	1,692	1,480	1,480	1,867	1,355
신규등록자	1,590	1,648	1,209	1,047	1,699	1,675	1,204
재취업	741	644	475	430	993	686	763
신규취업	849	1,004	734	617	706	989	441
이직자	1,849	( )	700	693	922	1,187	( )
이직률	14.7	11.7	( )	( )	( )	( )	11.9

※ 1) 당해연도이직자 = 직전연도기존등록자 − 당해연도기존등록자 + 당해연도신규등록자

　　2) 이직률(%) = $\frac{당해연도이직자}{직전연도기존등록자} \times 100$

〈보기〉

ㄱ. 2014~2020년 중 이직률이 가장 높은 연도는 2014년이다.
ㄴ. 2016년 대비 2018년에는 신규 등록자 중 신규취업이 차지하는 비중이 증가하였다.
ㄷ. 이직자 수는 2014년부터 2017년까지 매년 감소하다가 2018년 이후 매년 증가하고 있다.
ㄹ. 2014년 기존등록자는 전년 대비 증가하였다.

① ㄱ, ㄴ
② ㄱ, ㄷ
③ ㄴ, ㄷ
④ ㄴ, ㄹ
⑤ ㄷ, ㄹ

19. 다음 〈표〉는 지역경찰 관서 현황, 112신고 접수 현황, 자율
방범대 및 생활안전협의회 현황을 정리한 자료이다. 이에 대한
〈보기〉의 설명 중 옳지 않은 것을 모두 고르면?

〈표 1〉 2019년 지역경찰 관서 현황

(단위: 개소)

구분	계	서울	부산	대구	인천	광주	대전	울산	경기
지구대	773	143	56	37	30	20	18	12	119
파출소	760	34	14	8	22	7	1	15	120
치안센터	1,461	255	116	75	67	19	25	13	72
구분	강원	충북	충남	전북	전남	경북	경남	제주
지구대	46	37	44	37	44	59	64	7
파출소	43	22	47	106	115	116	75	15
치안센터	66	57	117	111	167	141	134	26

〈표 2〉 연도별 112신고 접수 상위 6가지 유형

(단위: 건)

순위	신고유형	2017	2018	2019
1	민원	1,595,488	1,104,589	1,633,623
2	형사범	1,247,465	1,341,303	1,447,491
3	교통사범	1,120,045	1,194,862	1,266,205
4	경범	1,264,663	1,367,230	1,141,540
5	오인신고	286,112	311,307	314,536
6	허위신고	12,155	11,530	10,309
7위 이하		701,736	1,677,169	1,975,162
계		6,227,664	7,007,990	7,788,866

※ 순위는 2019년도 기준임.

〈표 3〉 연도별 자율방범대 및 생활안전협의회 현황

(단위: 개소, 명)

구분	자율방범대		생활안전협의회	
	조직	인원	조직	인원
2017	3,738	98,826	1,482	25,662
2018	3,866	103,253	1,736	28,352
2019	3,867	106,070	1,569	31,550

〈보기〉

ㄱ. 2017~2019년 중 자율방범대와 생활안전협의회의 조직 1개
소당 인원이 가장 많은 연도는 동일하다.

ㄴ. 2019년 지구대보다 치안센터가 2배 이상 많은 지역의 수는
2배 미만인 지역보다 더 많다.

ㄷ. 2017~2019년 동안 112에 신고 접수된 상위 3개 신고유형
은 매년 동일하다.

ㄹ. 2017~2019년 동안 매년 허위신고 및 오인신고건수의 합은
민원 신고 건수의 20% 이상이다.

① ㄱ, ㄴ
② ㄱ, ㄷ
③ ㄴ, ㄷ
④ ㄴ, ㄹ
⑤ ㄷ, ㄹ

※ 다음 〈표〉는 우리나라의 의약품과 관련된 수입 및 수출실적, 국가별 수입액 자료이다. 다음 물음에 답하시오.
[20.~21.]

〈표 1〉 의약품 수입실적

(단위: 천 달러)

구분	2008년	2009년	2010년	구성비	전년비
원료의약품	1,904,287	1,754,005	1,898,384	32.7	108.2
완제의약품	2,013,540	2,126,923	2,520,095	43.5	118.5
화장품	719,936	702,434	851,085	14.7	121.2
체외진단제제	138,771	137,374	174,579	3.0	127.1
화장품원료	105,987	118,276	145,041	2.5	122.6
의약외품	116,636	98,961	116,044	2.0	117.3
방사선의약품	13,019	11,593	11,395	0.2	98.3
한약재	61,643	59,102	81,680	1.4	138.2
합계	5,073,819	5,008,668	5,798,303	100.0	115.8

※ 전년비 항목은 2010년 수입액을 2009년 수입액으로 나눈 후 100을 곱한 값임.

〈표 2〉 의약품 수출실적

(단위: 천 달러)

구분	2008년	2009년	2010년	전년비
원료의약품	551,992	614,020	739,517	120.4
완제의약품	685,714	885,501	966,725	109.2
의약외품	98,669	108,052	175,393	162.3
한약재	8,954	8,805	9,429	107.1
화장품원료	371,204	416,002	596,934	143.5
합계	1,617,864	1,924,328	2,312,605	120.2

※ 전년비 항목은 2010년 수입액을 2009년 수입액으로 나눈 후 100을 곱한 값임.

〈표 3〉 우리나라의 2009년 기준 상위 10개국 의약품 수입액

(단위: 천 달러)

순위	국가	2007	2008	2009
1	일본	428,826	466,959	520,222
2	미국	455,470	451,817	480,587
3	독일	532,970	550,722	467,360
4	스위스	344,188	364,852	434,907
5	중국	317,125	362,752	347,215
6	프랑스	331,006	337,665	331,711
7	이탈리아	296,689	345,015	299,489
8	영국	285,875	245,830	279,754
9	벨기에	119,038	141,060	132,583
10	인도	99,644	112,200	107,392

20. 위 〈표〉를 토대로 작성한 〈보고서〉의 내용 중 옳지 않은 것을 모두 고르면?

―〈보고서〉―

　2010년 의약품 총수입액은 약 57억 9,830만 달러로 전년 대비 15.8% 증가하였다. 완제의약품 수입액은 약 25억 2,010만 달러로 전체 수입액의 43.5%를 차지하였고, 원료의약품 수입액은 약 18억 9,838만 달러로 전체 수입액의 32.7%를 차지하였다. ⊙ 같은 해 의약품 수입액은 모든 항목에서 전년에 비해 각각 증가하였으며, 특히 ⊙ 완제의약품과 화장품원료의 수입액은 각각 2008~2010년 동안 3년 연속 증가하여, 전체 의약품 수입액에서 차지하는 비중 또한 각각 매년 증가하였다. 의약품 등 수출액은 약 23억 1,261만 달러로서 전년 대비 20.2% 증가하였으며, 완제의약품과 의약외품의 수출액은 9억 6,673만 달러, 원료의약품의 수출액은 7억 3,952만 달러였다.
　국내 의약품 등 수입액 상위 10개국을 보면 ⓒ 2009년 국내에 수입된 의약품 중에서 가장 큰 수입액 비중을 차지한 국가는 일본으로 5.2억 달러 이상이 수입되었고, 다음으로는 미국, 독일, 스위스, 중국 등의 순이었다. 특히 ⓔ 일본으로부터의 수입 규모는 2007~2009년 동안 매년 인도의 4배 이상이었으며, 일본의 수입액과 인도의 수입액 차이는 매년 감소하였다.

① ㄱ, ㄴ　　　　② ㄱ, ㄹ　　　　③ ㄴ, ㄷ
④ ㄴ, ㄹ　　　　⑤ ㄷ, ㄹ

21. 2009년과 2010년 우리나라 전체 의약품 수입액에서 각 국가가 차지하는 비중이 동일하다고 가정한다면, 2009년 기준 상위 10개국 중 2007년 대비 2010년 의약품 수입액 증가폭이 가장 작은 국가(A)와 2007~2010년 동안 증감방향이 독일과 동일한 국가의 수(B)를 바르게 나열한 것은?

	A	B
①	독일	3개
②	프랑스	4개
③	영국	4개
④	프랑스	5개
⑤	독일	5개

2회　해커스PSAT 7급 PSAT 김용훈 자료해석 실전동형모의고사

22. 다음 〈표〉를 이용하여 〈보고서〉를 작성하였다. 제시된 〈표〉 이외에 추가로 필요한 자료만을 〈보기〉에서 모두 고르면?

〈표 1〉 2022년 학력에 따른 혼인이행률

(단위: %)

학력	중졸	고졸	전문대졸	대졸	대학원졸
남성	2.5	5.3	9.6	7.5	7.8
여성	6.5	8.8	8.3	7.1	2.7

〈표 2〉 2022년 연간 소득수준별 혼인이행률

(단위: %)

소득 구분	1,000만 원 이하	1,001~ 2,000만 원	2,001~ 3,000만 원	3,001~ 4,000만 원	4,000만 원 초과
남성	4.7	5.2	31.4	33.7	37.8
여성	13.8	23.2	24.6	18.3	21.7

〈표 3〉 2022년 남녀 연령대별 비혼자와 혼인자

(단위: 명)

구분	연령대	20대 후반	30대 초반	30대 후반
남성	비혼자	38,000	32,000	30,000
	혼인자	2,280	2,462	1,650
여성	비혼자	35,000	29,000	18,000
	혼인자	3,360	1,392	1,206

※ 혼인이행률(%) = $\frac{혼인자}{비혼자}$ × 100

〈보고서〉

　한국보건사회연구원 '혼인동향과 혼인이행 분석' 보고서에 따르면 남성은 중졸 학력일 때, 여성은 대학원졸 이상일 때 혼인 비율이 가장 낮았다. 비혼자 대비 혼인자 비율인 혼인이행률에 따른 분석은 다음과 같다.

　2022년 남성과 여성의 연령, 교육 수준, 소득 등에 따른 혼인이행률을 분석해 보면 먼저 남성의 경우 중졸 학력의 혼인이행률이 2.5%로 가장 낮았고, 고졸, 대졸, 대학원졸로 높아졌으며 가장 높은 것은 전문대졸이었다. 직업별로는 정규직의 혼인이행률은 8.9%로 비정규직보다 높았고 무직은 1.9%로 크게 떨어졌다. 나이는 30대 초반의 혼인이행률이 가장 높았고 20대 후반, 30대 후반 순이었다. 또한 소득이 높을수록 혼인이행률이 높았으며, 부모의 학력이 대졸 이상이고 부모가 자가주택에 살면 그렇지 않은 경우보다 결혼을 더 많이 했다.

　여성의 경우 학력은 고졸이 8.8%의 혼인이행률로 대졸보다 높았으며 대학원졸은 2.7%로 중졸보다 크게 낮았다. 또 정규직 여성은 남성과 마찬가지로 가장 높은 혼인이행률을 보이고 있으나, 비정규직, 무직과의 격차는 남성에 미치지 못하였다. 연령별로는 20대 후반이 가장 높았고 30대 초반, 30대 후반 순이었다.

〈보기〉

ㄱ. 2022년 직업별 혼인이행률

ㄴ. 2022년 남성과 여성의 직업별 혼인이행률

ㄷ. 2022년 부모의 학력별·주거형태별 혼인이행률

ㄹ. 2022년 연령대별 직업형태에 따른 혼인이행률

ㅁ. 2022년 남성과 여성의 연령대별 혼인이행률

① ㄱ, ㄴ

② ㄴ, ㄷ

③ ㄱ, ㄴ, ㄷ

④ ㄹ, ㅁ

⑤ ㄱ, ㄹ, ㅁ

23. 다음 〈표〉는 A~E국의 경제활동참가율과 고용률에 대한 자료이다. 다음 중 옳지 않은 것은?

〈표〉 국가별 경제활동참가율 및 고용률

(단위: %)

국가	A	B	C	D	E
경제활동참가율	40.0	70.0	60.0	90.0	60.0
고용률	10.0	30.0	40.0	20.0	20.0

※ 1) 경제활동참가율(%) = $\frac{경제활동인구}{15세 이상 인구}$ × 100

2) 고용률(%) = $\frac{취업자}{15세 이상 인구}$ × 100

3) 실업률(%) = $\frac{실업자}{경제활동인구}$ × 100

4) 경제활동인구 = 취업자 + 실업자

5) 15세 이상 인구 = 경제활동인구 + 비경제활동인구

〈보기〉

ㄱ. 고용률이 가장 높은 국가의 실업률은 30% 이상이다.

ㄴ. 실업률이 가장 높은 나라는 경제활동참가율이 실업률보다 낮다.

ㄷ. 고용률이 실업률보다 높은 국가는 C국뿐이다.

① ㄱ

② ㄴ

③ ㄷ

④ ㄱ, ㄴ

⑤ ㄴ, ㄷ

24. 다음 〈표〉는 인종에 따른 A병 발생 확률과 A병 유무에 따른 검사 결과에 관한 자료이다. 이에 대한 〈보기〉의 설명 중 옳은 것을 모두 고르면?

〈표 1〉 인종에 따른 A병 발생 확률

(단위: %)

인종	발생 확률
백인	0.1
흑인	0.3
황인	1.0

※ 예를 들면 전체 황인종이 40억 명이라고 가정하면 A병 발생자는 4천만 명이고 A병이 발생하지 않은 사람은 나머지 39억 6천만 명임.

〈표 2〉 인종별 A병 유무에 따른 검사 결과

인종＼A병 발생여부＼검사 결과	발생하지 않음		발생함	
	양성	음성	양성	음성
백인	0.3	0.7	0.7	0.3
흑인	0.2	0.8	0.6	0.4
황인	0.4	0.6	0.7	0.3

※ 1) 오류 – 양성률: A병이 발생하지 않았음에도 불구하고 검사결과 양성반응이 나타나는 경우
2) 오류 – 음성률: A병이 발생하였음에도 불구하고 검사결과 음성반응이 나타나는 경우
3) A병 검사의 결과는 양성 또는 음성으로만 나옴.

─〈보기〉─
ㄱ. 황인종에 대한 A병 검사에서 음성반응이 나타날 확률은 50% 이상이다.
ㄴ. 황인종의 오류 – 양성률은 0.4 이상이다.
ㄷ. 백인종에 대한 A병 검사에서 양성반응이 나타날 확률은 30% 이상이다.
ㄹ. 흑인종의 오류 – 음성률은 0.01 이상이다.

① ㄱ, ㄴ
② ㄱ, ㄷ
③ ㄴ, ㄷ
④ ㄴ, ㄹ
⑤ ㄷ, ㄹ

25. 다음 〈표〉는 어느 해 A시험 합격자 중 수험기간이 27개월 미만인 합격자의 수험기간 및 직렬에 대한 자료이다. 이에 대한 〈보기〉의 설명 중 옳지 않은 것을 모두 고르면?

〈표 1〉 A시험 합격자의 수험기간

(단위: 명)

수험기간	인원
6개월 미만	6
9개월 미만	18
12개월 미만	41
15개월 미만	95
18개월 미만	129
21개월 미만	154
24개월 미만	180
27개월 미만	198
계	207

〈표 2〉 A시험 합격자의 직렬

(단위: 명)

구분	일반행정	세무	외무영사	합
인원	100	74	33	207

※ A 시험 합격자 중 일반행정, 세무, 외무영사 3가지 직렬만 고려함.

─〈보기〉─
ㄱ. 세무직렬 합격자 중 수험기간이 1년 6개월 미만인 사람이 반드시 존재한다.
ㄴ. 일반행정직렬 합격자 중 수험기간이 1년 3개월 이상인 사람의 비율은 5% 이상이다.
ㄷ. 수험기간이 1년 이상인 합격자 중에서는 일반행정직렬 합격자가 가장 많다.

① ㄱ
② ㄴ
③ ㄷ
④ ㄱ, ㄴ
⑤ ㄱ, ㄷ

약점 보완 해설집 p.8

| 자료해석영역 |
2교시

응시번호		
성명		

모의고사 **3회**

문제책형 **인**

응시자 주의사항

1. **시험시작 전 시험문제를 열람하는 행위나 시험종료 후 답안을 작성하는 행위를 한 사람**은 「공무원 임용시험령」 제51조에 의거 **부정행위자**로 처리됩니다.

2. **답안지 책형 표기는 시험시작 전** 감독관의 지시에 따라 **문제책 앞면에 인쇄된 문제책형을 확인**한 후, 답안지 책형란에 해당 책형(1개)을 '●'로 표기하여야 합니다.

3. 시험이 시작되면 문제를 주의 깊게 읽은 후, **문항의 취지에 가장 적합한 하나의 정답만을 고르며,** 문제내용에 관한 질문은 할 수 없습니다.

4. **답안을 잘못 표기하였을 경우에는** 답안지를 교체하여 작성하거나 **수정할 수 있으며,** 표기한 답안을 수정할 때는 **응시자 본인이 가져온 수정테이프만을 사용**하여 해당 부분을 완전히 지우고 부착된 수정테이프가 떨어지지 않도록 손으로 눌러주어야 합니다. **(수정액 또는 수정스티커 등은 사용 불가)**

5. **시험시간 관리의 책임은 응시자 본인에게 있습니다.**

정답공개 및 해설강의 안내

1. 모바일 자동 채점 및 성적 분석 서비스
   · '약점 보완 해설집'에 회차별로 수록된 QR코드 인식 ▶ 응시 인원 대비 자신의 성적 위치 확인

2. 해설강의 수강 방법
   · 해커스PSAT 사이트(psat.Hackers.com) 접속 후 로그인 ▶ 우측 퀵배너 [쿠폰/수강권등록] 클릭 ▶ 쿠폰번호 입력 후 이용

해커스PSAT

1. 다음 〈표〉는 검찰업무 정보화에 따른 전산자료 현황 자료이다. 이에 대한 〈보기〉의 설명으로 옳지 않은 것을 모두 고르면?

〈표〉 검찰업무 정보화에 대한 전산자료 현황

(단위: 천 건)

분야	연도	2016	2017	2018	2019
사건	누계	42,767	45,291	47,858	50,674
	신규	2,524	2,567	2,816	3,220
과태료	누계	837	913	1,002	1,116
	신규	76	89	114	75
항고	누계	649	756	860	965
	신규	107	104	105	111
영장	누계	1,064	1,312	1,610	1,942
	신규	248	298	332	345
품신	누계	4,288	4,993	5,621	6,278
	신규	705	628	657	705
기록보존	누계	6,729	8,668	10,537	12,263
	신규	1,939	1,869	1,726	1,447
압수	누계	210	282	358	429
	신규	72	76	71	78
자유형집행	누계	854	1,121	1,460	1,825
	신규	267	339	365	354
수사정보 (마약)	누계	115	122	183	193
	신규	7	61	10	12
수사정보 (조직폭력)	누계	11	12	14	17
	신규	1	2	3	2
기타	누계	96,085	105,148	113,778	123,008
	신규	9,063	8,630	9,230	9,070
계	누계	153,609	168,618	183,281	198,710
	신규	15,009	(　)	(　)	15,419

※ 신규는 당해연도에 새롭게 등록된 수치이며, 누계는 직전연도까지의 누적건수를 의미함.

〈보기〉

ㄱ. 기타를 제외하고 2016년에 비해 2019년 누적건수의 증가율이 가장 높았던 분야는 '압수'이다.

ㄴ. 2017년 이후 신규 등록건수가 전년 대비 지속적으로 증가한 분야는 기타를 제외하면 '사건'뿐이다.

ㄷ. 기타를 제외하고 2016~2019년 동안 연평균 신규 등록건수가 두 번째로 많았던 분야는 '기록보존'이다.

ㄹ. 2018년 전체 신규 등록건수는 전년 대비 증가하였다.

① ㄱ, ㄴ 　② ㄱ, ㄹ 　③ ㄴ, ㄷ
④ ㄴ, ㄹ 　⑤ ㄷ, ㄹ

2. 갑국의 2024년 1월 대통령 선거 결과 후보자 A가 당선되었다. 다음 〈표〉는 후보자의 득표율과 선호도 및 선호이유에 대한 것이다. 이에 대한 〈보기〉의 설명 중 옳은 것을 모두 고르면?

〈표 1〉 각 후보의 득표율

(단위: %)

구분	A후보	B후보	C후보
득표율	40	(　)	(　)

※ 득표율(%) = $\frac{해당\ 후보의\ 득표}{전체\ 국민의\ 표} \times 100$이며, 득표율이 가장 높은 후보가 당선됨.

〈표 2〉 선택후보별 선호도 및 투표행위

(단위: %)

선택후보 \ 선택이유	선택 후보가 좋아서	다른 후보가 싫어서
A후보	70	30
B후보	50	50
C후보	40	60

※ 후보는 A, B, C만 존재하고, 모든 국민이 1표씩 투표하였으며 기권표나 무효표는 없다고 가정함.

〈보기〉

ㄱ. B후보의 득표율과 C후보의 득표율을 곱한 값을 극대화하는 C후보의 득표율은 30%이다.

ㄴ. B후보자와 C후보자에 투표한 국민 중 A후보를 싫어한 국민은 전체의 34% 미만이다.

ㄷ. 특정 후보를 좋아해서 해당 후보를 투표한 국민의 비율은 전체의 56% 미만이다.

① ㄱ
② ㄴ
③ ㄱ, ㄴ
④ ㄴ, ㄷ
⑤ ㄱ, ㄴ, ㄷ

3. 다음 〈표〉는 2023년 등록외국인의 국적별 현황 및 중국인의 한국 체류 사유별 현황을 정리한 것이다. 다음 〈보기〉의 설명 중 옳지 않은 것을 모두 고르면?

〈표 1〉 2023년 등록외국인의 국적별 현황

(단위: 명)

구분 국적	총 체류자	합법체류자	불법체류자
중국	218,724	175,731	42,993
부탄	79	75	4
방글라데시	68,398	64,106	4,292
몽골	3,677	1,574	2,103
일본	40,577	36,727	3,850
인도	1,530	1,488	42
캄보디아	1,484	1,460	24
싱가포르	7,450	6,793	657
러시아	4,275	4,256	19
우즈베키스탄	2,206	2,203	3
대만	22,754	22,666	88
네팔	2,305	2,298	7
스리랑카	218	216	2
터키	604	582	22
인도	3,995	2,704	1,291
태국	10,524	9,606	918
미얀마	6,769	5,116	1,653
필리핀	39,980	34,251	5,729
베트남	138,770	128,214	10,556
파키스탄	15,179	14,786	393
프랑스	46,848	46,848	0
카자흐스탄	562	561	1
미국	278,617	274,804	3,813
기타	4,143	2,260	1,883
총계	919,668	839,325	80,343

〈표 2〉 2023년 중국인의 한국 체류 사유별 현황

(단위: 명)

구분 사유	총 체류자	합법체류자	불법체류자
혼인귀화	165,546	154,886	10,660
외국인근로자	11,142	10,052	1,090
유학생	9,931	8,447	1,484
관광	3,271	2,032	1,239
단기방문	297	255	42
외교·공무	36	29	7
기타	28,501	30	28,471

※ 불법체류율(%) = $\dfrac{불법체류자수}{총 체류자수} \times 100$

〈보기〉

ㄱ. 2023년 불법체류자가 없는 국적과 기타를 제외하고 불법체류자 대비 합법체류자의 비율이 가장 높은 국적은 우즈베키스탄이다.

ㄴ. 2023년 중국인 불법체류자 중 유학생과 관광사유가 차지하는 비중은 일본 불법체류율의 절반 이상이다.

ㄷ. 2023년 기타를 제외하고 불법체류자가 가장 많은 국가는 불법체류율 또한 가장 높다.

ㄹ. 기타를 제외하고 2023년 중국인의 한국 체류 사유 중 불법체류율이 가장 높은 사유는 몽골의 불법체류율보다 높다.

① ㄱ, ㄴ
② ㄴ, ㄷ
③ ㄷ, ㄹ
④ ㄱ, ㄴ, ㄷ
⑤ ㄴ, ㄷ, ㄹ

3회 해커스PSAT 7급 PSAT 김용훈 자료해석 실전동형모의고사

4. 다음 〈보고서〉는 2020년 우리나라의 석유수급실적에 관한 것이다. 아래 〈보고서〉에 제시된 내용과 부합하는 것을 〈보기〉에서 모두 고르면?

〈보고서〉

○ 반도체, 자동차, 철강, 석유화학제품 등의 국제무역량이 증가하여 외국적 선박 및 항공기 급유 물량이 증가함에 따라 국제벙커링 역시 증가하고 있다. 유종별 국제벙커링 실적을 보면 총물량의 전년 대비 증가율은 벙커C유보다 벙커A유가 더 높았지만 총물량 대비 금액의 비율은 벙커C유가 벙커A유보다 더 높았다.

○ 국내외 경기회복에 따른 석유제품의 내수 및 수출의 증가로 정제처리량이 증가하여, 원유수입량은 전년 대비 4.5% 증가하였다. 원유 수입량은 사우디가 276,787천 배럴로 가장 많았고 그 다음으로 UAE, 쿠웨이트, 이란 순으로 많았다.

○ 주요 유종별 소비실적을 보면, 2018년부터 2020년까지 나프타의 소비량은 매년 증가하였으나 벙커C유는 매년 감소하고 있다. 또한 2018년 대비 2020년의 소비량 증가율은 기타를 제외하면 등유가 가장 컸다.

○ 2016년 이후 최근 5년간 국내 휘발유 소비량은 꾸준히 증가하고 있으며, 국내 휘발유 가격 역시 2019년을 제외하면 매년 상승하고 있다. 2018년에는 국내 휘발유 소비량의 전년 대비 증가율이 2017년 이후 가장 낮았지만, 국내 휘발유 가격은 전년 대비 가장 많이 상승하였다.

〈보기〉

ㄱ. 우리나라의 원유수입량 상위 6개 국가의 수입실적

구분	수입금액 (백만 달러)	수입량 (천 배럴)	비중(%)	전년 대비 증가율(%)
사우디	21,870	276,787	31.7	8.6
UAE	8,417	105,656	12.1	-7.8
쿠웨이트	8,049	103,079	11.8	3.0
이란	5,616	72,605	8.3	-10.8
카타르	5,069	64,362	7.4	19.9
이라크	4,647	59,956	6.9	-4.1
기타	15,016	189,970	21.8	-
계	68,684	872,415	100.0	4.5

ㄴ. 유종별 국제벙커링 실적

구분	금액 (백만 달러)	총물량 (천 배럴)	비중(%)	전년 대비 증가율(%)
벙커C유	2,796	37,401	75.8	6.8
항공유	741	7,933	16.1	17.6
경유	330	3,493	7.1	4.1
벙커A유	48	513	1.0	40.9
계	3,915	49,340	100.0	8.5

※ 국제벙커링: 국적이나 선박 종류에 관계없이, 외항선박에 공급되는 연료유의 양.

ㄷ. 주요 유종의 연도별 소비실적

(단위: 천 배럴, %)

구분	2018년	2019년	2020년	전년 대비 증가율
나프타	311,368	322,622	331,674	2.8
경유	134,513	132,308	134,730	1.8
휘발유	62,037	65,872	68,931	4.6
벙커C유	66,676	66,065	62,157	-5.9
등유	27,659	25,991	29,385	13.1
기타	157,488	165,622	167,640	1.2
계	759,741	778,480	794,517	2.1

ㄹ. 국내 휘발유 가격 및 국내 휘발유 소비 추이

(단위: 원/ℓ, 천 배럴)

구분	휘발유 가격	휘발유 소비량
2016년	1,476	60,078
2017년	1,528	62,138
2018년	1,699	62,357
2019년	1,591	65,871
2020년	1,706	69,246

① ㄱ, ㄴ　　② ㄱ, ㄹ　　③ ㄴ, ㄷ

④ ㄴ, ㄹ　　⑤ ㄷ, ㄹ

5. 다음 〈표〉는 외국인 체류허가업무 처리현황 및 출입국관리법 위반자 처리현황이다. 이에 대한 설명 중 옳은 것을 고르면?

〈표 1〉 외국인 체류허가업무 처리건수

(단위: 건)

연도 업무유형	2018년	2019년	2020년	2021년 1월
기간연장	505,836	572,150	649,474	47,218
자격부여	2,424	2,583	2,796	294
자격변경	59,491	53,986	114,140	10,519
재입국	269,512	266,240	322,451	912
자격외활동	5,240	6,195	19,043	3,213
근무처변경	57,345	75,021	76,992	5,420
근무장소변경	7,481	8,394	9,014	228
외국인등록	320,133	255,948	286,089	23,109
거소신고	20,495	21,199	46,802	3,849
등록사항변경	10,264	23,681	57,349	5,130
합계	1,258,221	1,285,397	1,584,150	99,892

※ 체류허가업무는 〈표〉에 제시된 유형에 한함.

〈표 2〉 출입국관리법위반자의 처리방법별 처리인원

(단위: 명)

연도 처리 방법	2016년	2017년	2018년	2019년	2020년	2021년 1월	증가폭
강제퇴거	18,574	18,462	30,576	29,043	13,474	826	−158
출국명령	901	948	1,240	1,180	1,472	120	24
출국권고	2,509	2,458	3,689	2,401	2,781	224	50
통고처분	22,468	26,212	26,325	23,851	33,109	2,760	1,210
과태료 처분	6,231	6,959	11,201	11,434	11,987	787	−183
고발	1,438	1,437	2,186	2,470	1,171	77	−24
기타	17,553	16,236	30,725	29,958	30,238	2,655	269
총계	69,674	72,712	105,941	100,337	94,232	7,449	1,188

〈표 3〉 통고처분과 과태료처분을 받은 출입국관리법위반자의 벌금

(단위: 백만 원)

연도 처리 방법	2016년	2017년	2018년	2019년	2020년	2021년 1월	증가폭
통고처분	20,173	28,724	34,486	31,989	43,505	3,797	2,556
과태료 처분	957	1,002	1,421	1,546	1,700	119	−19

※ 1) 출입국관리법 위반자가 복수 처리된 경우는 없음.
　 2) 증가폭은 전년 동월 대비 증가폭을 의미함.

① 2018~2020년 동안 외국인 체류허가업무 처리건수가 매년 증가한 업무유형은 6개이다.

② 2021년 2월부터 12월까지 외국인 체류허가업무의 평균 처리건수가 2021년 1월 처리건수와 같았다면 2020년에 비해 2021년 처리건수가 증가한 업무유형은 4개이다.

③ 2016~2020년 동안 통고처분 1인당 금액이 가장 적은 해에 과태료처분 1인당 금액 역시 가장 적었다.

④ 기타를 제외하면 2020년 1월 출입국관리법위반에 따른 처리 인원이 가장 많았던 처리방법은 강제퇴거였다.

⑤ 기타를 제외하고 2018년 출입국관리법위반자 처리인원의 전년 대비 증가율이 가장 높은 처리방법은 출국권고이다.

6. 다음 〈표〉는 우리나라의 국내총생산, 국민총소득 그리고 국민순소득에 관한 자료이다. 이에 대한 〈보기〉의 설명 중 옳은 것을 모두 고르면?

〈표〉 국내총생산과 국민총소득

(단위: 천억 원)

연도 구분	2018	2019	2020	2021
국내총생산(GDP)	8,124	8,291	8,323	8,528
국민총소득(GNI)	8,131	8,302	8,326	8,523
국민순소득(NNI)	7,029	7,129	7,322	7,426
국외수취요소소득	120	142	152	175
국외순수취요소소득	7	11	3	−5

※ 1) 국민총소득 = 국내총생산 + 국외순수취요소소득
　 2) 국민순소득 = 국민총소득 − 고정자본소모액
　 3) 국외순수취요소소득 = 국외수취요소소득 − 국외지급요소소득

〈보기〉

ㄱ. 2018년 이후 국외지급요소소득은 매년 증가하고 있다.

ㄴ. 2018년 이후 고정자본소모액이 국외순수취요소소득보다 많았던 연도에는 국내총생산 역시 국민순소득보다 많았다.

ㄷ. 2019~2021년 동안 국내총생산의 전년 대비 증가율보다 국민총소득의 전년 대비 증가율이 매년 더 높다.

ㄹ. 2018년 이후 고정자본소모액은 매년 100조 원 이상이다.

① ㄱ, ㄴ　　　　② ㄱ, ㄷ　　　　③ ㄷ, ㄹ

④ ㄱ, ㄴ, ㄹ　　　⑤ ㄴ, ㄷ, ㄹ

7. 다음 〈표〉는 2020년부터 2023년까지의 농가 및 어가소득 동향에 대한 통계자료이다. 이에 대한 〈보기〉의 설명 중 옳은 것을 모두 고르면?

〈표 1〉 농업 및 어업소득

(단위: 천 원, %)

연도\구분	2020	2021	2022	2023
농업소득	10,572	12,050	11,815	12,092
농업총수입	23,611	26,622	26,496	27,322
농업경영비	13,039	14,572	14,681	15,231
어업소득	10,741	11,959	11,950	11,603
어업총수입	23,114	25,144	26,576	25,910
어업경영비	12,373	13,185	14,626	14,307

※ 1) 농업(어업)소득 = 농업(어업)총수입 − 농업(어업)경영비

2) 농업(어업)소득률(%) = $\dfrac{\text{농업(어업)소득}}{\text{농업(어업)총수입}} \times 100$

〈표 2〉 농가소득 및 어가소득 동향

(단위: 천 원, %)

연도\구분	2020	비중	2021	비중	2022	비중	2023	비중
농가소득	26,878	100.0	29,001	100.0	30,503	100.0	32,303	100.0
경상소득	22,000	81.9	24,600	84.8	25,778	84.5	27,015	83.6
농업소득	10,572	39.3	12,050	41.6	11,815	38.7	12,092	37.4
농업외소득	9,397	35.0	9,544	32.8	9,884	32.4	10,037	31.1
이전소득	2,031	7.6	3,006	10.4	4,078	13.4	4,886	15.1
비경상소득	4,878	18.1	4,401	15.2	4,725	15.5	5,289	16.4
어가소득	23,916	100.0	26,159	100.0	28,028	100.0	30,006	100.0
경상소득	20,221	84.5	22,604	86.4	23,594	84.2	24,692	82.3
어업소득	10,741	44.9	11,959	45.7	11,950	42.6	11,603	38.7
어업외소득	8,619	36.0	9,168	35.0	9,399	33.6	10,361	34.5
이전소득	861	3.6	1,477	5.7	2,245	8.0	2,728	9.1
비경상소득	3,695	15.5	3,555	13.6	4,434	15.8	5,315	17.7

※ 1) 농가(어가)소득 = 경상소득 + 비경상소득

2) 경상소득 = 농업(어업)소득 + 농업(어업)외소득 + 이전소득

〈보기〉

ㄱ. 2020~2023년 동안 농업소득과 어업소득의 증감방향은 동일하였다.

ㄴ. 2022년의 어업소득률은 전년 대비 감소하였다.

ㄷ. 2021~2023년 동안 농업외소득의 전년 대비 증가율은 농가소득의 전년 대비 증가율보다 매년 더 높다.

ㄹ. 2023년 농가의 경상소득 중 농업소득이 차지하는 비중은 어가의 경상소득 중 어업소득이 차지하는 비중에 비해 낮았다.

① ㄱ, ㄴ

② ㄱ, ㄷ

③ ㄴ, ㄷ

④ ㄴ, ㄹ

⑤ ㄷ, ㄹ

8. 다음 〈표〉는 A국의 출입국 현황 및 관광수지에 대한 자료이다. 이에 대한 〈보기〉의 설명 중 옳지 않은 것을 모두 고르면?

〈표〉 출입국 및 관광수지 현황

(단위: 천 명, 백만 달러, %)

구분 연도	외국인입국자	증가율	내국인출국자	증가율	관광수입	증가율	관광지출	증가율	관광수지
2013	3,908	6.1	4,542	-2.3	5,116.0	-5.8	6,261.5	-10.1	-1,145.5
2014	4,250	8.8	3,067	-32.5	6,865.4	34.2	2,640.3	-57.8	4,225.1
2015	4,660	9.6	4,341	41.6	6,801.9	-0.9	3,975.4	50.6	2,826.5
2016	5,322	14.2	5,508	26.9	6,811.3	0.1	6,174.0	55.3	637.3
2017	5,147	-3.3	6,084	10.5	6,373.2	-6.4	6,547.0	6.0	-173.8
2018	5,347	3.9	7,123	17.1	5,918.8	-7.1	9,037.9	38.0	-3,119.1
2019	4,753	-11.1	7,086	-0.5	5,343.4	-9.7	8,248.1	-8.7	-2,904.7
2020	5,818	22.4	8,826	24.5	6,053.1	13.3	9,856.4	19.5	-3,803.3
2021	6,022	3.5	10,078	14.2	5,793.0	-4.3	12,025.0	22.0	-6,232.0
2022	6,155	2.2	11,610	15.2	5,294.5	-8.6	13,783.0	14.6	-8,488.5

※ 1) 관광수지 = 관광수입 - 관광지출
　 2) 증가율은 전년 대비 증가율임.

─────〈보기〉─────
ㄱ. 관광수지가 가장 적은 해는 관광수입의 전년 대비 감소율도 가장 크다.
ㄴ. 2014년 이후 외국인 입국자가 전년에 비해 가장 많이 증가한 해에는 내국인 출국자 수 역시 전년에 비해 가장 많이 증가하였다.
ㄷ. 2019~2022년 동안 관광수입과 관광지출의 합은 전년 대비 매년 증가하고 있다.
ㄹ. 2014년 이후 관광수입의 전년 대비 증가율이 가장 큰 해에 관광수지의 전년 대비 증가폭 역시 가장 크다.

① ㄱ, ㄴ
② ㄱ, ㄷ
③ ㄴ, ㄹ
④ ㄱ, ㄷ, ㄹ
⑤ ㄴ, ㄷ, ㄹ

9. 다음 〈표〉는 A국의 ODA 규모에 관한 자료이다. 이에 대한 〈보기〉의 설명 중 옳지 않은 것을 모두 고르면?

〈표〉 A국의 ODA 규모, GDP 대비 ODA 및 1인당 ODA

구분 연도	ODA 규모 (백만 달러)					GDP 대비 ODA 비율 (%)	1인당 ODA (달러)
	소계	양자간			다자간		
		소계	유상	다자간			
2018	752,300	463,300	145,300	318,000	289,000	0.111	16,600
2019	832,201	532,201	172,201	360,000	300,000	0.125	18,700
2020	911,400	642,500	213,500	429,000	268,900	0.167	19,100
2021	943,100	723,400	292,201	431,201	219,700	0.178	20,201

─────〈보기〉─────
ㄱ. 2019년에 비해 2020년에 GDP는 증가하였다.
ㄴ. 2018~2021년 동안 인구는 매년 증가하고 있다.
ㄷ. 2018년 이후 GDP 증가율보다 ODA의 증가율이 매년 더 높다.
ㄹ. 2018년에 비해 2021년에 국민 1인당 양자간 유상 ODA 규모는 50% 이상 증가하였다.

① ㄱ, ㄴ
② ㄱ, ㄷ
③ ㄴ, ㄷ
④ ㄴ, ㄹ
⑤ ㄷ, ㄹ

10. 다음 〈그림〉과 〈표〉는 A국 국가 채무 추이에 관한 자료를 정리한 것이다. 이에 대한 〈보기〉의 설명 중 옳은 것을 모두 고르면?

〈그림〉 국가 채무 추이

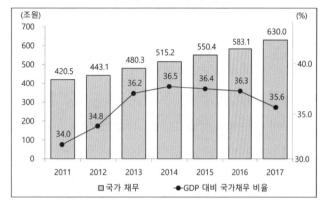

〈표〉 국가 채무의 분야별 현황

(단위: 조 원)

연도 분야	2011	2012	2013	2014	2015	2016	2017
일반회계	135.3	148.6	173.1	201.7	223.4	243.7	262.5
공적자금	45.7	45.7	46.0	47.8	46.4	44.6	42.5
외환시장안정용	136.7	153.0	173.7	187.0	203.0	219.0	235.0
국민주택 기금	48.9	49.6	46.7	45.0	41.9	40.2	39.6
기타	53.9	46.2	40.8	34.7	35.7	35.6	50.4

〈보기〉

ㄱ. 2011년 이후 국가 채무액은 매년 증가하여 2017년에는 2011년에 비해 50% 이상 증가할 것으로 예상된다.

ㄴ. 2015~2017년 동안 GDP는 매년 지속적으로 증가하여 2017년에는 1,500조 원 이상이 될 것으로 예상된다.

ㄷ. 2011년 이후 일반회계 국가 채무액이 외환시장 안정용 국가 채무액을 처음으로 넘어선 연도부터 두 분야의 국가 채무액 격차는 매년 증가할 것으로 예상된다.

ㄹ. 2012년 이후 국가 채무 중 국민주택기금이 차지하는 비중은 매년 감소할 것으로 예상된다.

① ㄱ, ㄷ

② ㄱ, ㄴ, ㄷ

③ ㄴ, ㄹ

④ ㄷ, ㄹ

⑤ ㄴ, ㄷ, ㄹ

11. 다음 〈표〉는 2021~2023년 동안 아이돌에 대한 선호도 조사 결과이다. 〈조건〉을 이용하여 〈표〉의 A, B, E에 해당하는 아이돌을 바르게 나열한 것은?

〈표〉 연도별 아이돌 선호도 조사 결과

연도 순위	2021	2022	2023
1순위	(A)	(A)	갑
2순위	(C)	을	(C)
3순위	을	(C)	(A)
4순위	(D)	(D)	을
5순위	(E)	갑	병
6순위	병	병	(D)
7순위	(B)	(B)	(E)
8순위	갑	(E)	(B)

〈조건〉

○ 정, 무, 기는 2021년과 2022년의 순위가 동일하나, 2023년에는 전년도에 비해 순위가 하락하였다.

○ 경, 신은 2022년에는 2021년도에 비해 순위가 하락하였으나, 2023년도에는 2022년도에 비해 순위가 상승하였다.

○ 기는 2021~2023년 동안 매년 경보다 선호도가 낮았지만, 신보다는 선호도가 높았다.

○ 신은 2021년도에 무보다 선호도가 높았지만, 2022년도에는 무가 신보다 선호도가 높았다.

	A	B	E
①	정	무	신
②	정	기	경
③	무	정	신
④	무	정	경
⑤	기	경	신

12. 다음 〈표〉는 A~E 마을의 농산물 경작상황을 나타낸 자료이다. 이에 대한 〈보기〉의 설명 중 옳은 것을 모두 고르면?

〈표〉 A~E 마을의 농산물 경작상황

(단위: 가구, 명, ha, kg)

마을	가구 수	주민 수	경지 면적		벼 생산량	배추 생산량
			논	밭		
A	330	456	300	250	3,999	4,012
B	511	666	400	150	2,994	8,800
C	433	551	488	178	6,262	7,500
D	560	888	400	288	5,882	10,023
E	188	264	100	230	1,245	3,426

※ 1) 논에는 벼만 경작하고, 밭에는 배추만 재배함.

   2) 생산성 = $\dfrac{생산량}{경지 면적}$

〈보기〉

ㄱ. 가구당 주민 수가 가장 높은 지역은 벼 생산량도 가장 많다.

ㄴ. B마을의 벼 생산성은 D마을 벼 생산성의 50% 이상이다.

ㄷ. 각 마을에서 생산된 농산물은 해당 마을에서 모두 소비된다고 가정하면, 주민 1인당 배추 소비량은 A마을이 가장 적다.

ㄹ. 논과 밭을 합한 경지 면적이 두 번째로 큰 마을은 배추 생산량도 두 번째로 많다.

① ㄱ, ㄴ

② ㄱ, ㄷ

③ ㄴ, ㄷ

④ ㄴ, ㄹ

⑤ ㄷ, ㄹ

13. 다음 〈표〉는 5개 자치구의 생활비와 관련한 자료이다. 이에 대한 설명으로 옳은 것을 〈보기〉에서 모두 고르면?

〈표〉 5개 자치구의 생활비 현황

(단위: %, 천 원)

구분	예산 대비 생활비 비율		생활비 대비 식비 비율		1인당 기타비용
	2013년	2023년	2013년	2023년	2023년
A구	6.0	8.0	50.0	80.0	1,000
B구	5.0	10.0	40.0	60.0	700
C구	8.0	12.0	75.0	80.0	500
D구	9.0	12.0	60.0	75.0	500
E구	18.0	24.0	40.0	50.0	4,000

※ 1) 생활비 = 식비 + 기타비용

   2) 1인당 기타비용 = $\dfrac{구별 기타비용}{구별 인구수}$

〈보기〉

ㄱ. 2013년에 비해 2023년 D구의 예산이 200% 증가할 경우, D구의 식비는 2023년이 2013년의 4배 이상이 된다.

ㄴ. 2023년 C구의 1인당 생활비는 250만 원이다.

ㄷ. 2023년 예산 대비 식비의 비율은 E구가 A구의 2배 이상이다.

ㄹ. 2023년 A구의 1인당 예산은 6,250만 원이다.

① ㄱ, ㄷ

② ㄱ, ㄹ

③ ㄴ, ㄷ

④ ㄱ, ㄴ, ㄹ

⑤ ㄴ, ㄷ, ㄹ

14. 다음 〈표〉는 연기금 투자풀 수탁 규모에 관한 자료이다. 이에 대한 〈보기〉의 설명 중 옳은 것을 모두 고르면?

〈표〉 연기금 투자풀의 유형별 수탁 규모

(단위: 억 원)

분기 ＼ 유형		총 수탁고	MMF	채권형	주식 관련 상품			
						혼합형	주식형	ELF
2021년	1/4	79,908	15,226	40,030	24,652	24,044	415	193
	2/4	88,151	14,148	42,969	31,034	30,227	542	265
	3/4	92,459	14,268	44,004	34,187	33,254	697	236
	4/4	89,491	11,492	45,089	32,910	32,029	631	250
2022년	1/4	104,241	16,876	55,557	31,808	31,085	526	197
	2/4	102,442	16,888	56,022	29,532	29,026	472	34
	3/4	112,833	24,565	61,007	27,261	26,963	298	0
	4/4	107,262	19,554	62,710	24,998	24,725	273	0

〈보기〉

ㄱ. 2022년 연간 총 수탁고의 규모는 전년 대비 10% 이상 증가하였다.

ㄴ. 2021년 4분기에 비해 2022년 4분기에 총 수탁고 규모 중 주식관련 상품이 차지하는 비중은 증가하였다.

ㄷ. 2022년 1~4분기 중 MMF의 전년 동기 대비 증감폭이 가장 컸던 분기에는 채권형의 전년 동기 대비 증감폭 역시 가장 크다.

ㄹ. 2021년 1분기~2022년 4분기 동안 주식관련상품에서 혼합형이 차지하는 비율은 매 분기 90%를 초과한다.

① ㄱ, ㄴ
② ㄱ, ㄷ
③ ㄱ, ㄹ
④ ㄴ, ㄷ
⑤ ㄷ, ㄹ

15. 다음은 주거만족도 및 이사할 때 최우선 고려사항에 대한 설문조사 결과이다. 이에 대한 〈보기〉의 설명 중 옳지 않은 것을 모두 고르면?

〈표 1〉 주거만족도 조사 결과

(단위: 점, %)

조사항목	수도권	광역시	도지역	전국 평균	전국의 불만족비율
편의시설	2.73	2.77	2.51	2.67	35.4
의료시설	2.71	2.78	2.49	2.66	35.5
공공시설	2.79	2.82	2.54	2.72	32.0
문화시설	2.54	2.49	2.22	2.42	50.9
대중교통	2.74	2.72	2.53	2.67	36.1
주차시설	2.66	2.63	2.79	2.70	34.4
통근시간	2.86	2.86	2.87	2.86	22.1
치안문제	2.72	2.81	2.90	2.80	25.3
교육환경	2.66	2.74	2.52	2.63	36.0
지역유대	2.85	2.93	3.10	2.95	18.6
주변청결	2.88	2.87	2.97	2.90	18.9

※ 1) 주거만족도 조사는 만족과 불만족으로만 응답하였음.
　　2) 주거만족도 점수는 4점 만점으로 1에 가까울수록 불만족하고, 4에 가까울수록 만족함.

〈표 2〉 이사할 때 최우선 고려사항

(단위: %)

고려사항	수도권	광역시	도지역	전국평균
주택가격	16.56	14.58	16.01	16.09
주택규모	16.80	16.19	15.63	16.42
주택유형	6.81	9.57	10.15	8.06
교통여건	12.11	13.25	10.32	11.91
주택내부시설	3.59	6.85	7.70	5.10
주거환경 개선	10.60	7.99	7.79	9.50
교육여건	11.04	12.11	11.86	11.41
기타	22.49	19.46	20.54	21.51
계	100.00	100.00	100.00	100.00

〈보기〉

ㄱ. 전국을 기준으로 주거만족도 조사 항목 중 만족 비율이 가장 높은 항목은 '지역유대'이다.

ㄴ. 주거만족도 조사결과 편의시설, 의료시설, 공공시설, 문화시설은 만족도가 높은 순서대로 나열하면 각각 광역시, 수도권, 도지역 순이다.

ㄷ. 기타를 제외하고 이사할 때 최우선 고려사항의 순위는 수도권과 광역시가 동일하다.

① ㄱ　　　　② ㄴ　　　　③ ㄷ
④ ㄱ, ㄴ　　　⑤ ㄴ, ㄷ

16. 다음 〈표〉는 개방형 직위제도의 운영현황에 대한 통계자료이다. 이에 대한 설명으로 옳지 않은 것을 〈보기〉에서 모두 고르면?

〈표〉 개방형 직위제도 운영실태

(단위: 명, %)

구분\n연도	직위수	충원수	내부임용	외부임용	외부임용률
2016	130	65	54	11	16.9
2017	131	115	96	19	16.5
2018	139	118	95	23	19.5
2019	142	124	87	37	29.8
2020	154	136	75	61	44.9
2021	156	146	79	67	45.9
2022	207	166	94	72	43.4

※ 외부임용률(%) = $\dfrac{외부임용}{충원수} \times 100$

─〈보기〉─

ㄱ. 2016년 대비 2019년의 개방형 직위수 증가율보다 2019년 대비 2021년의 개방형 직위수 증가율이 더 높다.

ㄴ. 매년 충원수는 증가하고 있으며, 개방형 직위수 대비 충원수의 비율 역시 점점 커지고 있다.

ㄷ. 개방형 직위수 대비 외부임용의 비율은 2021년에는 2020년보다 1.0%p 높아졌고, 2022년에는 2021년보다 2.0%p 이상 낮아졌다.

ㄹ. 2017년에는 외부임용률과 내부임용률의 격차가 가장 컸던 반면 2021년에는 가장 작았다.

① ㄱ, ㄴ
② ㄱ, ㄹ
③ ㄴ, ㄷ
④ ㄴ, ㄹ
⑤ ㄷ, ㄹ

17. 다음 〈표〉는 2022년 대한민국 가구주의 성별 평균 자산보유액을 조사한 자료이다. 이에 대한 〈보기〉의 설명 중 옳은 것을 모두 고르면?

〈표〉 가구주 성별 평균 자산보유액 현황

(단위: 만 원, %)

항목	전체		남성		여성	
	금액	비중	금액	비중	금액	비중
총자산	28,112.3	100.0	32,268.7	100.0	15,658.5	100.0
저축총액	5,744.8	( )	6,404.7	19.8	3,767.3	24.1
저축액	4,569.8	( )	5,232.1	16.2	2,585.4	16.5
전·월세 보증금	1,175.0	4.2	1,172.7	3.6	1,181.9	7.5
부동산	21,604.1	76.8	( )	77.3	( )	74.0
주택	12,755.9	45.4	14,295.7	44.3	8,142.1	52.0
주택이외	8,848.2	31.5	10,650.0	33.0	3,449.5	22.0
기타자산	763.5	2.7	918.3	2.8	299.6	1.9
부채총액	3,947.9	100.0	4,436.5	100.0	2,484.0	100.0
부채액	( )	70.0	3,296.5	74.3	1,636.1	65.9
임대 보증금	( )	30.0	1,140.0	25.7	847.9	34.1

※ 총자산 = 순자산 + 부채총액

─〈보기〉─

ㄱ. 부동산 평균 보유 금액은 남성가구주가 여성가구주보다 2배 이상 많다.

ㄴ. 가구주 전체의 평균 총자산 중 저축액이 차지하는 비중은 가구주 전체의 평균 부동산 보유액 중 주택이외 보유액이 차지하는 비중보다 50% 이상 높다.

ㄷ. 가구주 전체의 평균 총자산에서 부채액이 차지하는 비중은 10% 미만이다.

ㄹ. 여성 가구주의 평균 순자산은 가구주 전체 평균 순자산의 절반 미만이다.

① ㄱ, ㄴ
② ㄱ, ㄷ
③ ㄴ, ㄹ
④ ㄱ, ㄷ, ㄹ
⑤ ㄴ, ㄷ, ㄹ

3회\n해커스PSAT 7급 PSAT 김용훈 자료해석 실전동형모의고사

※ 다음 〈표〉는 주류 출고량 현황에 관한 자료이다. 아래 물음에 답하시오. [18.~19.]

〈표 1〉 주류 출고량 현황

(단위: 천 kℓ)

연도\구분	2014	2015	2016	2017	2018	2019	2020	2021	2022
합계	3,434	3,316	3,470	3,599	3,714	3,636	3,733	3,830	3,937
국내분	3,434	3,245	3,390	3,482	3,593	3,522	3,610	3,696	3,784
수입분	0	71	80	117	121	114	123	134	153

〈표 2〉 주류별 국내분 출고량 현황

(단위: 천 kℓ)

연도\구분	2014	2015	2016	2017	2018	2019	2020	2021	2022
소주	927	930	959	962	1,004	929	931	923	951
맥주	1,992	1,837	1,855	1,948	2,016	1,961	1,910	1,963	2,031
위스키	10	32	10	11	7	4	3	2	1
탁주	212	211	213	206	204	283	431	477	465
기타	293	235	353	355	362	345	335	331	336
계	3,434	3,245	3,390	3,482	3,593	3,522	3,610	3,696	3,784

ㄷ. 2022년 주류별 국내분 출고량의 구성비

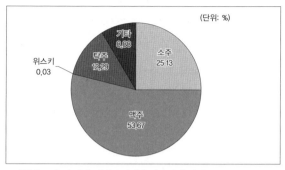

(단위: %)

기타 8.88　위스키 0.03　탁주 12.29　소주 25.13　맥주 53.67

※비중은 소수점 아래 셋째자리에서 반올림한 값임.

ㄹ. 국내분 및 수입분 주류 출고량의 전년 대비 증가율

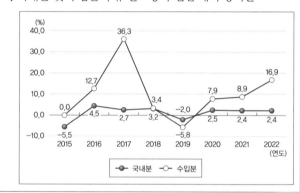

① ㄱ, ㄴ　　② ㄱ, ㄷ　　③ ㄱ, ㄹ
④ ㄴ, ㄷ　　⑤ ㄷ, ㄹ

18. 위 〈표〉를 정리한 〈보기〉의 그림 중 옳은 것을 모두 고르면?

─〈보기〉─

ㄱ. 연도별 주류 출고량 현황

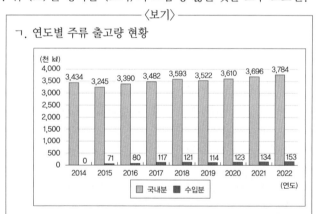

ㄴ. 연도별 국내분 출고량 중 소주와 맥주가 차지하는 비중

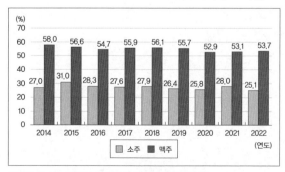

※비중은 소수점 아래 둘째자리에서 반올림한 값임.

19. 위 〈표〉에 대한 〈보기〉의 설명 중 옳은 것을 모두 고르면?

─〈보기〉─

ㄱ. 2020~2022년 동안 주류 출고량의 전년 대비 증가율은 매년 증가하고 있다.

ㄴ. 기타를 제외하고 국내분 주류 중 2014년 대비 2022년 출고량 증가율이 가장 높은 항목은 탁주이다.

ㄷ. 2014~2022년 동안 국내분 주류 중 기타 주류 출고량이 차지하는 비중이 10% 초과하는 연도는 3개이다.

ㄹ. 2018년 이후 탁주의 국내분 주류 소비량은 매년 증가하고 있다.

① ㄱ, ㄴ　　② ㄱ, ㄷ　　③ ㄴ, ㄷ
④ ㄴ, ㄹ　　⑤ ㄷ, ㄹ

20. 다음 〈표〉는 5개 건물의 구조 및 대지가격, 임대료수입에 관한 자료이다. 이에 대한 〈보기〉의 설명으로 옳은 것을 모두 고르면?

〈표〉 5개 건물의 구조 및 대지가격, 임대료수입

(단위: m², %, 천 원)

구분	대지면적	건폐율	용적률	m²당 대지가격	m²당 임대수입
A	1,800	60	240	1,201	70
B	1,500	70	350	1,000	60
C	1,201	80	480	1,201	70
D	1,600	60	300	800	60
E	2,000	50	201	1,000	80

※ 1) 건폐율(%) = $\dfrac{건축면적}{대지면적} \times 100$

2) 용적률(%) = $\dfrac{건축연면적}{대지면적} \times 100$

3) 건축면적: 건물 외벽으로 둘러싸인 부분의 바닥면적

4) 건축연면적: 건물의 각 층별 바닥면적의 총합

5) 5개 건물은 모두 지하층이 없고, 각 층의 바닥면적은 동일하며, 층별 임대료수준의 차이는 없음.

〈보기〉

ㄱ. 건축면적이 가장 큰 건물은 A이다.

ㄴ. A를 제외하면 B~E는 건폐율이 클수록 용적률이 크다.

ㄷ. 건물의 바닥면적 총합으로 임대료가 결정된다고 할 때, m²당 임대수입이 가장 높은 건물은 전체 임대수입 역시 가장 높다.

ㄹ. 층수가 가장 높은 건물은 m²당 대지가격이 가장 낮지는 않다.

① ㄱ, ㄴ

② ㄱ, ㄷ

③ ㄱ, ㄴ, ㄹ

④ ㄴ, ㄹ

⑤ ㄴ, ㄷ, ㄹ

21. 다음 〈표〉는 우리나라의 연도별 무역지수 및 교역조건을 나타낸 자료이다. 〈정보〉를 활용하여 판단할 때 〈보기〉의 설명으로 옳은 것을 모두 고르면?

〈표〉 연도별 무역지수 및 교역조건

연도	단가지수		물량지수	
	수출	수입	수출	수입
2019	86.9	91.0	100.7	97.7
2020	83.1	87.5	114.1	109.7
2021	85.1	95.6	133.4	117.7
2022	91.5	107.3	163.4	131.8
2023	92.7	117.3	178.3	140.1

〈정보〉

○ 단가지수와 물량지수는 수출과 수입에 대해 작성하되 각각 2018년 100을 기준으로 한다.

○ 단가(P)지수: 수출, 수입의 가격 수준을 나타내는 지수

○ 물량(Q)지수: 수출, 수입의 물량 수준을 나타내는 지수

○ 금액(P×Q)지수: 수출, 수입 총금액의 수준을 나타내는 지수

○ 순상품교역조건지수는 1단위 수출금액으로 수입할 수 있는 물량을 의미한다.

순상품교역조건지수 = $\dfrac{수출단가지수}{수입단가지수} \times 100$

○ 소득교역조건지수는 총 수출금액으로 수입할 수 있는 물량을 의미한다.

소득교역조건지수 = $\dfrac{순상품교역조건지수 \times 수출물량지수}{100}$

〈보기〉

ㄱ. 2018년 대비 2023년 수입 총금액은 증가하였다.

ㄴ. 2021~2023년 순상품교역조건지수는 전년 대비 매년 하락하고 있다.

ㄷ. 2019~2021년 소득교역조건지수는 전년 대비 매년 상승하고 있다.

① ㄱ

② ㄴ

③ ㄱ, ㄴ

④ ㄴ, ㄷ

⑤ ㄱ, ㄴ, ㄷ

22. 다음 〈표〉는 2017년 우리나라 총액인건비제도의 시범실시지역에 관한 자료 및 해당 자치단체의 연도별 공무원 정원 변화이다. 이에 대한 설명으로 옳지 않은 것은?

〈표 1〉 2017년 총액인건비 기준액

(단위: 백만 원)

1차 시범실시 자치단체	기준액	2차 시범실시 자치단체	기준액
경상북도	2,670	대전광역시	1,970
김포시	430	충청북도	1,710
부천시	1,330	목포시	680
정읍시	650	김천시	660
창원시	980	진해시	400
홍성군	380	인제군	270
장성군	330	전주시	1,280
강남구	900	울주군	410
광산구	430	해운대구	440

〈표 2〉 총액인건비제도 시범실시 자치단체의 공무원 정원

(단위: 명)

자치단체	연도	2015	2016	2017
1차 시범실시	경상북도	4,050	4,133	4,133
	김포시	759	810	838
	부천시	2,103	2,100	2,100
	정읍시	1,058	1,048	1,086
	창원시	1,499	1,523	1,542
	홍성군	678	685	692
	장성군	589	589	591
	강남구	1,387	1,387	1,400
	광산구	731	768	771
2차 시범실시	대전광역시	2,970	2,998	3,133
	충청북도	2,615	2,621	2,654
	목포시	1,097	1,117	1,126
	김천시	1,049	1,097	1,098
	진해시	730	765	771
	인제군	489	520	520
	전주시	1,855	1,858	1,870
	울주군	716	734	755
	해운대구	767	822	822

※2017년 총액인건비제도는 1차와 2차 각각 9개의 자치단체에서만 실시하였음.

① 2017년 총액인건비제도를 실시한 자치단체 중 공무원 정원이 전년 대비 변화가 없는 곳은 총 4개이다.

② 2017년 공무원 정원 1인당 총액인건비 기준액은 김포시가 창원시보다 많다.

③ 2016년 공무원 정원이 전년 대비 증가한 자치단체의 수는 1차 시범실시 자치단체보다 2차 시범실시 자체단체가 많다.

④ 제2차 시범실시 자치단체 중 총액인건비 기준액이 가장 적은 지역은 2015년 공무원 정원도 가장 적다.

⑤ 제1차 시범실시 자치단체 중 총액인건비 기준액이 두 번째로 적은 지역은 2017년 공무원 정원도 1차 시범실시 구역 중 두 번째로 적다.

23. 다음 〈표〉는 우리나라의 자동차의 연도별·차종별 현황에 관한 자료이다. 이에 대한 〈보기〉의 설명 중 옳은 것만을 모두 고르면?

〈표〉 우리나라의 자동차 연도별·차종별 현황

(단위: 대)

차종\연도	승용	승합	화물	특수	계	전년 대비 증가폭	전년 대비 증가율
2007	2,727,852	427,650	1,077,467	13,847	4,246,816	853,013	25.1
2008	3,461,057	483,575	1,261,522	24,740	5,230,894	983,078	23.1
2009	4,271,253	527,958	1,448,634	26,163	6,274,008	1,043,114	19.9
2010	5,148,713	582,069	1,644,646	28,919	7,404,347	( )	18.0
2011	6,006,290	612,584	1,816,582	33,445	8,468,901	1,064,554	14.4
2012	6,893,633	663,011	1,962,564	33,884	9,553,092	1,084,191	12.8
2013	7,586,474	719,127	2,072,256	35,570	10,413,427	860,335	9.0
2014	7,580,926	749,320	2,104,683	34,670	10,469,599	56,172	0.5
2015	7,837,206	993,169	2,298,116	35,237	11,163,728	694,129	6.6
2016	8,083,926	1,427,221	2,510,992	37,137	12,059,276	895,548	8.0
2017	8,889,327	1,257,008	2,728,405	39,375	12,914,115	854,839	7.1
2018	9,737,428	1,275,319	2,894,412	42,281	13,949,440	( )	8.0
2019	10,278,923	1,246,629	3,016,407	44,836	14,586,795	647,355	4.6
2020	10,545,287	1,215,330	3,058,411	46,489	14,865,487	278,692	1.9

───── 〈보기〉 ─────

ㄱ. 2007년 기준으로 자동차가 2배 이상 증가하기까지 걸린 기간이 가장 짧았던 차종은 특수차이다.

ㄴ. 2010~2020년 동안 전년 대비 자동차의 증가폭이 가장 큰 연도는 2018년이다.

ㄷ. 2014년 우리나라 자동차에서 차지하는 차종별 자동차의 비율이 전년에 비해 증가하는 차종은 승합차와 화물차이다.

① ㄱ

② ㄴ

③ ㄱ, ㄴ

④ ㄱ, ㄷ

⑤ ㄴ, ㄷ

24. 다음 〈표〉와 〈그림〉은 연도별 A자격증 시험의 응시자 및 합격자 현황에 관한 자료이다. 이에 대한 〈보기〉의 설명 중 옳은 것을 모두 고르면?

〈표〉 A자격증 시험의 1차 응시자 및 최종 합격자 현황

(단위: 명)

구분\연도	1차 응시자 계	1차 응시자 남성	1차 응시자 여성	최종 합격자 계	최종 합격자 남성	최종 합격자 여성
2006	17,290	11,955	5,335	994	619	375
2007	18,114	( )	5,823	1,011	657	354
2008	17,829	12,004	( )	1,005	( )	382
2009	17,972	( )	6,060	997	642	( )
2010	17,028	10,914	( )	814	476	338
2011	14,449	9,209	5,240	707	443	264
2012	10,306	6,695	3,611	506	295	211

〈그림〉 A자격증 시험의 성별 합격률

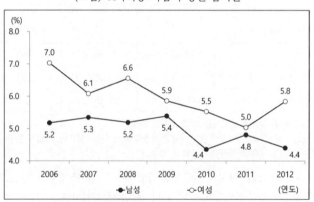

※ (성별)합격률 = (성별)최종 합격자 / (성별)1차 응시자

───── 〈보기〉 ─────

ㄱ. 2007~2010년 동안 1차 응시자 중 여성이 차지하는 비중은 매년 증가한다.

ㄴ. 2007년 이후 여성과 남성 합격률의 전년 대비 증감방향이 동일한 연도에는 여성과 남성 최종합격자의 전년 대비 증감방향 역시 동일하다.

ㄷ. 2009년 최종합격자 중 여성이 차지하는 비중은 전년 대비 증가하였다.

ㄹ. 2006년 이후 남성 합격률 대비 여성 합격률의 비율이 가장 높은 해는 2006년이고 가장 낮은 해는 2009년이다.

① ㄱ, ㄴ

② ㄱ, ㄷ

③ ㄴ, ㄷ

④ ㄴ, ㄹ

⑤ ㄷ, ㄹ

3회　해커스PSAT 7급 PSAT 김용훈 자료해석 실전동형모의고사

25. 다음 〈그림〉과 〈표〉는 갑국 이동통신 가입자의 통신사별 점유율과 그 변화에 대한 자료이다. 이에 대한 설명으로 옳지 않은 것은?

〈그림〉 2021년 이동통신사별 고객점유율 현황

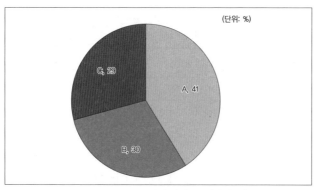

(단위: %)

※ 특정 이동통신사의 고객점유율(%) = $\dfrac{\text{특정 이동통신사 가입자 수}}{\text{전체 이동통신사 가입자 수}} \times 100$

〈표〉 2021~2022년 동안 이동통신 가입자의 통신사 변경 현황

(단위: %)

2021 \ 2022	A	B	C
A	40	20	40
B	5	75	20
C	15	15	70

※ 1) 갑국의 통신사는 A, B, C사만 존재함.
 2) 2021~2022년 사이 새로운 이동통신 가입자는 없으며, 가입자 한 명은 하나의 통신사만 가입할 수 있음.

① 2021년 갑국의 이동통신 가입자가 총 150만 명이라면, 2021년 C통신사 이동통신 가입자는 45만 명 이하이다.

② 2021년 B통신사의 이동통신 가입자 중 2022년에도 B통신사를 사용하고 있는 사람의 수는 2021년 C통신사의 이동통신 가입자 중 2022년에도 C통신사를 사용하고 있는 사람의 수보다 적다.

③ 2022년 C통신사의 이동통신 가입자 중 2021년도에 다른 통신사의 이동통신 가입자였던 가입자의 비중은 50% 이상이다.

④ 2021~2022년 사이 이동통신 가입자의 수의 변동폭은 A통신사가 가장 크다.

⑤ 2021~2022년 사이 다른 통신사로 변경한 이동통신사 가입자 수가 가장 적은 곳은 B통신사이다.

약점 보완 해설집 p.14

| 자료해석영역 |
2교시

응시번호

성명

모의고사
4회

문제책형
선

응시자 주의사항

1. **시험시작 전 시험문제를 열람하는 행위나 시험종료 후 답안을 작성하는 행위를 한 사람은** 「공무원 임용시험령」 제51조에 의거 **부정행위자**로 처리됩니다.

2. 답안지 책형 표기는 시험시작 전 감독관의 지시에 따라 **문제책 앞면에 인쇄된 문제책형을 확인**한 후, 답안지 책형란에 해당 책형(1개)을 '●'로 표기하여야 합니다.

3. 시험이 시작되면 문제를 주의 깊게 읽은 후, **문항의 취지에 가장 적합한 하나의 정답만을 고르며,** 문제내용에 관한 질문은 할 수 없습니다.

4. **답안을 잘못 표기하였을 경우에는 답안지를 교체하여 작성**하거나 **수정할 수 있으며,** 표기한 답안을 수정할 때는 **응시자 본인이 가져온 수정테이프만을 사용**하여 해당 부분을 완전히 지우고 부착된 수정테이프가 떨어지지 않도록 손으로 눌러주어야 합니다. (**수정액 또는 수정스티커 등은 사용 불가**)

5. **시험시간 관리의 책임은 응시자 본인에게 있습니다.**

정답공개 및 해설강의 안내

1. 모바일 자동 채점 및 성적 분석 서비스
   • '약점 보완 해설집'에 회차별로 수록된 QR코드 인식 ▶ 응시 인원 대비 자신의 성적 위치 확인

2. 해설강의 수강 방법
   • 해커스PSAT 사이트(psat.Hackers.com) 접속 후 로그인 ▶ 우측 퀵배너 [쿠폰/수강권등록] 클릭 ▶ 쿠폰번호 입력 후 이용

Ⅲ 해커스PSAT

1. 다음 〈표〉는 2023년 3분기를 기준으로 한 가축동향조사 결과를 정리한 자료이다. 이에 대한 설명으로 옳은 것을 고르면?

〈표 1〉 가축 사육마릿수 현황

(단위: 천 마리)

시기 가축	2022년		2023년			
	2분기	3분기	2분기	3분기	증감폭	
					전기	전년 동기
소	3,303	3,249	3,166	3,170	4	−79
한·육우	2,879	2,820	2,748	2,753	5	−67
젖소	424	429	418	417	−1	−12
닭	176,064	151,635	190,182	164,844	−25,338	13,209
산란계	62,851	65,263	67,907	72,090	4,183	6,827
육계	103,593	75,846	110,489	81,184	−29,305	5,338
종계	9,620	10,526	11,786	11,570	−216	1,044
오리	6,089	8,197	10,798	10,467	−331	2,270
종오리	709	810	830	912	82	102
육용오리	5,380	7,387	9,968	9,555	−413	2,168

※ 1) 한우: 우리나라 재래종의 고유한 특성을 가진 소로 털색에 따라 황소, 칡소, 흑소로 구분됨.
　2) 젖소: 젖(우유)을 얻기 위하여 사육하는 소로 홀스타인, 저지, 건지, 기타 유용종의 암컷을 말함.
　3) 육우: 한우와 젖소 암컷을 제외한 고기를 이용할 목적으로 사육하는 모든 소를 의미함.
　4) 산란계: 계란을 생산하기 위하여 사육하는 닭임.
　5) 육계(육용오리): 고기를 이용할 목적으로 사육하는 닭(오리)
　6) 종계(종오리): 부화용 계란(오리알)을 생산하기 위하여 사육하는 닭(오리)

〈표 2〉 가축 사육가구수 현황

(단위: 가구)

시기 가축	2022년		2023년			
	2분기	3분기	2분기	3분기	증감폭	
					전기	전년 동기
소	119,896	( )	( )	102,036	−2,140	−13,501
한·육우	114,128	( )	( )	96,403	−2,141	−13,417
젖소	5,768	( )	( )	5,633	1	−84
닭	3,434	3,043	3,596	3,150	−446	107
오리	549	693	772	771	−1	78

① 2023년 3분기의 가구당 사육마릿수는 닭보다 오리가 더 많다.

② 2023년 2분기 산란계의 전년 동기 대비 증가폭은 전기 대비 증가폭보다 크다.

③ 한·육우 사육마릿수의 전년 동기 대비 감소율은 2023년 2분기보다 2023년 3분기가 더 높다.

④ 소의 사육가구 수는 2022년 3분기 대비 2023년 2분기에 1만 가구 이상 감소하였다.

⑤ 2023년 2분기의 경우 고기를 이용할 목적으로 사육하는 닭과 오리의 합은 전체 닭과 오리 사육마릿수 합의 80% 이상이다.

2. 다음 〈표〉는 2020년 각 품목의 소비자물가지수를 기준으로 하여 나타낸 2023년 9월의 소비자물가지수의 현황 및 기여도에 관한 자료이다. 이에 대한 설명 중 옳은 것을 〈보기〉에서 모두 고르면?

〈표〉 2023년 9월의 품목별 소비자물가지수 현황

(2020년 = 100)

구분 / 품목	품목(개)	가중치	지수	증가율(%) 전월대비	증가율(%) 전년동월대비	기여도 증감폭(%p) 전월대비	기여도 증감폭(%p) 전년동월대비
총지수	481	1000.0	110.04	-0.2	0.6	-0.16	0.60
식료품 및 비주류음료	134	139.0	116.58	-0.5	1.0	-0.07	0.14
주류 및 담배	8	11.8	156.17	0.0	50.3	0.00	0.59
의류 및 신발	34	66.4	117.87	0.4	1.4	0.03	0.10
주택, 수도, 전기 및 연료	21	173.0	115.20	0.4	-1.2	0.08	-0.22
가정용품 및 가사서비스	49	38.2	112.10	-0.4	1.8	-0.02	0.07
보건	28	72.9	105.10	0.1	1.6	0.01	0.11
교통	32	111.4	99.96	-1.4	-7.0	-0.14	-0.74
통신	8	59.1	95.55	0.0	-0.1	0.00	-0.01
오락 및 문화	64	53.0	102.99	-1.2	-0.5	-0.06	-0.03
교육	20	103.5	108.12	0.1	1.8	0.01	0.19
음식 및 숙박	42	121.6	111.87	0.2	2.5	0.03	0.30
기타상품 및 서비스	41	50.1	106.08	-0.4	2.0	-0.02	0.10

※ 1) 총지수는 각 품목별 가중치에 지수를 곱하여 도출한 것임.
   2) 기여도란 개별 품목의 변화가 총지수의 증가율에 기여하는 정도를 나타내는 지표를 의미함.
   3) 2023년 9월의 품목별 소비자물가지수는 2020년 각 품목별 소비자물가지수를 기준으로 나타낸 것임.

〈보기〉

ㄱ. 기타상품 및 서비스를 제외하면 품목 수가 많을수록 가중치도 높다.

ㄴ. 2022년 9월 '주류 및 담배' 지수는 '의류 및 신발' 지수보다 작다.

ㄷ. 기타상품 및 서비스를 제외하고 2023년 8월 지수가 100을 넘지 못하는 품목은 1개이다.

ㄹ. 기타상품 및 서비스를 제외하고 2022년 9월의 기여도가 2023년 8월의 기여도보다 더 큰 품목은 3개이다.

① ㄱ, ㄷ   ② ㄴ, ㄷ   ③ ㄴ, ㄹ

④ ㄱ, ㄷ, ㄹ   ⑤ ㄴ, ㄷ, ㄹ

3. 다음 〈표〉는 어느 공공임대주택 청약 현황에 관한 자료이다. 〈주택청약 제출서류 규정〉을 적용하여 이 공공임대주택의 신청자 1인당 제출서류를 소수점 아래 첫째 자리까지 구하면? (단, 결과는 소수점 둘째 자리에서 반올림함.)

〈표〉 공공임대주택 청약 현황

신청자	혼인상태 기혼	혼인상태 미혼	혼인상태 사별	혼인상태 이혼	청약통장 가입여부	배우자가 외국인인지 여부	세대분리 여부
A	○				미가입		○
B		○			가입		
C	○				가입		
D	○				미가입	○	
E			○		가입		
F		○			미가입		
G	○				가입		○
H		○			미가입		
I				○	가입		
J				○	미가입		
K		○			가입		
L	○				미가입	○	

〈주택청약 제출서류 규정〉

○ 공통 제출서류
 – 개인정보 수집·이용 및 제3자 제공 동의서 1부
 – 주민등록등본 1부
 – 주민등록초본 1부

○ 신청자격·순위 등 보완서류(해당자만 제출)
 (1) 청약통장 순위확인서 1부
 – 청약통장에 가입되어 있는 경우에 반드시 제출
 (2) 혼인관계증명서 1부
 – 기혼자 중 주민등록등본에서 배우자를 확인할 수 없는 경우와 배우자가 외국인인 경우를 제외하고 반드시 제출.
 (3) 가족관계증명서 1부
 a) 주민등록등본에서 배우자를 확인할 수 없는 경우 (예. 세대분리, 미혼, 이혼, 사별 등)
 b) 배우자가 외국인인 경우

① 4.5   ② 4.7   ③ 5.0

④ 5.5   ⑤ 6.0

4. 다음 〈그림〉은 배추와 무의 재배면적 및 가격에 관한 자료이다. 이에 대한 설명 중 옳은 것을 고르면?

〈그림 1〉 배추의 재배면적 및 가격

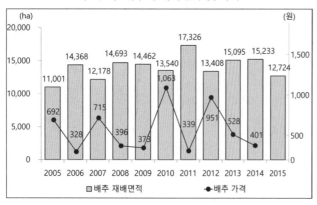

〈그림 2〉 무의 재배면적 및 가격

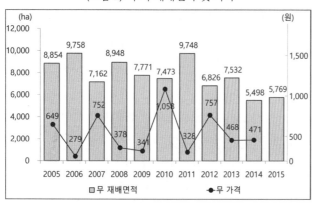

① 2015년 배추의 재배면적은 전년 대비 10% 이상 감소하였으나 무의 재배면적은 10% 이상 증가하였다.

② 2005~2014년 동안 배추 가격과 무 가격의 증감방향은 매년 동일하다.

③ 2007년 배추 가격의 전년 대비 증가율은 무 가격의 전년 대비 증가율보다 높다.

④ 재배면적 1ha당 가격이 2014년과 2015년에 동일하다고 가정하면, 2015년 배추 가격은 무 가격보다 더 높다.

⑤ 2005~2014년 중 무 재배면적 대비 배추 재배면적의 비율이 가장 높은 해에는 배추 가격보다 무 가격이 더 높다.

5. 다음 〈그림〉은 우리나라 202X년 상반기 취업자의 산업별·직업별 특성을 나타낸 자료이다. 이에 대한 설명 중 옳지 않은 것을 〈보기〉에서 모두 고르면?

〈그림 1〉 우리나라 취업자의 산업별·성별 특성

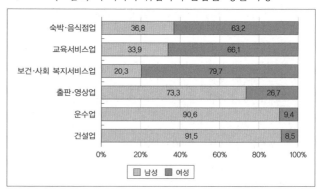

※ 우리나라 산업 중 (남성 취업자 비율 − 여성 취업자 비율)의 격차가 큰 상위 3개의 산업과 (여성 취업자 비율 − 남성 취업자 비율)의 격차가 큰 상위 3개의 산업을 각각 제시하였음.

〈그림 2〉 우리나라 취업자의 직업별·성별 특성

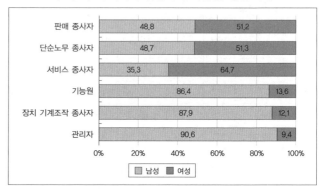

※ 우리나라 직업 중 (남성 취업자 비율 − 여성 취업자 비율)의 격차가 큰 상위 3개의 직업과 (여성 취업자 비율 − 남성 취업자 비율)의 격차가 큰 상위 3개의 직업을 각각 제시하였음.

─〈보기〉─

ㄱ. 숙박·음식점업 남성 취업자 수는 교육서비스업 남성 취업자 수보다 많다.

ㄴ. 직업별 취업자 수가 모두 동일하다고 가정하면 남성 기능원과 관리자의 합은 여성 판매 종사자, 단순노무 종사자, 서비스 종사자의 합보다 더 많다.

ㄷ. 남성 취업자의 수가 여성 취업자의 수보다 3배 이상 많은 산업의 수는 남성 취업자의 수가 여성 취업자의 수보다 7배 이상 많은 직업의 수와 같다.

① ㄱ   ② ㄴ   ③ ㄱ, ㄴ

④ ㄱ, ㄷ   ⑤ ㄴ, ㄷ

6. 다음 〈표〉는 2023년 3분기를 기준으로 한 연령대별·지역별 인구 이동에 관한 자료이다. 이에 대한 설명으로 옳은 것을 고르면?

〈표 1〉 연령대별 이동 인구

(단위: 천 명)

시기 연령대	2022년 3분기	2023년 2분기	2023년 3분기
계	1,749	1,906	1,796
10세 미만	185	176	179
10대	167	164	164
20대	318	361	337
20~24세	136	158	148
25~29세	182	204	189
30대	402	424	398
30~34세	234	244	225
35~39세	168	180	173
40대	281	303	288
50대	213	256	228
60세 이상	183	221	203

※ 이동 인구란 전출 또는 전입한 인구를 의미함.

〈표 2〉 지역별 인구이동 현황

(단위: 명)

시기 지역	2022년 3분기 순이동	2023년 3분기 전입	2023년 3분기 전출	2023년 3분기 순이동
전국	0	1,796,298	1,796,298	0
서울	−19,308	( )	409,073	−37,520
부산	−2,793	119,019	122,083	−3,064
대구	−9,195	80,380	82,938	−2,558
인천	996	118,642	115,416	3,226
광주	1,443	49,129	51,877	−2,748
대전	−1,827	51,445	( )	−4,279
울산	349	36,875	37,465	−590
세종	7,275	19,500	7,236	12,264
경기	15,905	474,676	448,757	25,919
강원	−397	50,668	49,873	795
충북	1,150	( )	49,234	−1,017
충남	369	64,795	62,330	2,465
전북	477	58,877	59,668	−791
전남	−2,882	58,320	56,678	1,642
경북	5,886	76,377	74,738	1,639
경남	−71	97,491	96,922	569
제주	2,623	20,334	16,286	4,048

※ 1) 전입은 행정구역 경계(시, 도)를 넘어 다른 지역에서 특정 지역으로 이동해 온 경우이며, 전출은 행정구역 경계(시, 도)를 넘어 특정 지역에서 다른 지역으로 이동해 간 경우임.
　2) 순이동 = 전입 − 전출
　3) 이동률은 거주자 100명당 이동자 수를 의미함.

① 2023년 2분기의 60세 이상 이동 인구는 전년 동기 대비 증가하였다.

② 2023년 3분기 20대의 이동 인구는 전기 대비 증가하였다.

③ 2023년 3분기 전입인구보다 전출인구가 더 많은 지역은 7개이다.

④ 2023년 3분기 순이동 인구가 2022년 3분기에 비해 증가한 지역은 2023년 3분기 전입인구가 전출인구보다 많다.

⑤ 2023년 2분기 25~34세 이동 인구는 2022년 3분기 대비 7% 이상 증가하였다.

7. 다음 〈표〉를 이용하여 〈보고서〉를 작성하였다. 제시된 〈표〉 이외에 〈보고서〉를 작성하기 위해 추가로 필요한 자료만을 〈보기〉에서 모두 고르면?

〈표 1〉 고령자의 성별 시간활용 현황

성별 / 구분　연도	전체 2023	전체 2024	남자 2023	남자 2024	여성 2023	여성 2024
필수생활시간	11:34	11:46	11:34	11:49	11:34	11:44
수면	8:20	8:22	8:17	8:20	8:22	8:24
식사 및 간식	1:46	1:58	1:52	2:04	1:43	1:54
기타 개인유지	1:28	1:25	1:25	1:25	1:30	1:26
의무생활시간	5:16	4:58	4:41	4:23	5:41	5:22
일(수입노동)	1:39	1:26	2:14	1:58	1:14	1:03
가사노동	2:19	2:23	1:01	1:10	3:13	3:15
학습	0:02	0:01	0:03	0:01	0:03	0:01
이동	1:16	1:08	1:23	1:14	1:11	1:03
여가생활시간	7:09	7:16	7:45	7:48	6:44	6:52
교제활동	0:56	0:51	0:48	0:42	1:01	0:57
미디어 이용	3:42	4:04	4:13	4:33	3:20	3:42
TV시청	3:27	3:48	3:46	4:05	3:14	3:36
종교·문화·스포츠	1:10	1:11	1:20	1:19	1:04	1:05
스포츠 및 레포츠	0:47	0:49	1:07	1:06	0:33	0:36
기타 여가활동	0:54	0:47	0:58	0:50	0:50	0:44

〈표 2〉 고령자의 연령대별 시간활용 현황

연령대별 / 구분　연도	65~69세 2023	65~69세 2024	70~74세 2023	70~74세 2024	75~79세 2023	75~79세 2024	80세이상 2023	80세이상 2024
필수생활시간	11:18	11:27	11:22	11:37	11:52	11:52	12:15	12:26
수면	8:05	8:03	8:12	8:13	8:34	8:28	8:53	9:02
식사 및 간식	1:50	2:01	1:44	1:58	1:45	1:57	1:46	1:56
기타 개인유지	1:23	1:24	1:26	1:26	1:32	1:26	1:36	1:28
의무생활시간	6:23	5:57	5:28	5:19	4:27	4:28	3:24	3:23
일(수입노동)	2:22	2:03	1:43	1:37	1:02	1:04	0:37	0:33
가사노동	2:31	2:32	2:22	2:30	2:15	2:19	1:52	2:02
학습	0:03	0:02	0:03	0:01	0:01	0:01	0:02	0:01
이동	1:27	1:20	1:20	1:11	1:09	1:04	0:53	0:47
여가생활시간	6:20	6:36	7:10	7:03	7:40	7:40	8:21	8:10
교제활동	0:52	0:44	0:50	0:52	1:03	0:50	1:07	1:00
미디어 이용	3:06	3:35	3:47	3:54	4:03	4:17	4:26	4:50
TV시청	2:52	3:18	3:32	3:38	3:48	4:04	4:11	4:37
종교·문화·스포츠	1:11	1:15	1:12	1:11	1:13	1:15	1:03	1:02
스포츠 및 레포츠	0:48	0:54	0:49	0:50	0:49	0:48	0:40	0:39
기타 여가활동	0:44	0:38	0:54	0:43	0:54	0:54	1:16	0:58

※ 1) 고령자는 65세 이상 인구를 의미함.
　2) 시간 단위는 '시:분'을 의미함.

― 〈보고서〉 ―

2024년 고령자는 하루 24시간 중 수면, 식사 등 필수생활 시간으로 11시간 46분을 사용하여 전체의 약 49.0%를 차지하고 있다. 전년에 비해 식사 및 간식 시간이 12분 증가하였으며 성별로 비교하면 수면시간은 여성이 4분, 식사 및 간식시간은 남자가 10분 더 사용하였다.

일(수입노동)과 가사노동, 학습 등 의무생활시간으로 4시간 58분을 사용하여 전체의 20.7%를 사용하였으며, 전년 대비 가사노동 이외의 모든 활동시간이 감소하였다. 구체적으로 비교하면 일(수입노동)은 13분 줄어든 반면, 가사노동은 남자가 9분, 여성이 2분 늘어난 것으로 보인다.

여가생활시간은 7시간 16분으로 전체의 약 30.3%를 사용하였으며, TV시청시간은 전년 대비 21분 증가하였다. 교제활동에 51분, TV 시청시간을 제외한 미디어 이용에 16분, 종교·문화·스포츠에 1시간 11분, 기타 여가활동에 47분을 사용하였으며 이 중 대부분을 게임, 유흥 등에 사용하였다. 구체적으로 비교하면 교제활동은 여성이 15분 더 사용하였지만 그 이외의 여가생활은 남자가 더 많이 사용한 것으로 조사되었다.

고령자의 경우, 연령이 높아질수록 필수생활시간과 여가생활시간은 증가하고, 의무생활시간은 감소하는 것으로 나타나는데, 이는 일(수입노동)과 관련된 시간이 줄어들면서 수면이나 TV시청과 같은 필수 및 여가시간이 증가한 것으로 보인다. 전년과 비교하면, 모든 연령대에서 식사, 가사노동 및 TV시청시간은 증가하고, 이동시간은 감소하였다.

― 〈보기〉 ―

ㄱ. 2023~2024년 의무생활시간의 하위 구성항목
ㄴ. 2023~2024년 TV시청시간을 제외한 미디어 이용시간
ㄷ. 2024년 기타 여가활동의 하위 구성항목
ㄹ. 2023~2024년 고령자의 연령대별 간식 시간

① ㄱ
② ㄷ
③ ㄴ, ㄷ
④ ㄴ, ㄹ
⑤ ㄷ, ㄹ

8. 다음 〈표〉는 우리나라 쌀 생산 현황을 조사한 자료이다. 이에 대한 설명 중 옳지 않은 것을 〈보기〉에서 모두 고르면?

〈표〉 우리나라 쌀 생산 현황

구분 연도	재배면적 (ha)	10a당 생산량 (kg)	생산량 (천 톤)
2010	1,072,363	483	5,148
2011	1,083,125	502	5,366
2012	1,053,186	458	4,794
2013	1,016,030	429	4,331
2014	1,001,159	491	4,865
2015	979,717	477	4,640
2016	955,229	479	4,554
2017	950,250	453	4,289
2018	935,766	506	4,712
2019	924,471	520	4,787
2020	892,074	470	4,180
2021	853,823	482	4,110
2022	849,172	460	3,898
2023	832,625	495	4,116
2024	815,506	506	4,127
2025	799,344	519	4,143

※ 2025년 쌀 생산 현황은 예측치임.

〈보기〉

ㄱ. 2020~2025년 동안 우리나라 쌀 생산량과 10a당 생산량의 전년 대비 증감방향은 매년 동일하다.

ㄴ. 2010~2025년 중 재배면적이 가장 넓었던 해는 생산량도 가장 많다.

ㄷ. 2017년 이후 우리나라 쌀 생산량의 전년 대비 감소율은 2022년이 가장 크다.

ㄹ. 2011~2020년 동안 전년에 비해 재배면적과 생산량이 모두 감소한 해에는 10a당 생산량 역시 감소하였다.

① ㄱ, ㄴ　　　　② ㄱ, ㄷ　　　　③ ㄱ, ㄷ, ㄹ
④ ㄴ, ㄹ　　　　⑤ ㄴ, ㄷ, ㄹ

9. 다음 〈표〉는 2025년 주요 어종별 생산동향 및 양식 수면적 동향을 정리한 자료이다. 이에 대한 설명 중 옳지 않은 것을 〈보기〉에서 모두 고르면?

〈표 1〉 주요 어종별 생산동향

(단위: 톤, 백만 원, %)

구분	생산량			생산금액		
	2024년	2025년	전년 대비 증감폭	2024년	2025년	전년 대비 증감폭
계	41,593	42,150	557	380,538	407,742	27,204
넙치류	22,367	23,331	964	217,610	235,080	17,470
참돔	2,103	3,004	901	22,416	24,409	1,993
조피볼락	12,288	9,448	-2,840	93,888	91,028	-2,860
숭어류	3,242	3,972	730	22,146	26,505	4,359
기타어류	1,592	2,397	805	24,478	30,721	6,243

〈표 2〉 생산방식별·어종별 양식 수면적 동향

(단위: 천m², %)

구분		2024년	비중	2024년	비중	전년 대비 증감폭
계		4,265	100.0	4,393	100.0	128
생산 방식	해상 가두리	1,037	24.3	1,071	24.4	34
	육상 수조식	2,446	57.4	2,373	54.0	-73
	축제식	781	18.3	949	21.6	168
어종	넙치류	2,337	54.8	2,257	51.4	-80
	참돔	225	5.3	203	4.6	-22
	조피 볼락	597	14.0	607	13.8	10
	숭어류	537	12.6	433	9.9	-104
	기타 어류	568	13.3	893	20.3	325

〈보기〉

ㄱ. 기타어류를 제외하고 2025년의 전년 대비 생산량 증가율이 가장 큰 어종은 전년 대비 생산금액 증가율도 가장 크다.

ㄴ. 기타어류를 제외하면 2024년 수면적 대비 생산량의 비율이 가장 큰 어종은 조피볼락이고 가장 작은 어종은 숭어류이다.

ㄷ. 2025년 육상수조식 수면적 중 넙치류가 차지하는 수면적은 237천m² 이상이다.

① ㄱ　　　　② ㄱ, ㄴ　　　　③ ㄱ, ㄷ
④ ㄴ　　　　⑤ ㄴ, ㄷ

해커스PSAT 7급 PSAT 김용훈 자료해석 실전동형모의고사

10. 다음 〈표〉는 남북한의 인구규모 및 인구구조, 그리고 인구변동요인을 정리한 자료이다. 이에 대한 설명 중 옳지 않은 것을 고르면?

〈표 1〉 인구규모 및 인구구조 전망

구분		2025년	2030년	2060년
총인구 (천명)	남북한 전체	75,772	78,879	70,796
	남한	50,617	52,160	43,959
	북한	25,155	26,719	26,837
인구구조	유소년인구(%) (0~14세) 남북한 전체	16.3	15.0	12.8
	남한	13.9	12.6	10.2
	북한	21.2	19.7	17.0
	생산가능인구(%) (15~64세) 남북한 전체	71.8	( )	( )
	남한	73.0	63.1	49.7
	북한	69.3	68.1	62.1
	고령인구(%) (65세 이상) 남북한 전체	( )	20.2	32.8
	남한	13.1	24.3	( )
	북한	9.5	12.2	20.9

〈표 2〉 인구변동요인

(단위: 명, 세)

구 분	합계 출산율			기대수명		
	남한	북한	차이	남한	북한	차이
1970~ 1975년	4.21	4.00	0.21	62.7	61.7	1.0
1990~ 1995년	1.67	2.25	−0.58	72.2	70.0	2.2
2020~ 2025년	1.23	2.00	−0.76	81.3	69.9	11.4

① 2030년 대비 2060년 남한의 고령인구는 50% 이상 증가할 것으로 예상된다.

② 1970~1975년 대비 1990~1995년 합계 출산율은 남한과 북한 각각 감소하였지만 기대수명은 각각 증가하였다.

③ 2025년 대비 2030년 남북한 전체의 생산가능인구는 감소할 것으로 예상된다.

④ 2025년 남북한 전체와 남한을 비교할 때, 유소년인구 비중의 차이는 생산가능인구 비중의 차이와 고령인구 비중 차이의 합과 동일할 것으로 예상된다.

⑤ 2060년 남북한 전체인구 중 생산가능인구가 차지하는 비중은 절반 이상일 것으로 예상된다.

11. 다음 〈표〉는 국가별 인구 및 인구 순위에 관한 자료이다. 이에 대한 설명 중 옳지 않은 것을 〈보기〉에서 모두 고르면?

〈표〉 국가별 인구 및 인구순위

(단위: 백만 명, %)

순위	1960년			2060년(예상)		
	국가	인구	구성비	국가	인구	구성비
1	중국	651	21.5	인도	1,644	16.5
2	인도	450	14.9	중국	1,313	13.2
3	미국	186	6.2	나이지리아	538	5.4
4	러시아	120	4.0	미국	418	4.2
5	일본	93	3.1	인도네시아	326	3.3
6	인도네시아	89	2.9	파키스탄	279	2.8
7	독일	73	2.4	브라질	228	2.3
8	브라질	73	2.4	에티오피아	208	2.1
9	영국	53	1.7	방글라데시	198	2.0
10	방글라데시	50	1.6	콩고민주 공화국	172	1.7

※ 구성비는 전 세계 인구에서 차지하는 비중을 의미함.

〈보기〉

ㄱ. 1960년 인구 순위 상위 10위 이내 국가 중 1960년 대비 2060년에 인구가 2배 이상 증가할 것으로 예측되는 국가는 2배 미만 증가할 것으로 예측되는 국가보다 많다.

ㄴ. 2060년 전 세계 인구는 100억 명을 초과할 것으로 예측된다.

ㄷ. 1960년 대비 2060년 독일의 인구는 감소할 것으로 예측된다.

ㄹ. 2060년 중국, 인도, 미국, 러시아, 일본이 전 세계 인구에서 차지하는 비중은 50%를 하회할 것으로 예측된다.

① ㄱ, ㄷ
② ㄱ, ㄹ
③ ㄴ, ㄷ
④ ㄷ, ㄹ
⑤ ㄴ, ㄷ, ㄹ

12. 다음은 세계와 한국의 인구 전망에 대한 〈보고서〉이다. 아래 〈보고서〉에 제시된 내용과 부합하지 않는 것을 〈보기〉에서 모두 고르면?

─── 〈보고서〉 ───

2025년 세계 인구는 73억 2,500만 명으로 추정되며, 2060년에는 99억 5,700만 명에 이를 전망이다. 대륙별 인구 전망치를 보면, 2025년 세계 인구의 절반 이상을 차지하는 아시아 인구는 2025년 43억 8,500만 명에서 2060년 51억 5,201만 명으로 7억 6,700만 명 증가할 것으로 전망된다. 반면 유럽 인구는 2025년 7억 4,300만 명에서 2060년 6억 9,100만 명으로 5,201만 명 감소할 것으로 전망된다. 대륙별로 인구가 많은 순서를 조사한 결과 1960년에는 아시아 – 유럽 – 아프리카 – 남아메리카 – 북아메리카 – 오세아니아 순이었지만, 2025년과 2060년에는 각각 아시아 – 아프리카 – 유럽 – 남아메리카 – 북아메리카 – 오세아니아 순으로 전망된다.

주요 국가의 인구 추이를 보면 2025년 대비 2060년 인구가 증가할 것으로 전망되는 국가는 나이지리아, 인도, 미국, 인도네시아, 영국, 프랑스 등이며, 이 중 증가폭과 증가율 각각 나이지리아가 가장 높다.

한국 인구는 2025년 5,100만 명에서 2030년 5,201만 명으로 증가한 후, 2060년에는 4,400만 명으로 감소하여 세계 인구에서 차지하는 비율은 2025년 0.7%에서 2060년 0.4%로 감소할 것으로 예상된다. 남북한 통합인구는 2025년 7,600만 명에서 2060년 7,100만 명으로 감소할 것으로 전망되며 세계 인구에서 차지하는 비율도 2025년 1.0%에서 2060년 0.7%로 감소할 전망이다.

─── 〈보기〉 ───

ㄱ. 세계의 대륙별 인구규모

(단위: 백만 명, %)

구분	2025년		2060년	
	인구	구성비	인구	구성비
세계	7,325	100.0	9,957	100.0
아프리카	1,166	15.9	2,797	28.1
아시아	4,385	59.9	5,152	51.7
유럽	743	10.1	691	6.9
라틴아메리카	630	8.6	791	7.9
북아메리카	361	4.9	465	4.7
오세아니아	39	0.5	61	0.6

ㄴ. 한국의 인구규모

(단위: 백만 명, %)

구분	2025년		2030년		2060년	
	인구	구성비	인구	구성비	인구	구성비
세계	7,325	100.0	8,425	100.0	9,957	100.0
남북한	76	1.0	79	0.9	71	0.7
한국	51	0.7	52	0.6	44	0.4
북한	25	0.3	27	0.3	27	0.3

ㄷ. 세계 대륙별 인구 구성비

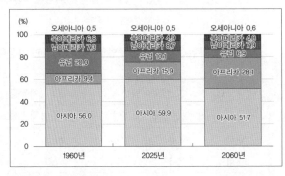

ㄹ. 주요 국가의 인구 추이

(단위: 백만 명, %)

국가 \ 연도	2025년	2060년	증가율
인도	1,282	1,644	28.2
미국	325	418	28.5
인도네시아	256	326	27.3
나이지리아	184	538	193.0
프랑스	65	75	14.9
영국	64	75	17.0

※ 증가율은 2025년 대비 2060년 증가율을 의미함.

① ㄱ, ㄴ
② ㄱ, ㄷ
③ ㄴ, ㄷ
④ ㄴ, ㄹ
⑤ ㄷ, ㄹ

4회 해커스PSAT 7급 PSAT 김용훈 자료해석 실전동형모의고사

13. 다음 〈그림〉과 〈표〉는 방위산업체에 관한 자료이다. 이에 대한 〈보기〉의 설명 중 옳지 않은 것을 모두 고르면?

〈그림〉 연도별 방위산업체의 매출액 및 종업원수

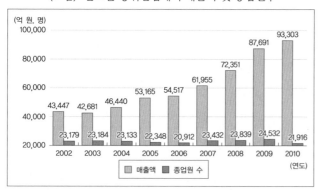

〈표〉 방위산업체 및 제조업의 영업이익률과 가동률

(단위: %)

구분 연도	영업이익률		가동률	
	방위산업체	제조업 평균	방위산업체	제조업 평균
2002	3.6	6.2	54.5	78.3
2003	3.6	6.7	57.3	78.3
2004	3.0	7.2	56.1	80.3
2005	4.7	6.1	57.8	79.8
2006	5.0	5.0	61.0	81.0
2007	4.2	5.8	59.8	80.3
2008	5.0	5.9	60.3	77.2
2009	6.1	6.1	61.8	74.6
2010	7.4	6.9	59.5	81.2

※ 1) 영업이익률(%) = $\frac{영업이익}{매출액} \times 100$

2) 가동률(%) = $\frac{매출액}{적정매출액} \times 100$

〈보기〉
ㄱ. 2003~2010년 동안 매년 방위산업체 매출액은 전년 대비 증가하고 있다.

ㄴ. 2002~2009년 중 방위산업체 종업원 1인당 매출액이 가장 많았던 연도는 2009년이다.

ㄷ. 2006년에 비해 2008년 방위산업체 영업이익은 30% 이상 증가하였다.

① ㄱ
② ㄴ
③ ㄱ, ㄴ
④ ㄱ, ㄷ
⑤ ㄴ, ㄷ

14. 다음 〈표〉는 A국 경제활동인구, 취업자 및 실업자에 관한 자료이다. 이에 대한 〈보기〉의 설명 중 옳지 않은 것을 모두 고르면?

〈표〉 A국 경제활동인구, 취업자 및 실업자

(단위: 천 명, %)

연도	15세 이상 인구	경제 활동 인구	경제활동 참가율		취업자		실업자	
			남성	여성		여성 비중		전직 실업자 비중
2017	35,347	21,428	60.6	75.1	47.1	19,938	40.6	1,490	91.5
2018	35,757	21,666	60.6	74.4	47.6	20,291	41.1	1,374	92.9
2019	36,186	22,069	61.0	74.2	48.6	21,156	41.4	913	93.2
2020	36,579	22,417	61.3	74.2	49.2	21,572	41.7	845	93.5
2021	36,963	22,877	61.9	74.8	49.7	22,169	41.6	708	93.8
2022	37,339	22,916	61.4	74.6	48.9	22,139	41.1	777	91.4

※ 1) 경제활동인구 = 취업자 + 실업자

2) 경제활동참가율(%) = $\frac{경제활동인구}{15세 이상 인구} \times 100$

3) 실업률(%) = $\frac{실업자}{경제활동인구} \times 100$

4) 전직실업자란 실업 직전에 직장을 가지고 있었던 실업자를 의미함.

〈보기〉
ㄱ. 2019~2021년 동안 경제활동인구의 전년 대비 증가율은 15세 이상 인구의 전년 대비 증가율보다 매년 더 높다.

ㄴ. 2017년 이후 전직 실업자 수는 매년 감소하고 있다.

ㄷ. 2017년 이후 남성 취업자는 여성 취업자보다 매년 50% 이상 더 많다.

ㄹ. 2021년 실업자 중 직장을 가져본 경험이 없었던 실업자가 차지하는 비중은 2022년에 비해 2.4% 높다.

① ㄱ, ㄴ
② ㄴ, ㄷ
③ ㄷ, ㄹ
④ ㄱ, ㄴ, ㄷ
⑤ ㄴ, ㄷ, ㄹ

15. 다음 〈표〉는 A~E 5개 국가의 조세부담률과 교육비에 관한 자료이다. 이에 대한 〈보기〉의 설명 중 옳지 않은 것을 모두 고르면?

〈표〉 조세부담률 및 교육비

(단위: %, 달러)

국가	조세부담률	GDP 중 유아교육비가 차지하는 비중	인구 1명당 교육비	
			유아교육	초등교육
A	39.0	0.59	3,210	5,579
B	31.2	0.42	4,910	3,329
C	22.7	0.36	6,347	5,913
D	17.2	0.09	3,123	5,075
E	21.8	0.04	1,287	2,838

〈보기〉

ㄱ. C국의 GDP가 D국의 2배라면, C국 인구는 D국의 3배 이상이다.
ㄴ. 조세부담률이 가장 높은 국가가 유아교육비 대비 초등교육비의 비율 역시 가장 높다.
ㄷ. A국의 GDP 중에서 유아교육비와 초등교육비의 합이 차지하는 비중은 1% 이상이다.

① ㄱ
② ㄴ
③ ㄷ
④ ㄱ, ㄴ
⑤ ㄴ, ㄷ

16. 물고기를 잡는 어부 A~D에게 그물(6개)을 나누어 주려고 한다. 다음 〈표〉는 어부가 잡은 물고기 수이고, 〈조건〉에 따라 그물을 나누어 줄 때, 어부 B와 C가 받은 그물 수의 합은?

〈표〉 어부가 잡은 물고기 수

(단위: 마리)

어부	잡은 물고기 수
A	3,000
B	2,500
C	2,700
D	2,800

※ 각 어부는 잡은 물고기를 판매, 소비하지 않고 보관함.

〈조건〉

○ 단계1: 물고기를 가장 많이 보관하고 있는 어부에게 그물 1개를 준다. 단, 그물을 주면서 어부로부터 물고기 400마리를 받는다.
○ 단계2: 전 단계에서 그물을 받은 어부를 제외하고, 세 어부 중 두 번째로 많은 물고기를 보관하고 있는 어부에게 그물을 준다. 단, 그물을 주면서 어부로부터 물고기 400마리를 받는다.
○ 단계3: 모든 그물이 배분될 때까지 단계2를 반복한다.

〈예시〉

구분 \ 어부	A	B	C	D
첫 번째 배분 후	1	0	0	0
두 번째 배분 후	1	0	1	0

① 1개
② 2개
③ 3개
④ 4개
⑤ 5개

17. 다음 〈표〉는 고등학교의 1, 2, 3학년 전체 학생을 대상으로 축구, 야구, 농구에 대한 선호도 조사와 좋아하는 음료를 조사한 결과이다. 이에 대한 〈보기〉의 설명으로 옳은 것을 모두 고르면?

〈표 1〉 전체 학생의 스포츠 선호도

(단위: %, 명)

스포츠＼학년	1학년	2학년	3학년	학생
축구	40.0	30.0	30.0	400
야구	25.0	40.0	35.0	300
농구	45.0	35.0	20.0	300

※ 스포츠에 대한 선호도 조사는 학생 1명당 스포츠 1개만 선택하였으며, 선택하지 않거나 중복하여 선택한 학생은 없다고 가정함.

〈표 2〉 학년별 좋아하는 음료 분포

(단위: %)

음료＼학년	1학년	2학년	3학년
A	40	35	35
B	37	28	40
C	40	65	60
D	50	72	20
E	60	40	40

※ 스포츠 선호도 조사를 했던 모든 학생이 음료 선호도 조사에 참여하였으며, 학생 1명당 1개 이상의 음료를 선택하였음.

─────〈보기〉─────
ㄱ. 농구를 좋아하는 3학년 학생보다 농구를 좋아하는 2학년 학생의 수가 더 많다.
ㄴ. B음료를 좋아하는 1학년 학생보다 B음료를 좋아하는 2학년 학생이 더 많다.
ㄷ. B음료를 좋아하는 2학년 학생 수와 A음료를 좋아하는 3학년 학생 수의 합은 E음료를 좋아하는 1학년 학생 수보다 많다.
ㄹ. E음료를 좋아하는 2학년 학생 수와 B음료를 좋아하는 3학년 학생 수의 합은 D음료를 좋아하는 1학년 학생의 수보다 20% 이상 많다.

① ㄱ, ㄷ
② ㄱ, ㄹ
③ ㄴ, ㄷ
④ ㄴ, ㄹ
⑤ ㄷ, ㄹ

18. 다음 〈그림〉은 연도별 우리나라의 영화시장 관객 추이를 정리한 자료이다. 한국영화는 2004년, 외국영화는 2008년을 기준으로 지수화하였을 때 이에 대한 설명으로 옳지 않은 것은?

〈그림〉 우리나라의 영화시장 관객 추이

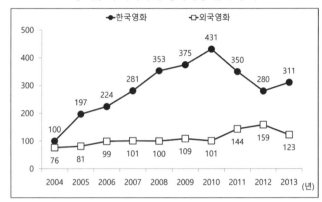

※ 2008년 외국영화 관객 수와 2012년 한국영화 관객 수는 같다고 가정함.

─────〈보기〉─────
ㄱ. 2004년에 비해 2013년 관객 수 증가폭은 외국영화에 비해 한국영화가 더 컸다.
ㄴ. 2004~2013년 동안 우리나라의 영화시장 관객 수가 가장 많았던 연도는 2010년이다.
ㄷ. 2010년 한국영화 관객 수의 전년 대비 증가율은 2011년 외국영화 관객 수의 전년 대비 증가율보다 더 높다.
ㄹ. 2004~2013년 동안 한국영화 관객 수와 외국영화 관객 수의 격차가 가장 적었던 연도는 2004년이다.

① ㄱ, ㄴ
② ㄱ, ㄹ
③ ㄴ, ㄷ
④ ㄱ, ㄷ, ㄹ
⑤ ㄴ, ㄷ, ㄹ

19. 다음 〈표〉는 A국의 주요 수입품목 수입량에서 한국, 중국, 미국이 차지하는 비중을 정리한 자료이다. 이에 대한 설명으로 옳지 않은 것을 고르면?

〈표〉 A국의 주요 수입품목별 한국, 중국, 미국 비중

(단위: %)

품목	국가 \ 연도	2017	2018	2019	2020	2021
수입 전체	한국	18.6	21.0	16.9	23.8	24.9
	중국	23.5	30.4	30.3	34.1	37.2
	미국	6.7	4.4	3.4	2.0	1.3
에너지	한국	1.8	2.0	3.3	4.3	4.2
	중국	43.2	59.0	38.4	37.9	44.6
	미국	0.2	0.1	0.1	0.0	0.0
곡물	한국	52.5	54.6	26.9	58.3	83.8
	중국	16.9	26.3	11.3	24.1	8.4
	미국	0.0	0.0	0.0	0.0	0.0
육류	한국	3.9	3.2	0.2	0.6	0.0
	중국	13.4	86.2	97.1	93.5	97.2
	미국	0.1	0.1	0.1	0.5	0.2
비료	한국	76.7	79.6	86.1	88.3	81.7
	중국	22.2	17.8	12.1	10.6	16.8
	미국	0.0	0.0	0.0	0.0	0.0
기계류	한국	15.7	8.6	12.7	25.7	28.2
	중국	15.6	13.7	22.2	30.1	37.7
	미국	7.9	4.1	3.8	1.6	1.1
전기기기	한국	15.4	13.5	17.6	19.5	23.2
	중국	23.4	33.1	33.5	38.8	46.8
	미국	14.6	9.3	5.3	3.3	1.9
철강	한국	3.2	10.9	2.1	11.5	17.5
	중국	30.4	28.7	39.0	32.8	38.5
	미국	0.5	0.5	0.4	0.2	0.1
기타	한국	54.8	62.2	37.5	55.5	71.6
	중국	21.8	22.6	35.8	28.6	20.6
	미국	5.8	4.4	5.6	1.7	0.9

① 2018~2021년 동안 매년 중국은 전체 수출의 30% 이상을 A국에 수출하였다.

② 2017~2021년 동안 매년 A국은 비료를 한국으로부터 가장 많이 수입하였다.

③ 2021년 기타를 제외한 A국의 주요 수입품목 중 한국, 중국, 미국 3국으로부터 수입한 양이 90% 이상인 품목 수는 3개이다.

④ 기타를 제외하면 2017~2020년 동안 매년 A국의 주요 수입품목 모두 한국으로부터의 수입량이 미국으로부터의 수입량보다 각각 많다.

⑤ 2017년에 비해 2021년에는 A국의 기계류 수입량 중 한국, 중국, 미국 3국이 차지하는 비중의 증가폭은 전기기기 수입량 중 한국, 중국, 미국 3국이 차지하는 비중의 증가폭보다 크다.

20. 다음 〈표〉는 5대 강력사범 접수 및 처리현황에 관한 자료이다. 이에 대한 〈보기〉의 설명 중 옳은 것을 모두 고르면?

〈표 1〉 5대 강력사범 접수 및 처리현황

(단위: 명)

연도	접수	처리					미제
		계	기소		불기소	기타	
			구공판	구약식			
2015	474,036	465,402	23,318	148,138	271,757	22,189	8,634
2016	449,432	441,283	22,826	134,458	262,302	21,697	8,149
2017	461,690	453,420	25,274	129,534	272,848	25,764	8,270
2018	460,889	453,364	26,863	123,161	277,139	26,202	7,525
2019	465,159	456,888	28,083	118,350	281,769	28,686	8,271
2020	415,572	407,165	25,546	104,455	252,085	25,079	8,407
2021	414,878	406,894	24,679	103,581	251,019	27,615	7,984

※ 1) 5대 강력사범 접수 건수는 모두 처리 또는 미제로만 구분됨.

2) 처리율(%) = $\dfrac{처리}{접수} \times 100$

〈표 2〉 5대 강력사범 기소율 추세

(단위: %)

연도	기소율	불기소율
2015	( )	( )
2016	35.6	59.4
2017	34.1	61.8
2018	33.1	61.1
2019	32.1	61.7
2020	31.9	61.9
2021	31.5	61.7

※ 1) 기소율(%) = $\dfrac{기소\ 인원}{처리\ 인원} \times 100$

2) 불기소율(%) = $\dfrac{불기소\ 인원}{처리\ 인원} \times 100$

─〈보기〉─

ㄱ. 2016~2020년 기소율은 매년 전년 대비 감소하고 있다.

ㄴ. 2016년 이후 구공판의 전년 대비 증감방향과 구약식의 전년 대비 증감방향이 동일한 연도에는 미제 건수가 전년 대비 감소하고 있다.

ㄷ. 2016년 이후 5대 강력사범의 기소율과 불기소율의 격차가 가장 컸던 해에 5대 강력사범 접수 인원은 가장 적었다.

ㄹ. 2015년에 비해 2021년 처리율은 감소하였다.

① ㄱ, ㄴ

② ㄱ, ㄷ

③ ㄴ, ㄷ

④ ㄱ, ㄷ, ㄹ

⑤ ㄴ, ㄷ, ㄹ

21. 다음 〈표〉는 12월 15일 현재 어느 축구리그의 중간 성적에 대한 자료이다. 이에 대한 설명 중 옳은 것을 〈보기〉에서 모두 고르면?

〈표〉 12월 15일 현재 중간 성적

순위	팀명	경기	승	무	패	득점	실점	득실차
1	A	16	10	5	1	34	22	12
2	B	16	10	3	3	29	13	16
3	C	16	10	2	4	32	17	15
4	D	16	8	5	3	21	12	9
5	E	16	6	8	2	26	14	12
6	F	16	8	2	6	21	15	6
7	G	16	7	4	5	18	16	2
8	H	16	6	6	4	25	21	4
9	I	16	6	6	4	20	19	1
10	J	16	5	8	3	29	21	8
11	K	16	6	5	5	13	14	−1
12	L	16	5	6	5	21	19	2
13	M	16	5	5	6	16	21	−5
14	N	16	4	4	8	20	31	−11
15	O	16	4	4	8	18	31	−13
16	P	16	4	3	9	18	26	−8
17	Q	16	3	5	8	15	24	−9
18	R	16	3	5	8	18	28	−10
19	S	16	3	3	10	17	30	−13
20	T	16	1	3	12	13	30	−17

※ 1) 승점은 승리(승)할 경우 3점, 무승부(무)일 경우 1점, 패배(패)할 경우에는 0점임.

2) 각 팀은 나머지 모든 팀들과 1번씩 경기를 하며, 팀당 19경기를 하게 됨.

3) 순위는 승점이 높은 팀부터 차례로 결정되며, 승점이 같은 경우 득실차가 많은 팀이 해당 순위보다 하나 더 높은 순위로 결정됨.

4) 시즌 종료 후 18~20위 팀은 2부 리그로 강등됨.

─〈보기〉─

ㄱ. 현재 시점에서 승점이 30점 이상인 팀은 총 4팀이다.

ㄴ. 시즌 종료 후 강등될 가능성이 있는 팀은 전체의 절반을 초과한다.

ㄷ. 현재 시점에서 득실차가 클수록 득점과 실점의 합 역시 크다.

ㄹ. 현재 시점에서 득점이 실점보다 많은 팀의 수는 전체의 50%를 초과한다.

① ㄱ, ㄴ

② ㄱ, ㄹ

③ ㄴ, ㄷ

④ ㄴ, ㄹ

⑤ ㄷ, ㄹ

※ 다음 〈표〉는 정보공개청구 및 처리현황과 청구방법, 정보공개여부결정기간에 대한 자료이다. 다음 물음에 답하시오. [22.~23.]

〈표 1〉 정보공개청구 및 처리현황

(단위: 건)

현황 연도	청구 건수	결정건수				미결정 건수	기타
		소계	전부 공개	부분 공개	비공개		
2013	142,294	139,856	133,074	3,038	3,744	34	2,404
2014	42,497	39,851	32,040	3,184	4,627	27	2,619
2015	47,294	43,984	34,479	4,710	4,795	26	3,284
2016	57,737	52,962	41,864	5,352	5,746	( )	4,715
2017	80,976	72,162	56,705	7,572	7,885	12	8,802

※ 정보공개여부결정은 크게 공개와 비공개로 구분되며, 공개는 다시 전체공개와 부분공개로 나누어짐.

〈표 2〉 정보공개 청구건수 중 정보공개 청구방법 현황

(단위: 건)

방법 연도	직접출석	우편	팩스	정보 통신망	계
2013	128,653	5,417	939	7,285	142,294
2014	26,569	3,792	1,180	10,956	42,497
2015	29,634	5,577	1,654	10,429	47,294
2016	34,034	8,047	2,564	13,092	57,737
2017	41,573	12,570	4,533	22,300	80,976

※ 청구방법은 직접출석, 우편, 팩스, 정보통신망을 통해서만 가능함.

〈표 3〉 정보공개 결정건수의 소요기간 현황

(단위: 건)

기간 연도	당일	2~3일	4~5일	6~10일	11~ 20일	20일 초과	계
2013	123,319	4,046	5,165	6,512	651	163	139,856
2014	17,053	6,984	4,160	9,092	2,168	394	39,851
2015	15,196	8,389	5,034	12,714	2,265	386	43,984
2016	17,953	9,408	6,410	16,604	2,226	361	52,962
2017	18,970	15,944	10,037	23,823	2,931	457	72,162

22. 〈표〉의 내용을 바탕으로 〈보기〉의 ㄱ~ㄷ에 해당하는 값을 바르게 나열한 것은?

〈보기〉

ㄱ. 2014년 정보공개 결정건수 중 3일 이내 결정한 건수가 차지하는 비중

ㄴ. 2013년 전부 공개된 결정건수 중 우편, 팩스 또는 정보통신망을 이용한 청구건수의 최솟값

ㄷ. 2015년 직접출석 또는 정보통신망을 이용한 청구건수 중 결정 건수의 최솟값

	ㄱ	ㄴ	ㄷ
①	10% 초과 20% 이하	4,321	3,921
②	50% 초과 60% 이하	4,321	3,921
③	60% 초과 70% 이하	4,421	3,921
④	50% 초과 60% 이하	4,421	36,753
⑤	60% 초과 70% 이하	4,421	36,753

23. 위 〈표〉에 대한 〈보기〉의 설명 중 옳은 것을 모두 고르면?

〈보기〉

ㄱ. 정보공개 청구건수 중 미결정건수가 가장 많았던 해는 2016년이다.

ㄴ. 정보공개 결정건수 중 소요기간이 당일인 비중은 2017년이 2013년의 절반 이상이다.

ㄷ. 정보공개 결정건수 중 비공개건수가 차지하는 비중이 가장 작은 연도에는 정보공개 청구건수 중 비공개건수가 차지하는 비중이 가장 큰 연도보다 미결정건수의 값이 더 크다.

ㄹ. 2014~2017년 중 정보공개 청구건수의 전년 대비 증가율이 가장 높았던 연도에 정보공개 청구건수 중 직접출석이 차지하는 비중 역시 가장 높았다.

① ㄱ, ㄴ

② ㄱ, ㄷ

③ ㄴ, ㄷ

④ ㄴ, ㄹ

⑤ ㄷ, ㄹ

24. 다음 〈표〉는 출산휴가 및 육아휴직에 관한 통계를 정리한 자료이다. 이에 대한 〈보기〉의 설명 중 옳은 것을 모두 고르면?

〈표 1〉 출산휴가 및 육아휴직 사업장 영향도 평가

(단위: %)

평가내용 \ 평가정도		전혀 그렇지 않다	그렇지 않은 편이다	보통 이다	그런 편이다	매우 그렇다
출산 휴가 사업장 영향도 평가	업무지장	40.2	8.6	10.0	33.2	7.9
	인건비 부담	41.5	17.0	9.4	27.5	4.6
	가임기 여성근로자 기피	65.4	18.2	5.5	9.7	1.2
	여성인력 전반에 대한 기피	77.9	15.0	3.3	3.3	0.5
육아 휴직 사업장 영향도 평가	업무지장	13.8	15.3	16.3	46.8	7.9
	인건비 부담	20.7	20.7	13.3	39.9	5.4
	가임기 여성근로자 기피	58.6	26.1	5.9	7.4	2.0
	여성인력 전반에 대한 기피	76.4	16.7	3.4	3.4	0.1

※ 1) 긍정적 평가는 '그런 편이다'와 '매우 그렇다'라고 응답한 비율의 합임.
　2) 부정적 평가는 '전혀 그렇지 않다'와 '그렇지 않은 편이다'라고 응답한 비율의 합임.

〈표 2〉 출산휴가 제도개선 요구

응답자 수	1,504명
출산휴가 기간 전체 임금보전	49.3%
대체인력 인건비 지원	37.9%
대체인력이나 휴가 후 복귀인력에 대한 재교육 비용 지원	7.8%
대체 인력풀을 보유한 파견회사와 원활한 연결	5.0%

※ 출산휴가 제도개선 요구에 대한 응답은 4가지 요구사항 중 1가지에만 응답하였음.

〈표 3〉 육아휴직 제도개선 요구

응답자 수		1,504명
육아휴직기간	현 수준보다 연장(인상)되어야 한다	10.7%
육아휴직급여		66.4%
생활비 무이자 융자제도		68.8%
육아휴직 장려금		59.2%
대체인력에 대한 인건비 지원	인건비가 지원되어야 한다	87.9%
시간제 육아휴직 제도	도입하는 방안에 대해 찬성한다	51.9%

※ 육아휴직 제도개선 요구에 대한 응답은 복수응답 하였음.

〈보기〉

ㄱ. 출산휴가 사업장 영향도 평가 4가지 항목 중 긍정적 평가가 가장 높은 항목은 '여성인력 전반에 대한 기피'이다.

ㄴ. 육아휴직 제도개선 요구에 대해 육아휴직기간을 '현 수준보다 연장되어야 한다'는 응답자 수는 출산휴가 제도개선 요구에 '대체 인력풀을 보유한 파견회사와 원활한 연결'을 요구하는 응답자 수의 2배 이상이다.

ㄷ. 육아휴직 제도개선 요구에서 '육아휴직 장려금'이 현 수준보다 인상될 것을 요구하면서 출산휴가 제도개선 요구에서 '출산휴가 기간 전체 임금보전'을 요구하는 비율은 120명 이상이다.

① ㄱ
② ㄴ
③ ㄱ, ㄷ
④ ㄴ, ㄷ
⑤ ㄱ, ㄴ, ㄷ

25. 다음 〈표〉는 1985년 이후 5년 단위로 조사한 A국의 매체별 광고비 추이에 관한 자료이다. 이에 대한 〈보기〉의 설명 중 옳은 것을 모두 고르면?

〈표〉 A국의 매체별 광고비 추이

(1985년 각 매체별 광고비＝100)

조사연도 ＼ 매체	신문	잡지	라디오	TV
1990	112	141	122	116
1995	125	161	136	127
2000	145	209	149	130
2005	147	217	147	139
2010	154	232	139	141
2015	146	222	139	142

※ 1) 광고 매체는 신문, 잡지, 라디오, TV만 있는 것으로 가정함.
　 2) 1985년 광고비가 많은 순서는 신문, TV, 잡지, 라디오 순임.

─────────〈보기〉─────────
ㄱ. 2010년 대비 2015년 광고비 총합은 감소하였다.
ㄴ. 2015년 TV 광고비는 1990년 잡지 광고비보다 많다.
ㄷ. 1990년 이후 직전 조사연도에 비해 TV 광고비가 가장 큰 폭으로 증가한 연도는 1995년이다.

① ㄱ
② ㄴ
③ ㄱ, ㄴ
④ ㄱ, ㄷ
⑤ ㄴ, ㄷ

약점 보완 해설집 p.20

| 자료해석영역 |

2교시

응시번호

성명

모의고사
5회

문제책형
Ⓐ

응시자 주의사항

1. **시험시작 전 시험문제를 열람하는 행위나 시험종료 후 답안을 작성하는 행위를 한 사람은** 「공무원 임용시험령」 제51조에 의거 **부정행위자**로 처리됩니다.

2. **답안지 책형 표기는 시험시작 전** 감독관의 지시에 따라 **문제책 앞면에 인쇄된 문제책형을 확인한 후, 답안지 책형란에 해당 책형(1개)을 '●'로 표기하여야 합니다.**

3. 시험이 시작되면 문제를 주의 깊게 읽은 후, **문항의 취지에 가장 적합한 하나의 정답만을 고르며,** 문제내용에 관한 질문은 할 수 없습니다.

4. **답안을 잘못 표기하였을 경우에는** 답안지를 교체하여 작성하거나 **수정할 수 있으며,** 표기한 답안을 수정할 때는 **응시자 본인이 가져온 수정테이프만을 사용**하여 해당 부분을 완전히 지우고 부착된 수정테이프가 떨어지지 않도록 손으로 눌러주어야 합니다. (**수정액 또는 수정스티커 등은 사용 불가**)

5. **시험시간 관리의 책임은 응시자 본인에게 있습니다.**

정답공개 및 해설강의 안내

1. 모바일 자동 채점 및 성적 분석 서비스
   • '약점 보완 해설집'에 회차별로 수록된 QR코드 인식 ▶ 응시 인원 대비 자신의 성적 위치 확인

2. 해설강의 수강 방법
   • 해커스PSAT 사이트(psat.Hackers.com) 접속 후 로그인 ▶ 우측 퀵배너 [쿠폰/수강권등록] 클릭 ▶ 쿠폰번호 입력 후 이용

해커스PSAT

1. 다음 〈표〉는 우리나라 도 지역의 시·군별 고용률 상·하위 (1~5위) 지역 현황에 대한 자료이다. 이에 대한 설명으로 옳은 것을 〈보기〉에서 모두 고르면?

〈표 1〉 시·군별 고용률 상·하위(1~5위) 지역 현황

(단위: %)

지역	순위	상위 지역	고용률	순위	하위 지역	고용률
시 (77개)	1	제주 서귀포시	69.7	1	경기 동두천시	53.2
	2	충남 당진시	66.9	2	경기 과천시	53.4
	3	전북 남원시	65.6	3	강원 춘천시	53.5
	4	경북 영천시	64.9	4	강원 속초시	53.6
	5	경기 이천시	64.7	5	전북 전주시	53.6
군 (79개)	1	경북 울릉군	81.7	1	경기 양평군	56.1
	2	전남 신안군	76.1	2	경기 연천군	57.0
	3	전북 장수군	74.6	3	강원 홍천군	60.2
	4	충남 태안군	74.5	4	전남 화순군	60.9
	5	전남 고흥군	74.3	5	경남 함안군	60.9

〈표 2〉 도 지역별 고용률 최상·하위 지역

(단위: %)

도	시·군 개수	최상위 지역	고용률	최하위 지역	고용률
경기	31	이천시	64.7	동두천시	53.2
강원	18	인제군	70.2	춘천시	53.5
충북	12	음성군	70.3	청주시	57.6
충남	16	태안군	74.5	천안시	59.6
전북	14	장수군	74.6	전주시	53.6
전남	22	신안군	76.1	목포시	55.2
경북	23	울릉군	81.7	경산시	56.8
경남	18	의령군	72.0	창원시	58.3
제주	2	서귀포시	69.7	제주시	64.2

※ 시 지역과 군 지역은 각각 도 지역에 소속된 지역임.

〈보기〉

ㄱ. 시 지역 고용률 상위 5개 지역은 해당 도 지역에서의 고용률 역시 최상위이다.

ㄴ. 고용률 최상위 지역과 최하위 지역의 격차가 가장 큰 도는 경북이다.

ㄷ. 경기도에서 고용률이 세 번째로 낮은 지역은 양평군이다.

① ㄱ
② ㄴ
③ ㄷ
④ ㄱ, ㄴ
⑤ ㄱ, ㄷ

2. 다음 〈표〉는 우리나라 15~19대 국회 입법안 통과 현황에 관한 자료이다. 이에 대한 〈보기〉의 설명 중 옳은 것을 모두 고르면?

〈표〉 우리나라 15~19대 국회의 입법안 통과 현황

회기 구분	15대	16대	17대	18대	19대
전체건수(건)	633	129	489	379	938
의원발의법률안(%)	24.3	3.9	41.3	55.7	60.8
정부제출법률안(%)	75.7	96.1	58.7	44.3	39.2
가결건수(건)	544	100	340	222	492
의원발의법률안(%)	15.4	3.0	24.4	29.7	34.8
정부제출법률안(%)	84.6	97.0	75.6	70.3	65.2
부결건수(건)	46	29	85	92	181
의원발의법률안(%)	82.6	76.9	94.1	96.7	93.9
정부제출법률안(%)	17.4	23.1	5.9	3.3	6.1
폐기건수(건)	43	0	64	65	265
의원발의법률안(%)	74.4	0.0	60.9	86.2	86.4
정부제출법률안(%)	25.6	0.0	39.1	13.8	13.6

〈보기〉

ㄱ. 15~19대 국회 중 정부제출법률안 가결건수가 가장 많은 국회는 16대이다.

ㄴ. 17대 국회이후 의원발의법률안 부결건수는 지속적으로 증가하였다.

ㄷ. 17~19대 법률안 전체 건수 중 가결건수가 차지하는 비중은 55%미만이다.

ㄹ. 15~19대 국회 중 법률안 전체건수 중 폐기건수가 차지하는 비중이 가장 높은 회기에 의원발의법률안 가결건수가 가장 많다.

① ㄱ, ㄴ
② ㄱ, ㄷ
③ ㄴ, ㄹ
④ ㄱ, ㄴ, ㄹ
⑤ ㄴ, ㄷ, ㄹ

3. 다음 〈그림〉은 2024년 상반기 화장품 판매량 지수를 나타낸 자료이다. 이에 대한 설명으로 옳지 않은 것을 〈보기〉에서 모두 고르면?

〈그림〉 2024년 상반기 화장품 판매량 지수

(A상품 = 100)

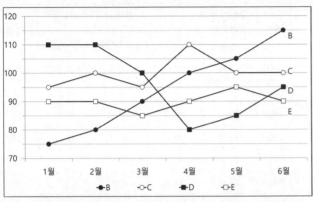

※ 1) B~E의 화장품 판매량은 월별 A의 판매량을 기준으로 나타낸 것임.
　2) 2024년도 화장품은 A~E 5개 상품만 존재한다고 가정함.

─〈보기〉─

ㄱ. B의 판매량 순위는 1월에 가장 낮았으나 1~6월 동안 판매량이 지속적으로 증가하여 6월에는 순위가 가장 높았다.

ㄴ. 2024년 1월과 2월의 D화장품 판매량이 동일하다면, 2월 화장품 판매량이 전월 대비 증가한 상품은 총 2개이다.

ㄷ. 2024년 1~6월 중 C의 판매량이 가장 많은 달에는 D의 판매량이 가장 적었다.

ㄹ. 2024년 2월과 4월에는 화장품의 월별 판매량 중 A가 차지하는 비중이 같다.

① ㄱ, ㄴ
② ㄱ, ㄷ
③ ㄴ, ㄷ
④ ㄴ, ㄹ
⑤ ㄷ, ㄹ

4. 다음 〈표〉는 A지역 국회의원 선거에서 투표한 사람을 대상으로 하여 성별·연령대별 누적 투표율을 정리한 자료이고, 〈그림〉은 각 후보자에 대한 성별·연령대별 득표율을 정리한 자료이다. 이에 대한 설명으로 옳은 것을 〈보기〉에서 모두 고르면?

〈표〉 성별·연령대별 누적 투표율

(단위: %)

연령대 성별	20대 이하	30대 이하	40대 이하	50대 이하	전체
남	10.5	24.8	44.6	72.5	100.0
여	15.3	28.6	40.5	88.6	100.0

〈그림 1〉 남성의 연령대별 후보자간 득표율

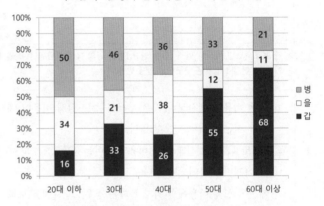

〈그림 2〉 여성의 연령대별 후보자간 득표율

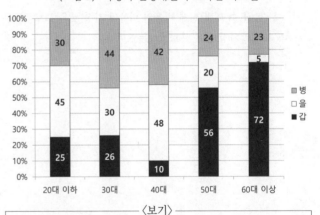

─〈보기〉─

ㄱ. 30대 이하 투표자 수는 50대 투표자 수보다 적었다.

ㄴ. '갑'에 투표한 사람과 '을'에 투표한 사람의 격차는 30대 남자 투표자가 40대 남자 투표자보다 작다.

ㄷ. '병' 후보자에게 투표한 여자 투표자 수는 20대 이하가 30대보다 더 많았다.

① ㄱ
② ㄴ
③ ㄷ
④ ㄱ, ㄴ
⑤ ㄴ, ㄷ

5. 다음 〈그림〉은 프로젝트 A~J의 팀원 수와 연간 실제 비용을 나타낸 것이다. 이에 대한 설명으로 옳은 것을 〈보기〉에서 모두 고르면?

〈표〉 각 프로젝트별 실제 비용과 팀원 수

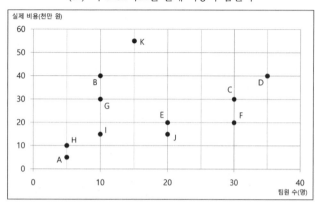

※ 각 프로젝트별 예산은 팀원 1인당 연간 1천만 원의 급여와 팀원 수에 관계없이 팀당 연간 1억 원을 연구비로 할당 받음.

〈보기〉
ㄱ. 실제 비용이 예산보다 많은 부서의 수는 실제 비용이 예산보다 적은 부서의 수보다 많다.
ㄴ. F프로젝트의 예산과 실제 비용의 차이는 K프로젝트의 예산과 실제비용 차이보다 작다.
ㄷ. 예산이 실제 비용에 미치지 못하는 경우, 그 차액을 보조금으로 추가 지급한다면 총보조금 액수는 6억 원이다.
ㄹ. 팀원 수 대비 실제 비용의 비율이 가장 낮은 프로젝트는 F이고 가장 높은 프로젝트는 K이다.

① ㄱ, ㄴ
② ㄱ, ㄹ
③ ㄴ, ㄷ
④ ㄴ, ㄹ
⑤ ㄷ, ㄹ

6. 다음 〈표〉는 1970년부터 2050년까지 인구와 부양비의 추이 및 전망에 대한 자료이다. 이에 대한 〈보기〉의 설명 중 옳지 않은 것을 모두 고르면?

〈표〉 연령별 분포추이

(단위: %)

연도	생산가능연령인구비중	부양비			노령화지수
		총부양비	유년부양비	노년부양비	
1970	54.4	83.8	78.1	5.7	7.29
1980	62.2	60.8	54.7	6.1	11.18
1990	69.3	44.3	36.9	7.4	19.92
2000	71.7	39.5	29.4	10.0	34.12
2010	72.9	37.3	22.2	15.1	67.90
2020	72.0	38.9	17.2	21.7	125.81
2030	64.4	55.4	17.7	37.7	213.16
2040	57.2	74.8	18.0	56.8	315.53
2050	53.0	88.9	16.8	72.1	429.21

※ 1) 유년부양비(%)는 생산가능연령인구 중 유소년인구가 차지하는 비중임.
2) 노년부양비(%)는 생산가능연령인구 중 노년인구가 차지하는 비중임.
3) 총부양비는 유년부양비와 노년부양비의 합임.
4) 노령화지수(%)는 노년인구 대비 유소년인구의 비율임.
5) 전체 인구는 유소년인구, 생산가능연령인구, 노년인구의 합이며, 생산가능연령인구비중은 전체 인구에서 생산가능연령인구가 차지하는 비중을 의미함.

〈보기〉
ㄱ. 생산가능연령인구 비중은 2010년 이전에는 매조사연도마다 증가하였으나 2020년 이후에는 매조사연도마다 감소할 것으로 예상된다.
ㄴ. 1970년 대비 1980년 전체 인구에서 유소년 인구가 차지하는 비중은 감소하였으나 전체 인구에서 노년인구가 차지하는 비중은 증가하였다.
ㄷ. 2060년 이후 인구 수와 무관하게 총부양비는 100%를 넘을 수 없다.

① ㄱ
② ㄴ
③ ㄷ
④ ㄱ, ㄴ
⑤ ㄱ, ㄷ

7. 다음 〈표〉는 A유치원의 연령대별 아동의 귀가시간을 정리한 자료이다. 이에 대한 〈보기〉의 설명 중 옳은 것을 모두 고르면?

〈표〉 연령대별 아동의 귀가시간 현황

(단위: 명, %)

귀가 시간대 \ 연령대	2세 미만		2세 이상 3세 미만		3세 이상 5세 미만		전체	
	인원	비중	인원	비중	인원	비중	인원	비중
15:01~15:30	1	2.0	3	2.9	112	13.0	116	11.4
15:31~16:00	2	4.0	9	8.7	108	12.3	119	11.6
16:01~16:30	2	4.0	10	9.6	86	9.9	98	9.6
16:31~17:00	7	14.0	15	14.4	119	13.7	141	13.8
17:01~17:30	7	14.0	8	7.7	117	13.5	132	12.9
17:31~18:00	11	22.0	20	19.2	103	11.9	134	13.1
18:01~18:30	5	10.0	17	16.3	87	10.0	109	10.7
18:31~19:00	2	4.0	8	7.7	69	8.0	79	7.7
19:01~19:30	11	22.0	13	12.5	53	6.1	77	7.5
19:31~20:00	2	4.0	1	1.0	14	1.6	17	1.7
총계	50	100.0	104	100.0	868	100.0	1,022	100.0

〈보기〉

ㄱ. 3세 이상~5세 미만인 아동 중 17:01 이후에 귀가하는 아동은 17:00 이전에 귀가하는 아동보다 많다.

ㄴ. 귀가 시간대가 18:01 이후인 아동 중 3세 이상~5세 미만 아동이 차지하는 비중은 85% 이상이다.

ㄷ. 연령대가 높아질수록 18:00 이전에 귀가하는 비율은 증가한다.

ㄹ. 각 귀가시간대별로 볼 때, 전체 아동 중 3세 이상 5세 미만 아동이 차지하는 비중이 가장 높은 시간대는 15:30 이전이다.

① ㄱ, ㄷ
② ㄱ, ㄹ
③ ㄴ, ㄷ
④ ㄱ, ㄷ, ㄹ
⑤ ㄴ, ㄷ, ㄹ

8. 다음 〈표〉는 2018년에 설립된 A학원의 2019~2022년 유형별 프리패스 등록원생 및 환불원생 현황 자료이다. 이에 대한 〈보기〉의 설명 중 옳은 것을 모두 고르면?

〈표〉 A학원 프리패스 등록 및 환불 현황

(단위: 명)

영역 \ 유형	연도	2019	2020	2021	2022
국어	등록원생수	495	525	550	565
	신규등록수	205	220	( )	220
	환불원생수	175	190	180	205
수학	등록원생수	265	275	( )	315
	신규등록수	215	205	180	190
	환불원생수	175	195	165	165
영어	등록원생수	305	335	365	395
	신규등록수	355	( )	195	( )
	환불원생수	50	155	( )	155
한국사	등록원생수	195	205	( )	235
	신규등록수	160	155	160	( )
	환불원생수	150	145	148	147
탐구	등록원생수	165	170	175	180
	신규등록수	185	151	( )	152
	환불원생수	20	( )	160	147
전체 등록원생수		1,425	( )	1,597	1,690

※ 1) A학원의 영역은 국어, 수학, 영어, 한국사, 탐구로만 구분됨.
   2) 당해연도 등록원생수 = 직전연도 등록원생수 + 당해연도 신규등록원생수 − 당해연도 환불원생수
   3) 등록원생수가 0인 경우는 개강을 하지 않았음을 의미함.

〈보기〉

ㄱ. 2018년에 개강을 하지 않은 영역은 탐구와 영어이다.

ㄴ. 2019~2022년 동안 전체 등록원생수는 전년 대비 매년 증가하고 있다.

ㄷ. 2019~2022년 중 국어 환불원생수가 가장 많은 연도에는 탐구 환불원생수가 가장 적었다.

ㄹ. 2022년 등록원생수 대비 환불원생수의 비율이 가장 큰 영역은 탐구이다.

① ㄱ, ㄴ
② ㄱ, ㄷ
③ ㄴ, ㄹ
④ ㄱ, ㄴ, ㄹ
⑤ ㄴ, ㄷ, ㄹ

5회 해커스PSAT 7급 PSAT 김용훈 자료해석 실전동형모의고사

9. 다음 〈표〉는 법인세 부과세액 현황 및 법인규모별 분석에 관한 자료이다. 이에 관한 〈보기〉의 설명 중 옳지 않은 것을 모두 고르면?

〈표 1〉 법인의 법인세 부과세액 현황

(단위: 천 개, 조 원)

연도 구분	2017	2018	2019	2020	2021	2022
법인 수	303	317	333	353	372	398
과세표준	101.7	101.8	127.0	133.1	147.8	181.6
부과세액	22.3	21.6	26.7	26.6	29.9	37.3

〈표 2〉 법인세 납부액 순위 상위 50% 법인의 구성원 및 부과세액

(단위: 명, 조 원, %)

연도 구분	2017	2018	2019	2020	2021	2022
법인 구성원 수	1,511	1,652	1,815	1,883	2,008	2,182
부과세액	16.2	15.0	19.5	19.0	21.3	27.4
비율	72.6	69.9	73.0	71.5	71.2	73.5

※ 비율은 전체 법인 부과세액 중 법인세 납부액 상위 50% 법인의 부과세액이 차지하는 비중을 의미함.

─── 〈보기〉 ───

ㄱ. 2018년 이후 법인 1개당 부과세액이 증가하는 해는 전년 대비 과세표준도 증가한다.

ㄴ. 2017년 이후 전체 법인 구성원 수는 매년 증가하고 있다.

ㄷ. 법인세 납부액 상위 50% 법인의 구성원 1인당 부과세액은 2017년에 비해 2022년에 감소하였다.

ㄹ. 2017~2022년 중 법인세 납부액 상위 50% 법인과 하위 50% 법인의 부과세액 격차가 가장 적었던 연도는 2018년이다.

① ㄱ, ㄷ

② ㄱ, ㄹ

③ ㄴ, ㄷ

④ ㄴ, ㄹ

⑤ ㄷ, ㄹ

10. 다음 〈표〉와 〈그림〉은 2021년 4사분기를 기준으로 제조업 주요 산업별 고용계수 및 생산 – 고용 상관관계를 정리한 자료이다. 이에 대한 〈보기〉의 설명 중 옳지 않은 것을 모두 고르면?

〈표〉 2021년 4분기 제조업 주요 산업별 생산액, 고용인원, 고용계수

(단위: 십억 원, 천 명)

구분 산업	생산액	고용규모	고용계수
반도체	37,890	146	3.9
자동차	45,769	195	4.3
철강	39,270	104	2.7
석유화학	76,812	145	1.9
섬유의복	38,152	425	11.1
제조업 전체	479,733	2,508	5.2

※ 고용계수는 사업체 생산액 대비 고용규모의 비율을 의미함.

〈그림〉 2021년 분기별 생산과 고용의 상관계수

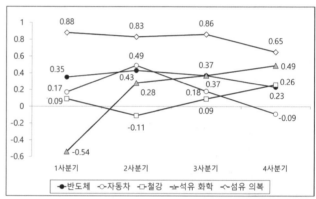

※ 1) 생산과 고용의 상관계수는 생산액과 고용규모 간 상관관계를 의미하며, 산업별 생산액의 분기별 증가율과 산업별 고용규모의 분기별 증가율을 통해 산정하였음.
2) 상관계수는 1에 가까울수록 양(+)의 상관관계가 더 커짐을 의미하고, 0은 상관관계 없음을 의미하며, –1에 가까울수록 음(–)의 상관관계가 더 커짐을 의미함.

─── 〈보기〉 ───

ㄱ. 〈표〉에 제시된 주요 산업 5가지 중 고용규모가 큰 산업일수록 고용계수 역시 크다.

ㄴ. 2사분기에 비해 3사분기의 섬유의복 산업은 생산액과 고용규모 간에 더 큰 양(+)의 상관관계가 있다.

ㄷ. 철강 산업은 1사분기에 비해 2사분기에 생산액은 증가했으나 고용규모는 감소한 것으로 나타났다.

ㄹ. 2021년 생산과 고용의 상관계수는 매분기마다 섬유의복 산업에 비해 반도체 산업이 더 낮았다.

① ㄱ, ㄴ   ② ㄱ, ㄷ   ③ ㄴ, ㄷ

④ ㄴ, ㄹ   ⑤ ㄷ, ㄹ

11. 다음 〈그림〉 및 〈표〉는 중국의 수출액 및 수입에 관한 자료이다. 이에 대한 〈보기〉의 설명 중 옳지 않은 것을 모두 고르면?

〈그림〉 분기별 중국의 수출액 증가율 추이

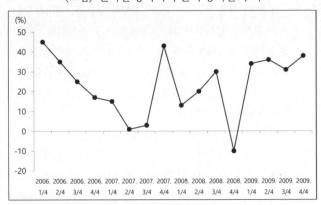

※ 중국의 수출액 증가율은 전기 대비 증가율을 나타냄.

〈표〉 중국의 주요 5개 국가별 수입액 추이

(단위: 억 달러, %)

연도 국가	2006		2007		2008		2009	
	수입액	증가율	수입액	증가율	수입액	증가율	수입액	증가율
총수입	2,251.0	35.8	2,435.7	8.2	2,953.0	21.2	4,131.0	39.9
일본	415.2	22.9	428.1	3.1	534.9	24.9	742.0	38.7
대만	255.0	30.5	273.4	7.2	380.8	39.3	493.6	29.6
한국	232.1	34.7	234.0	0.8	285.8	22.2	431.6	51.0
미국	223.7	14.8	262.0	17.2	272.3	3.9	338.8	24.4
홍콩	94.3	36.8	94.2	-0.1	107.9	14.5	111.4	3.3

※ 수입액 증가율은 전년 대비 증가율을 의미함.

〈보기〉

ㄱ. 2006년 중국의 수출액은 매분기 감소하고 있다.

ㄴ. 2006년부터 2009년까지 일본, 대만, 한국, 미국의 대 중국 수출액은 각각 매년 증가하고 있다.

ㄷ. 2009년 중국 총수입액 중 한국으로부터의 수입액이 차지하는 비중은 전년 대비 증가하였다.

① ㄱ

② ㄴ

③ ㄷ

④ ㄱ, ㄴ

⑤ ㄱ, ㄷ

12. 제조업을 운영하는 '갑'회사는 원료산지와 시장 사이에 새로운 제품 공장을 짓고자 한다. 공장 부지로는 A~D지역이 고려되고 있으며, 이에 대한 참고자료로 〈그림〉과 〈표〉가 주어질 때 다음 설명 중 옳지 않은 것을 고르면?

〈그림〉 공장부지의 원료산지 및 시장과의 거리

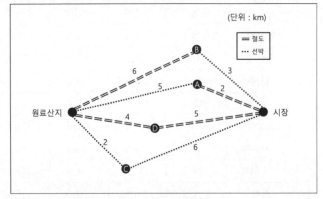

※ 수송수단은 철도와 선박 두 가지만 존재함.

〈표〉 수송수단별 원료 및 제품의 단위당 수송비

(단위: 원)

구분	원료	제품
선박	70	100
철도	50	90

※ 1) 선박수송의 단위당 수송비는 원료(제품) 1kg을 1km 수송하는 데 소요되는 비용을 의미함.
2) 철도수송의 단위당 수송비는 원료(제품) 1kg을 1km 수송하는 데 소요되는 비용을 의미함.
3) 단위당 총수송비 = 단위당 원료 수송비 + 단위당 제품 수송비

① 단위당 총수송비가 가장 적은 지역은 A이며, 가장 많은 지역은 C지역이다.

② B지역과 시장 사이에 철도가 개통되어 수송수단이 변경된다면 단위당 총수송비는 기존에 비해 5% 감소한다.

③ 단위당 원료 수송비가 가장 많은 지역은 단위당 제품 수송비가 가장 적고, 단위당 원료 수송비가 가장 적은 지역은 단위당 제품 수송비가 가장 많다.

④ 철도 운송 시 원료 및 제품 1kg을 1km 수송하는 데 소요되는 비용이 10% 인상된다면, 단위당 총수송비는 D지역이 C지역보다 많다.

⑤ 제품 1kg을 생산할 때 필요한 원료가 3kg이라면, 제품 100kg을 D지역에서 생산하는 경우 총수송비는 100,000원 이상이다.

13. 다음 〈표〉는 A국의 가공단계별 교역구조에 관한 자료이다. 이에 대한 〈보기〉의 설명 중 옳지 않은 것을 모두 고르면?

〈표〉 A국의 가공단계별 교역구조

(단위: %)

구분		2022년		2023년	
		수입량	수출량	수입량	수출량
원자재		8.7	7.3	11.8	2.9
중간재		61.7	29.1	60.9	35.7
	반제품	46.1	23.9	31.5	20.7
	부분품	15.6	5.2	29.4	15.0
최종재		28.1	62.5	27.0	60.4
	자본재	25.1	14.8	22.1	22.2
	소비재	3.0	47.7	4.9	38.2
기타		1.5	1.1	0.3	1.0
계		100.0	100.0	100.0	100.0

※ 1) 무역량 = 수출량 + 수입량
　2) 무역수지 = 수출량 - 수입량

〈보기〉

ㄱ. 2023년은 2022년에 비해 원자재 수입량은 증가하였으나 수출량은 감소하였다.

ㄴ. 2023년 수입량 중 중간재에서 반제품이 차지하는 비중은 전년 대비 감소하였다.

ㄷ. 2022년에 비해 2023년에 전체 수입량이 20% 증가하였다면, 자본재 수입량은 감소한다.

ㄹ. 2023년 무역량 대비 수출량의 비율이 60%라면, 중간재는 무역수지 적자였다.

① ㄱ, ㄷ
② ㄱ, ㄹ
③ ㄴ, ㄷ
④ ㄱ, ㄷ, ㄹ
⑤ ㄴ, ㄷ, ㄹ

14. 다음은 우리나라의 청소년 안전 현황에 대한 〈보고서〉의 일부이다. 〈보고서〉의 내용과 일치하지 않는 자료는?

〈보고서〉

2023년 교통사고로 인한 25세 이하 사상자는 80,385명으로 전체 교통사고 사상자 346,556명의 20% 이상이다. 연령대별로 보면 21~25세가 차지하는 비중이 9.8%로 가장 높았고 성별로는 남자의 비율이 14.1%로 여자 9.1%보다 5.0%p 높은 것으로 나타난다. 2023년 25세 이하 교통사고 사상자는 전년 대비 감소하였으며 연령별 구체적으로 보면 21~25세가 5.0% 감소하였지만, 15~20세는 5.4% 증가하였다.

2023년 아동학대 신고건수는 8,903건이고, 그 중 아동학대 사례는 5,202건으로 나타난다. 2019년과 비교하면 신고건수는 4,111건에서 8,903건으로, 아동학대 사례는 2,478건에서 5,202건으로 각각 2배 이상 증가하였다. 2023년 아동학대사례의 발생유형별로는 방임이 2,035건으로 가장 높으며, 중복학대를 제외하면 그 다음으로는 정서학대(604건), 신체학대(439건), 성학대(249건), 유기(76건) 순으로 나타났다.

2023년 청소년 범죄자의 범행동기는 기타나 미상을 제외하면 '우발적' 27.3%, '호기심' 13.0%, '부주의' 12.1%, '이욕' 3.5% 순으로 나타났고, 형법범의 경우는 '우발적' 38.7%, '호기심' 17.5%, '이욕' 5.0%, '부주의' 0.7% 순으로 나타났다. 또한, 폭력 피해를 경험한 청소년 중 욕설/협박 피해를 경험한 비율이 가장 높았으며, 이는 금품갈취와 집단따돌림을 당한 비율의 합보다도 높았다. 폭행을 경험한 적이 전혀 없는 청소년은 90% 이상으로 다른 피해 유형에 비해 가장 높았다.

① 2023년 청소년의 폭력 피해 경험 빈도

(단위: %)

구분	경험이 있다	1년에 1~2회	1월에 1~2회	1주에 1~2회	주3회 이상	전혀 없다	무응답
욕설/협박	14.2	8.7	2.3	1.3	1.9	85.7	0.1
폭행	7.6	5.0	1.1	0.6	0.9	92.3	0.2
금품갈취	8.8	6.1	1.6	0.6	0.6	91.0	0.1
집단따돌림	3.1	1.8	0.4	0.3	0.6	96.7	0.2

② 아동학대 사례 발생유형

(단위: 건)

연도	계	피해아동 성별		발생유형					
		남자	여자	신체학대	정서학대	성학대	방임	유기	중복학대
2019	2,478	1,332	1,146	254	184	65	814	212	949
2020	2,921	1,461	1,460	347	207	134	965	113	1,155
2021	3,891	1,964	1,927	364	350	177	1,367	125	1,508
2022	4,633	2,353	2,280	423	512	206	1,635	147	1,710
2023	5,202	2,641	2,561	439	604	249	2,035	76	1,799

③ 청소년범죄자의 범행동기

(단위: %)

구분		계	이욕	호기심	우발적	부주의	기타	미상
연도	2021	100.0	3.5	9.0	29.3	15.6	37.8	4.8
	2022	100.0	3.7	10.9	29.7	12.3	36.5	6.9
	2023	100.0	3.5	13.0	27.3	12.1	36.4	7.7
종류	형법범	100.0	5.0	17.5	38.7	0.7	31.6	6.5
	특별법범	100.0	0.9	5.2	7.8	31.7	44.6	9.8

④ 아동학대 신고건수 현황

(단위: 건)

구분 / 연도	아동학대 신고건수	일반상담	아동학대 의심사례				
			소계	아동학대 사례 응급아동학대사례	단순아동학대사례	잠재위험사례	일반사례
2019	4,111	1,165	2,946	310	2,168	298	170
2020	4,983	1,447	3,536	411	2,510	343	272
2021	6,998	2,118	4,880	592	3,299	434	555
2022	8,000	2,239	5,761	605	4,028	427	701
2023	8,903	2,451	6,452	591	4,611	397	853

⑤ 전체 및 청소년 교통사고 사상자 현황

(단위: 명, %)

구분		2022년	2023년	구성비	증감률	사망자	부상자
전체		348,609	346,556	100.0	-0.6	6,327	340,229
청소년 성별	남자 (25세 이하)	49,395	48,860	14.1	-1.1	661	48,199
	여자 (25세 이하)	33,089	31,525	9.1	-4.7	256	31,269
연령대별	6세 이하	12,684	8,915	2.6	-29.7	125	8,790
	7~14세	12,914	15,241	4.4	18.0	151	15,090
	15~20세	21,041	22,180	6.4	5.4	289	21,891
	21~25세	35,845	34,049	9.8	-5.0	356	33,693

※ 사상자는 사망자와 부상자의 합으로 구성됨.

15. 다음 〈표〉는 은행채 발행 내역을 정리한 자료이다. 이에 대한 〈보기〉의 설명 중 옳은 것을 모두 고르면?

〈표〉 은행채 발행 내역

(단위: 건, 억 원)

구분		시중은행	지방은행	합계
2021년	건수	271	40	311
	금액	264,371	23,971	288,342
2022년	건수	166	24	190
	금액	246,750	21,870	268,620
2022년 1~9월	건수	134	16	150
	금액	194,229	16,980	211,209
2023년 1~9월	건수	172	16	188
	금액	188,775	11,201	199,975

〈보기〉

ㄱ. 2022년 대비 2023년 시중은행의 은행채 발행건수는 증가하였다.

ㄴ. 2022년 은행채 발행 1건당 금액은 시중은행과 지방은행 각각 전년 대비 증가하였다.

ㄷ. 2023년 10~12월 동안 시중은행의 월별 은행채 발행 금액이 당해연도 1~9월까지의 월평균 은행채 발행 금액을 유지한다면 2023년 시중은행의 은행채 발행금액은 전년 대비 증가할 것이다.

① ㄱ
② ㄴ
③ ㄱ, ㄴ
④ ㄱ, ㄷ
⑤ ㄱ, ㄴ, ㄷ

16. 다음 〈표〉는 우리나라의 무인도서와 관련된 자료이다. 이에 대한 설명으로 옳지 않은 것은?

〈표 1〉 지역별 무인도서 분포 현황

(단위: 개, km²)

구분 / 지역	도서개수	도서면적
부산	76	6.64
인천	112	6.11
울산	8	0.09
경기	54	0.83
강원	32	0.26
충남	224	12.54
전북	83	2.64
전남	1,688	45.92
경북	43	0.13
경남	346	11.84
제주	55	1.65

〈표 2〉 면적별 유·무인도서 현황

(단위: 개)

종류 / 면적	무인도서	유인도서
0.001km² 이하	410	0
0.001km² 이상 ~0.01km² 미만	1,192	0
0.01km² 이상 ~0.1km² 미만	935	49
0.1km² 이상 ~1.0km² 미만	180	219
1.0km² 이상 ~10.0km² 미만	4	151
10.0km² 이상	0	47

※ 우리나라의 유·무인도서는 바다가 접해있는 광역시 또는 도에 한함.

① 우리나라의 무인도서는 2,500개 이상이 있으며 유인도서에 비해 5배 이상 많다.

② 전국의 무인도서 중 절반 이상이 전남에 존재하고 있으며 그 면적은 충남과 경남, 제주를 합친 면적보다도 크다.

③ 무인도서의 절반 이상은 그 면적이 0.01km² 미만이며, 도서면적이 10km² 이상인 무인도서는 없다.

④ 도서면적이 0.01km² 미만인 도서에서는 사람이 살지 않으며, 도서면적이 0.01km² 이상~0.1km² 미만인 도서의 전체면적은 도서면적이 0.1km² 이상~1.0km² 미만인 도서의 전체면적보다 넓다.

⑤ 무인도서 한 개당 평균 면적은 인천이 경남보다 크다.

17. 다음 〈표〉는 A팀과 B팀 간 쿼터별 농구 점수기록 및 세부현황을 정리한 것이다. 이에 대한 설명으로 옳은 것을 〈보기〉에서 모두 고르면?

〈표 1〉 A와 B팀 간 쿼터별 농구 점수기록

(단위: 점)

구분＼쿼터	1쿼터	2쿼터	3쿼터	4쿼터	점수
A팀	22	20	( )	28	( )
B팀	( )	26	20	( )	88

〈표 2〉 A와 B팀 간 쿼터별 농구 기록현황

(단위: 회)

구분＼쿼터		1쿼터	2쿼터	3쿼터	4쿼터	계
A팀	2점슛	6/8	3/4	( )	9/10	28/34
	3점슛	3/4	4/7	2/5	3/4	( )
	자유투	( )	2/3	3/3	1/2	7/12
B팀	2점슛	7/9	7/10	8/12	5/8	27/39
	3점슛	2/5	3/4	1/4	( )	8/17
	자유투	3/5	3/4	1/3	3/5	( )

※ 1) 'a/b'에서 a는 슛 성공 횟수이고, b는 슛 시도횟수를 의미함. 예를 들어 A팀은 1쿼터에서 2점 슛을 8번 시도하여 6번 성공시켰음.
2) 자유투는 1점임.
3) 4쿼터까지 마치고 난 최종 점수가 높은 팀이 승리함.

─〈보기〉─

ㄱ. 2쿼터 종료 시에는 B팀이 앞섰으나 3쿼터 종료 시에는 A팀이 앞섰다.

ㄴ. A팀과 B팀의 3점 슛 성공률이 가장 낮았던 쿼터는 동일하다.

ㄷ. 4쿼터까지 마치고 난 A팀과 B팀의 최종 점수 격차는 15점 이상이다.

ㄹ. A팀이 자유투를 모두 실패했다고 하더라도 승패에는 영향을 미치지 않는다.

① ㄱ, ㄴ
② ㄱ, ㄷ
③ ㄴ, ㄹ
④ ㄱ, ㄴ, ㄹ
⑤ ㄴ, ㄷ, ㄹ

18. 다음 〈그림〉은 증권시장에 상장된 6개 기업의 주주수와 상장 주식수를 나타낸 것이다. 이에 대한 설명 중 옳지 않은 것은?

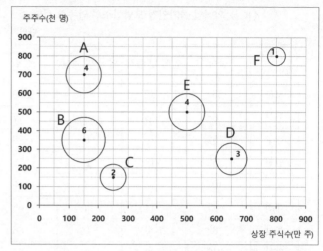

〈그림 1〉 2013년 각 기업의 주주수와 상장 주식수

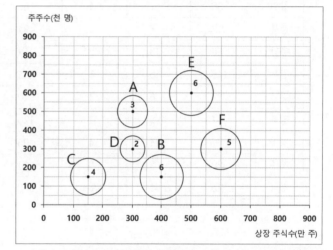

〈그림 2〉 2023년 각 기업의 주주수와 상장 주식수

※ 1) 원의 중심 좌표는 각각 해당 기업의 주주수와 상장 주식수를 나타내고, 원 내부값은 시가총액(조원)을 의미하며, 원의 면적은 시가총액에 비례함.
2) 시가총액 = 1주당 시가 × 상장 주식수
3) 주식가치 = $\dfrac{\text{시가총액}}{\text{주주수}}$

① 주주 1명당 상장 주식수가 가장 적은 기업은 2013년과 2023년 모두 동일하다.

② 2023년 주주 1명당 상장 주식수가 서로 동일한 기업은 1주당 시가 대비 주식가치 비율도 동일하다.

③ 2023년 1주당 시가가 높은 기업은 주식가치도 높다.

④ C보다 주주수, 상장 주식수, 시가총액이 모두 많은 기업의 수는 2013년과 2023년이 동일하다.

⑤ A기업의 주식가치 대비 B기업의 주식가치는 2023년이 2013년보다 크다.

19. 다음 〈표〉는 지역별 물가안정 모범업소 현황을 업종별로 세분화하여 정리한 자료이다. 이에 대한 설명으로 옳지 않은 것을 고르면?

〈표 1〉 외식업 물가안정 모범업소의 업종별 현황

(단위: 개소)

업종＼지역	한식	일식 및 중식	양식 및 기타	소계
서울	257	67	32	356
부산	68	8	1	77
대구	52	28	0	80
인천	52	18	8	78
광주	107	15	8	130
대전	47	14	4	65
울산	33	3	0	36
경기	119	22	2	143
강원	58	7	1	66
충북	82	8	4	94
충남	56	13	2	71
전북	148	15	8	171
전남	33	6	1	40
경북	97	22	1	120
경남	77	14	4	95
제주	29	2	0	31
전국	1,315	262	76	1,653

〈표 2〉 개인서비스업 물가안정 모범업소의 업종별 현황

(단위: 개소)

업종＼지역	세탁업 및 미용업	목욕업 및 숙박업	기타 서비스업	소계
서울	193	19	31	243
부산	5	2	0	7
대구	74	1	0	75
인천	34	1	0	35
광주	62	16	7	85
대전	23	6	0	29
울산	28	0	0	28
경기	84	10	0	94
강원	18	1	2	21
충북	26	3	0	29
충남	19	3	0	22
전북	54	4	1	59
전남	18	10	0	28
경북	30	8	1	39
경남	28	10	0	38
제주	11	1	0	12
전국	707	95	42	844

※ 물가안정 모범업소는 외식업과 개인서비스업에 한정하여 조사함.

① 물가안정 모범업소 중 외식업이 차지하는 비중이 전국보다 낮은 지역은 모두 6개이다.

② 외식업 물가안정 모범업소와 개인서비스업 물가안정 모범업소의 합은 대전이 충남보다 많다.

③ 서울을 제외하고 개인서비스업 물가안정 모범업소 중 '세탁업 및 미용업'과 '목욕업 및 숙박업'의 합이 차지하는 비중은 모든 지역에서 각각 90% 이상이다.

④ 외식업 물가안정 모범업소 중 '한식' 업종이 차지하는 비중은 울산이 가장 높다.

⑤ 충청권역(대전+충남+충북)의 물가안정 모범업소에서 대전이 차지하는 비중은 영남권역(부산+울산+경남)의 물가안정 모범업소에서 부산이 차지하는 비중보다 크다.

※ 다음 〈표〉는 2022년과 2023년 12월 제조업과 비제조업의 R&D 투자현황에 대한 자료이다. 다음 물음에 답하시오. [20.~21.]

〈표 1〉 2022년 12월 제조업 R&D 투자현황

(단위: 억 원)

구분 업종	연구분야				개발분야			
	11월	12월			11월	12월		
	월말 잔액	실행액	회수액	월말 잔액	월말 잔액	실행액	회수액	월말 잔액
제조업	3,605	699	216	4,088	5,876	1,058	1,167	5,767
음식료품	9	0	1	8	40	0	0	40
섬유·의복	5	10	0	15	62	12	0	74
제재·지류	7	0	0	7	0	0	0	0
화학	636	0	31	605	862	102	42	922
A	43	0	0	43	111	0	−33	144
B	26	0	0	26	40	0	27	13
C	1,638	135	110	1,663	1,614	187	362	1,439
D	810	438	20	1,228	1,973	171	452	1,692
기타	431	116	54	493	1,174	586	317	1,443
비제조업	1,087	86	236	937	266	97	64	299
합계	4,692	785	452	5,025	6,142	1,155	1,231	6,066

〈표 2〉 2023년 12월 제조업 R&D 투자현황

(단위: 억 원)

구분 업종	연구분야				개발분야			
	11월	12월			11월	12월		
	월말 잔액	실행액	회수액	월말 잔액	월말 잔액	실행액	회수액	월말 잔액
제조업	4,167	578	615	4,130	6,208	1,282	1,110	6,380
음식료품	6	0	0	6	40	96	0	136
섬유·의복	43	0	0	43	197	0	0	197
제재·지류	8	0	0	8	0	0	0	0
화학	494	0	12	482	897	273	155	1,015
A	54	26	16	64	79	17	1	95
B	143	10	5	148	40	0	0	40
C	1,374	68	141	1,301	1,575	217	425	1,367
D	1,413	130	197	1,346	2,002	361	273	2,090
기타	632	344	244	732	1,378	318	256	1,440
비제조업	1,481	110	113	1,478	462	272	31	703
합계	5,648	688	728	5,608	6,670	1,554	1,141	7,083

※ 1) R&D 투자는 연구분야 투자와 개발분야 투자로 이루어짐.
　　2) 당월말잔액 = 전월말잔액 + 당월실행액 − 당월회수액

20. 위 〈표〉에 대한 설명으로 옳지 않은 것을 〈보기〉에서 모두 고르면?

〈보기〉
ㄱ. 기타를 제외하고 12월의 제조업 R&D 투자 실행액보다 회수액이 더 많았던 하위 업종은 2022년과 2023년이 동일하다.
ㄴ. 기타를 제외하고 2022년 12월의 전월말 대비 제조업 R&D 투자 잔액이 가장 많이 증가한 제조업 하위 업종은 2023년 12월말 잔액 대비 회수액의 비율은 10% 이상이다.
ㄷ. 2023년 12월 제조업 R&D 투자에서 실행액 중 제조업이 차지하는 비중과 비제조업이 차지하는 비중의 차이는 60%p 이상이다.

① ㄱ　　　　② ㄴ　　　　③ ㄱ, ㄴ
④ ㄱ, ㄷ　　　⑤ ㄴ, ㄷ

21. 위 〈표〉와 〈정보〉의 내용을 근거로 2023년 A~D의 연구분야 실행액 대비 회수액 비율이 가장 작은 업종과 가장 큰 업종을 바르게 나열한 것은?

〈정보〉
○ 2022년 연구 분야의 11월말 잔액과 12월말 잔액의 변동이 없는 업종은 제재·지류, 비금속, 금속이다.
○ 2022년 12월말 잔액의 화학과 기계장비 업종의 개발 분야 합은 통신·방송 개발 분야와 1,000억 원 미만 차이가 난다.
○ 2023년 제조업 개발 분야의 12월말 잔액 중 통신·방송이 차지하는 비중은 20% 이상이다.
○ 2023년 12월말 R&D 투자 잔액의 전월말 대비 증가율은 비금속이 금속보다 높다.

	가장 작은 업종	가장 큰 업종
①	비금속	기계장비
②	비금속	통신·방송
③	금속	기계장비
④	금속	비금속
⑤	기계장비	통신·방송

22. 다음 〈표〉는 유형별 가구당 자산 보유액과 소득분위별 가구당 자산 보유액에 관한 자료이다. 이를 이용하여 작성한 그래프로 옳지 않은 것을 고르면?

〈표 1〉 유형별 가구당 자산 보유액

(단위: 만 원, %)

구분	금융자산				실물자산			
	소계	저축액		전·월세보증금	소계	부동산		기타실물자산
		적립식	예치식			거주주택	거주주택이외	
2013년	8,273	3,455	2,455	2,363	23,861	11,770	10,285	1,806
2014년	8,428	3,652	2,441	2,335	24,432	12,351	10,275	1,806

〈표 2〉 소득분위별 가구당 자산 보유액

(단위: 만 원, %)

구분	평균	1분위	2분위	3분위	4분위	5분위
2013년	32,685	10,034	18,056	24,422	35,758	75,153
2014년	33,363	10,722	18,931	25,115	36,447	75,599

① 2013년 유형별 가구당 자산 보유액의 구성비

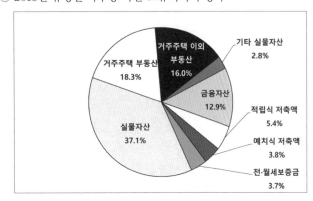

② 유형별 가구당 자산 보유액

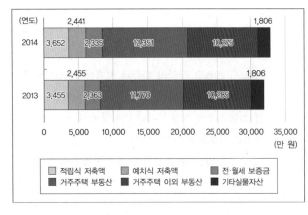

③ 소득분위별 가구당 자산 보유액의 구성비

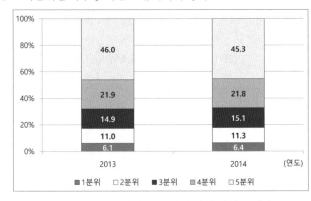

④ 2014년 유형별 가구당 자산 보유액의 전년 대비 증감율

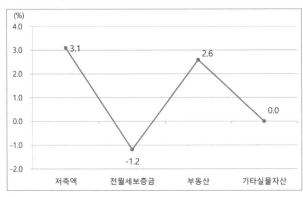

⑤ 2014년 소득 분위별 가구당 자산 보유액의 전년 대비 증가폭

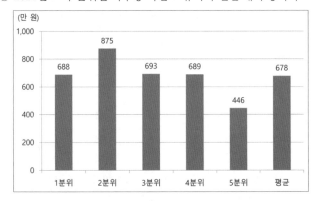

23. 다음 〈표〉는 우리나라의 내국인 및 외국인의 경제활동 현황을 정리한 자료이다. 이에 대한 설명으로 옳지 않은 것을 고르면?

〈표〉 우리나라의 내국인 및 외국인의 경제활동 현황

(단위: 천 명, %)

구분	15세 이상 인구	경제활동 인구	취업자	실업자	비경제활동 인구	경제활동 참가율	고용률	실업률
내국인	42,453	26,762	25,811	951	15,691	( )	( )	3.6
남자	20,764	15,445	( )	( )	5,319	( )	71.8	3.4
구성비	48.9	57.7	57.8	( )	33.9	–	–	–
여자	21,689	11,317	( )	( )	10,372	( )	50.2	3.7
구성비	51.1	42.3	42.2	( )	66.1	–	–	–
외국인	1,256	896	852	44	360	71.4	67.9	( )
남자	701	( )	568	( )	( )	84.4	81.0	4.1
구성비	55.8	( )	66.6	54.8	30.4	–	–	–
여자	554	( )	284	( )	( )	54.8	51.3	6.5
구성비	44.2	( )	33.4	45.2	69.6	–	–	–

※ 1) 경제활동 참가율(%) = $\frac{경제활동인구}{15세\ 이상\ 인구} \times 100$

　2) 고용률(%) = $\frac{취업자}{15세\ 이상\ 인구} \times 100$

　3) 실업률(%) = $\frac{실업자}{경제활동인구} \times 100$

① 외국인의 전체 실업률은 5.5% 이상이다.

② 내국인의 경제활동 참가율은 고용률보다 높다.

③ 내국인 중 남자 실업자는 여자 실업자보다 많다.

④ 내국인 중 남자와 여자의 경제활동참가율 차이는 10%p 이상이다.

⑤ 외국인 경제활동 인구의 남녀 차이는 15세 이상 인구의 남녀 차이보다 크다.

24. 다음 〈표〉와 그림은 A국의 20세 이상 인구의 음주현황을 나타낸 자료이다. 이에 대한 설명으로 옳은 것을 고르면?

〈표〉 20세 이상 인구의 지역별 음주 여부 및 음주량

(단위: %)

구분	음주 안함	끊었음	한적 없음	음주함	음주량 1병 미만	음주량 1병 이상 2병 미만	음주량 2병 이상 3병 미만	음주량 3병 이상
2013	64.5	15.2	84.8	35.5	34.9	55.2	7.2	2.7
도시	65.0	15.1	84.9	35.0	35.9	54.7	6.8	2.6
농촌	64.0	15.3	84.7	36.0	33.9	55.7	7.6	2.8
2014	70.8	20.7	79.3	29.2	40.5	50.7	6.0	2.8
도시	70.7	20.6	79.4	29.3	40.6	50.6	6.1	2.7
농촌	71.3	21.2	78.8	28.7	40.0	51.2	5.5	3.3

〈그림〉 20세 이상 인구의 음주 여부에 따른 자신의 건강평가

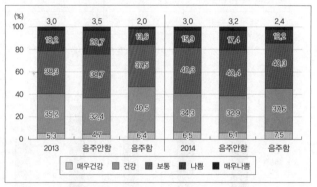

※ 자신의 건강평가가 '매우건강+건강'하다는 비율이 높을수록 낙관적으로 보고 있음.

① 2014년 20세 이상의 인구 중에서 음주를 '한적 없음'이라고 응답한 사람의 비중은 전년 대비 감소하였다.

② 2013년 20세 이상 인구 중 자신의 건강평가를 나쁨이라고 평가한 인구 수는 20세 이상 인구 중 음주를 한다고 응답한 농촌 인구 수보다 많다.

③ 2014년 20세 이상 인구 중 음주량이 1병 이상~2병 미만인 사람의 비율은 50% 이상이다.

④ 2013년 20세 이상 인구 중 '음주안함'이라고 응답한 사람은 '음주함'이라고 응답한 사람보다 자신의 건강 상태를 낙관적으로 보고 있다.

⑤ 2014년 20세 이상 인구는 도시보다 농촌이 더 많다.

25. 다음 〈표〉는 기자 201명을 대상으로 월별 MVP 투표 결과를
　　정리한 것이다. 〈정보〉와 같은 방법으로 투표를 진행했을 때
　　이에 대한 설명으로 옳지 않은 것을 고르면?

〈정보〉

○ 1단계: 기자 201명을 대상으로 투표한 결과 가장 적은 표를
　　　　　획득한 1명만 탈락시킨다.
○ 2단계: 1단계 결과에서 탈락하지 않고 남은 2명을 대상으로
　　　　　기자 201명이 재투표하여 더 많은 표를 획득한 1명
　　　　　을 MVP로 선정한다.
○ 1단계와 2단계의 기자들은 동일하였고 아무도 선택하지 않
　　거나 무효표는 없었다.
○ MVP 후보는 매달 A, B, C 3명뿐이다.

〈표〉 1단계 투표 결과

구분＼시기	7월	8월	9월	10월	11월
1위와 2위 격차(%p)	13.0	17.0	4.0	1.0	5.0
3위 득표수(표)	42	26	40	50	50
2단계 진출자	A, B	B, C	A, C	A, C	B, C

〈그림〉 2단계 투표의 득표율

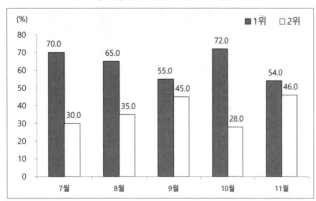

① 1단계 투표 2위와 3위의 득표수 차이가 가장 적었던 달은 11
　　월이다.
② 7월의 MVP가 A인 경우 1단계와 2단계에서 얻은 총득표수는
　　201표 이상이다.
③ 1단계 투표 결과 1위의 표가 가장 많았던 달은 7월이다.
④ 7월에 C가 획득한 전체 득표수는 50표 미만이다.
⑤ 10월과 11월의 MVP가 획득한 2단계 득표수의 차이는 36표이다.

약점 보완 해설집 p.26

해커스PSAT 7급 PSAT 김용훈 자료해석 실전동형모의고사 (1회)

컴퓨터용 흑색사인펜만 사용

책형

[필적감정용 기재]
*아래 예시문을 옮겨 적으시오
본인은 OOO(응시자성명)임을 확인함

기 재 란

성 명	본인 성명 기재
자필성명	
시험장소	

응시번호

0	1	2	3	4	5	6	7	8	9
0	1	2	3	4	5	6	7	8	9
0	1	2	3	4	5	6	7	8	9
0	1	2	3	4	5	6	7	8	9
0	1	2	3	4	5	6	7	8	9
0	1	2	3	4	5	6	7	8	9
					5	6	7		

생년월일

0	1	2	3	4	5	6	7	8	9
0	1	2	3						
0	1	2	3	4	5	6	7	8	9
0	1								
0	1	2	3	4	5	6	7	8	9

※시험감독관 서명
(성명을 정자로 기재할 것)

감독관 확인란

자료해석영역(1~10번)

1	①	②	③	④	⑤
2	①	②	③	④	⑤
3	①	②	③	④	⑤
4	①	②	③	④	⑤
5	①	②	③	④	⑤
6	①	②	③	④	⑤
7	①	②	③	④	⑤
8	①	②	③	④	⑤
9	①	②	③	④	⑤
10	①	②	③	④	⑤

자료해석영역(11~20번)

11	①	②	③	④	⑤
12	①	②	③	④	⑤
13	①	②	③	④	⑤
14	①	②	③	④	⑤
15	①	②	③	④	⑤
16	①	②	③	④	⑤
17	①	②	③	④	⑤
18	①	②	③	④	⑤
19	①	②	③	④	⑤
20	①	②	③	④	⑤

자료해석영역(21~25번)

21	①	②	③	④	⑤
22	①	②	③	④	⑤
23	①	②	③	④	⑤
24	①	②	③	④	⑤
25	①	②	③	④	⑤

해커스PSAT 7급 PSAT 김용훈 자료해석 실전동형모의고사 (2회)

컴퓨터용 흑색사인펜만 사용

※ 시험감독관 서명
(성명을 정자로 기재할 것)

감독관 확인란 사용

성 명	
자필성명	본인 성명 기재
시험장소	

책형	[필적감정용 기재]
	*아래 예시문을 옮겨 적으시오
	본인은 OOO(응시자성명)임을 확인함
	기 재 란

생년월일

응시번호

자료해석영역(1~10번)

	①	②	③	④	⑤
1	①	②	③	④	⑤
2	①	②	③	④	⑤
3	①	②	③	④	⑤
4	①	②	③	④	⑤
5	①	②	③	④	⑤
6	①	②	③	④	⑤
7	①	②	③	④	⑤
8	①	②	③	④	⑤
9	①	②	③	④	⑤
10	①	②	③	④	⑤

자료해석영역(11~20번)

	①	②	③	④	⑤
11	①	②	③	④	⑤
12	①	②	③	④	⑤
13	①	②	③	④	⑤
14	①	②	③	④	⑤
15	①	②	③	④	⑤
16	①	②	③	④	⑤
17	①	②	③	④	⑤
18	①	②	③	④	⑤
19	①	②	③	④	⑤
20	①	②	③	④	⑤

자료해석영역(21~25번)

	①	②	③	④	⑤
21	①	②	③	④	⑤
22	①	②	③	④	⑤
23	①	②	③	④	⑤
24	①	②	③	④	⑤
25	①	②	③	④	⑤

절취선

해커스PSAT 7급 PSAT 김용훈 자료해석 실전동형모의고사 (3회)

컴퓨터용 흑색사인펜만 사용

성명	
자필성명	본인 성명 기재
시험장소	

[필적감정용 기재]
*아래 예시문을 옮겨 적으시오
본인은 OOO(응시자성명)임을 확인함

기 재 란

책형	

※ 시험감독관 서명
(성명을 정자로 기재할 것)

결시 확인란
감독관 사용

응시번호

| 0 1 2 3 4 5 6 7 8 9 |
| 0 1 2 3 4 5 6 7 8 9 |
| 0 1 2 3 4 5 6 7 8 9 |
| 0 1 2 3 4 5 6 7 8 9 |
| 0 1 2 3 4 5 6 7 8 9 |
| 0 1 2 3 4 5 6 7 8 9 |
| 5 6 7 |

생년월일

| 0 1 2 3 4 5 6 7 8 9 |
| 0 1 2 3 |
| 0 1 2 3 4 5 6 7 8 9 |
| 0 1 |
| 0 1 2 3 4 5 6 7 8 9 |
| 0 1 2 3 4 5 6 7 8 9 |

자료해석영역(1~10번)

1	① ② ③ ④ ⑤
2	① ② ③ ④ ⑤
3	① ② ③ ④ ⑤
4	① ② ③ ④ ⑤
5	① ② ③ ④ ⑤
6	① ② ③ ④ ⑤
7	① ② ③ ④ ⑤
8	① ② ③ ④ ⑤
9	① ② ③ ④ ⑤
10	① ② ③ ④ ⑤

자료해석영역(11~20번)

11	① ② ③ ④ ⑤
12	① ② ③ ④ ⑤
13	① ② ③ ④ ⑤
14	① ② ③ ④ ⑤
15	① ② ③ ④ ⑤
16	① ② ③ ④ ⑤
17	① ② ③ ④ ⑤
18	① ② ③ ④ ⑤
19	① ② ③ ④ ⑤
20	① ② ③ ④ ⑤

자료해석영역(21~25번)

21	① ② ③ ④ ⑤
22	① ② ③ ④ ⑤
23	① ② ③ ④ ⑤
24	① ② ③ ④ ⑤
25	① ② ③ ④ ⑤

해커스PSAT 7급 PSAT 김용훈 자료해석 실전동형모의고사 (4회)

컴퓨터용 흑색사인펜만 사용

성 명	본인 성명 기재
자필성명	
시험장소	

[필적감정용 기재]
*아래 예시문을 옮겨 적으시오

본인은 OOO(응시자성명)임을 확인함

기 재 란

책형

※시험감독관 서명
(성명을 정자로 기재할 것)

좌석 통제번호 사용

생 년 월 일

응 시 번 호

자료해석영역(1~10번)

1	①	②	③	④	⑤
2	①	②	③	④	⑤
3	①	②	③	④	⑤
4	①	②	③	④	⑤
5	①	②	③	④	⑤
6	①	②	③	④	⑤
7	①	②	③	④	⑤
8	①	②	③	④	⑤
9	①	②	③	④	⑤
10	①	②	③	④	⑤

자료해석영역(11~20번)

11	①	②	③	④	⑤
12	①	②	③	④	⑤
13	①	②	③	④	⑤
14	①	②	③	④	⑤
15	①	②	③	④	⑤
16	①	②	③	④	⑤
17	①	②	③	④	⑤
18	①	②	③	④	⑤
19	①	②	③	④	⑤
20	①	②	③	④	⑤

자료해석영역(21~25번)

21	①	②	③	④	⑤
22	①	②	③	④	⑤
23	①	②	③	④	⑤
24	①	②	③	④	⑤
25	①	②	③	④	⑤

해커스PSAT 7급 PSAT 김용훈 자료해석 실전동형모의고사 (5회)

컴퓨터용 흑색사인펜만 사용

책형

[필적감정용 기재]
*아래 예시문을 옮겨 적으시오

본인은 OOO(응시자성명)임을 확인함

기 재 란

성 명	
자필성명	본인 성명 기재
시험장소	

※시험감독관 서명
(성명을 정자로 기재할 것)

감독관 확인용

응시번호							
⓪	⓪	⓪	⓪	⓪	⓪	⓪	
①	①	①	①	①	①	①	
②	②	②	②	②	②	②	
③	③	③	③	③	③	③	
④	④	④	④	④	④	④	
⑤	⑤	⑤	⑤	⑤	⑤	⑤	⑤
⑥	⑥	⑥	⑥	⑥	⑥	⑥	⑥
⑦	⑦	⑦	⑦	⑦	⑦	⑦	⑦
⑧	⑧	⑧	⑧	⑧	⑧		
⑨	⑨	⑨	⑨	⑨	⑨		

생년월일				
⓪		⓪	⓪	⓪
①		①	①	①
②	②	②	②	②
③	③	③	③	③
④		④		④
⑤		⑤		⑤
⑥		⑥		⑥
⑦		⑦		⑦
⑧		⑧		⑧
⑨		⑨		⑨

자료해석영역(1~10번)

	①	②	③	④	⑤
1	①	②	③	④	⑤
2	①	②	③	④	⑤
3	①	②	③	④	⑤
4	①	②	③	④	⑤
5	①	②	③	④	⑤
6	①	②	③	④	⑤
7	①	②	③	④	⑤
8	①	②	③	④	⑤
9	①	②	③	④	⑤
10	①	②	③	④	⑤

자료해석영역(11~20번)

	①	②	③	④	⑤
11	①	②	③	④	⑤
12	①	②	③	④	⑤
13	①	②	③	④	⑤
14	①	②	③	④	⑤
15	①	②	③	④	⑤
16	①	②	③	④	⑤
17	①	②	③	④	⑤
18	①	②	③	④	⑤
19	①	②	③	④	⑤
20	①	②	③	④	⑤

자료해석영역(21~25번)

	①	②	③	④	⑤
21	①	②	③	④	⑤
22	①	②	③	④	⑤
23	①	②	③	④	⑤
24	①	②	③	④	⑤
25	①	②	③	④	⑤

해커스PSAT
7급 PSAT
김용훈 자료해석
실전동형모의고사

초판 1쇄 발행 2024년 6월 14일

지은이	김용훈
펴낸곳	해커스패스
펴낸이	해커스PSAT 출판팀
주소	서울특별시 강남구 강남대로 428 해커스PSAT
고객센터	1588-4055
교재 관련 문의	gosi@hackerspass.com
	해커스PSAT 사이트(psat.Hackers.com) 1:1 문의 게시판
학원 강의 및 동영상강의	psat.Hackers.com
ISBN	979-11-7244-144-9 (13320)
Serial Number	01-01-01

PSAT 교육 1위,
해커스PSAT psat.Hackers.com

해커스PSAT

· 해커스PSAT 학원 및 인강(교재 내 인강 할인쿠폰 수록)

공무원 교육 1위,
해커스공무원 gosi.Hackers.com

해커스공무원

· 내 점수와 석차를 확인하는 **모바일 자동 채점 및 성적 분석 서비스**
· **공무원특강**, 1:1 맞춤 컨설팅, 합격수기 등 공무원 시험 합격을 위한 다양한 무료 콘텐츠

한경비즈니스 2024 한국품질만족도 교육(온·오프라인 PSAT학원) 1위
한경비즈니스 2024 한국품질만족도 교육(온·오프라인 공무원학원) 1위

해커스PSAT
7급 PSAT
김용훈 자료해석 실전동형모의고사

약점 보완 해설집

해커스PSAT

해커스PSAT

7급 PSAT
김용훈 자료해석 실전동형모의고사

약점 보완 해설집

해커스PSAT

정답

p.20

1	③	분수 비교형	6	③	평균 개념형	11	④	각주 판단형	16	⑤	각주 판단형	21	②	분수 비교형
2	②	최소여집합형	7	⑤	분수 비교형	12	③	분수 비교형	17	①	분수 비교형	22	③	표-차트 변환형
3	⑤	분수 비교형	8	④	분수 비교형	13	④	조건 판단형	18	④	빈칸형	23	⑤	분수 비교형
4	②	분수 비교형	9	③	각주 판단형	14	②	각주 판단형	19	①	분수 비교형	24	①	평균 개념형
5	⑤	분수 비교형	10	③	매칭형	15	④	단순 판단형	20	⑤	분수 비교형	25	①	조건 판단형

취약 유형 분석표

유형별로 맞힌 문제 개수와 정답률, 틀린 문제 번호, 풀지 못한 문제 번호를 적고 나서 취약한 유형이 무엇인지 파악해 보세요.

유형		맞힌 문제 개수	정답률	틀린 문제 번호	풀지 못한 문제 번호
자료비교	곱셈 비교형	–	–		
	분수 비교형	/12	%		
	반대해석형	–	–		
자료판단	단순 판단형	/1	%		
	매칭형	/1	%		
	빈칸형	/1	%		
	각주 판단형	/4	%		
	조건 판단형	/2	%		
자료검토·변환	보고서 검토·확인형	–	–		
	표-차트 변환형	/1	%		
자료이해	평균 개념형	/2	%		
	분산·물방울형	–	–		
	최소여집합형	/1	%		
TOTAL		/25	%		

해설

1 분수 비교형
정답 ③

ㄱ. (○) 가구당 농가소득에서 농업소득이 차지하는 비중은 1980년 $\frac{64}{244}$, 1990년 $\frac{122}{572}$이다. 244에 비해 572는 2배 이상 증가하였으나, 64에 비하여 122는 2배 미만 증가하였다. 따라서 1990년에는 1980년에 비해 감소하였다.

ㄴ. (○) 가구당 사람 수는 $\frac{\text{가구당 소득}}{\text{1인당 소득}}$이다. 1970년 농가 가구의 사람 수는 6명 이상($\frac{106}{17}$), 비농가 가구의 사람 수는 6명 미만($\frac{135}{30}$)이다. 따라서 가구당 사람 수는 농가 가구가 비농가 가구보다 많다.

ㄷ. (×) 가구당 비농가소득은 1980년 319에서 1990년 737로 418 증가하였지만 1990년 737에서 2000년 1,136으로 399 증가하였다. 따라서 가구당 비농가소득의 증가폭이 조사연도마다 지속적으로 증가하고 있지는 않다.

2 최소여집합형
정답 ②

ㄱ. (○) 여성 근로자 중 비임금근로자가 차지하는 비중은 $\frac{2,298}{7,323} > 30\%$이고 여성 비임금근로자 중 프리랜서가 차지하는 비중은 $\frac{172}{2,298} < 10\%$이다. 전자와 후자의 차이는 20%p 이상이다.

ㄴ. (×) 40대는 1,965 − 109 = 1,856명이지만 50대는 1,622 − 120 = 1,502명으로 감소하였다.

ㄷ. (○) A지역 남성 프리랜서는 307명이고 40대 미만은 148 + 50 + 6 = 204명이다. 따라서 40대 미만 프리랜서 204명 모두 남성이라 하더라도 307 − 204 = 103명은 적어도 40세 이상이 된다.

ㄹ. (×) 임금근로자 수와 비임금근로자 수의 차이는 대졸 이상이 2,640명으로 가장 크지만 비율은 중졸 이하가 16.1%p로 대졸 이상보다 더 크다.

> ✏️ **문제 풀이 팁!**
> ㄴ. 40대에 비해 50대는 비임금근로자가 감소하였지만 프리랜서는 증가하였다.

3 분수 비교형
정답 ⑤

① (×) 외산 담배 = 총 판매량 − 국산 담배 판매량이므로 2021년 9,869, 2022년 15,501, 2023년 19,470, 2024년 22,540으로 매년 증가하였으나 전년 대비 증가폭은 감소하고 있으므로 증가율은 감소하고 있다.

② (×) 인구 = $\frac{\text{전체 출고량}}{\text{1인당 출고량}}$이다. 2024년에는 2023년에 비해 전체 출고량은 증가하고 1인당 출고량은 감소하였으므로 인구는 증가하였다.

③ (×) 1인당 주류 출고량은 2023년에는 2022년에 비해 증가하고 있다. 따라서 매년 감소한 것은 아니다.

④ (×) 2024년 외산 담배 판매량은 약 22,000백만 개비이고, 판매금액은 1,900십억 원이었다. 따라서 유효숫자만 보면 외산 담배는 $\frac{19}{22}$, 국산 담배는 $\frac{51}{74}$이다. 따라서 담배 한 개비당 판매금액은 외산이 국산보다 높다.

⑤ (○) 전체 출고량 중 맥주의 출고량이 차지하는 비중은 매년 60% 이상이다.

4 분수 비교형
정답 ②

ㄱ. (×) <표 1>의 2010년 기준이므로 각 기업구분을 연도별로 비교할 수는 있지만 동일연도의 기업구분 간 비교는 불가능하다. 따라서 판단할 수 없는 보기이다.

ㄴ. (○) 평균임금은 임시직이 2011년 106.5에서 2020년 96.5 수준으로 감소한 반면 상용직은 2011년 105.5에서 2020년 100.2 수준으로 감소하였으므로 2011년 대비 2020년 평균임금의 감소율은 임시직이 상용직보다 더 크다.

ㄷ. (×) 광주의 2010년 51대 기업 외 상용직 평균임금을 100이라 가정하면 2020년은 2010년의 80% 수준이므로 2020년은 80이 되며, 2020년 인천의 51대 기업 외 상용직 평균임금은 80 × 60% = 48이 된다. 이는 2010년 인천의 51대 기업 외 상용직 평균임금의 1.33배($≒\frac{4}{3}$)이므로, 2010년 인천의 51대 기업 외 상용직 평균임금은 36이 된다. 따라서 100 < 36 × 3이므로 3배 미만이다.

5 분수 비교형
정답 ⑤

ㄱ. (○) 1995년 이전 조사기간마다 고등학교 취업률은 전문대학과 4년제 대학 취업률 중 더 낮은 항목의 비율보다도 낮았으므로 고등학교 취업률은 대학교 취업률에 비해 낮았다.

ㄴ. (×) 일반계 고등학교의 여성 취업률은 1970년 33.5%에서 2015년 18.5%로 감소하였으므로 틀린 선택지이다.

ㄷ. (×) 전문대학 전체 취업률이 전문대학 여성 취업률보다 높기 때문에 전문대학 남성 취업률은 여성 취업률보다 매 조사연도마다 항상 높았지만, 각 연도별로 남성과 여성 전문대학 인원수를 알 수 없으므로 남성 취업자 수가 여성 취업자 수보다 많았는지는 판단할 수 없다.

6 평균 개념형
정답 ③

전체 희망 비율과 남성 희망 비율의 차이는 2%p, 여성 희망 비율과의 차이는 8%p이므로 전체와의 차이와 개별 항목의 가중치는 반비례한다는 점을 이용하면 설문조사에 참여한 응답자 수의 비율은 남성 : 여성 = 8 : 2이 된다. 따라서 설문 참여자는 남성 8,000명, 여성 2,000명이며 이에 희망 응답자의 비율을 곱해주면 성형수술 희망자는 남성 2,400명, 여성 800명이 된다.

구분	남성	여성
설문참여자	8,000명	2,000명
성형희망자	2,400명	800명

① (○) 여성 성형희망자 800명에 비하여 남성 성형희망자는 2,400명으로 3배 많다.

② (○) 설문조사에 참여한 남성응답자는 8,000명으로 여성응답자 2,000명보다 4배(300%) 많았다.

③ (×) 성형수술을 희망하는 여성 중 눈 성형을 희망하는 여성은 52%이다. 그리고 성형수술을 희망하는 여성 중 코 성형을 희망하는 여성이 85%이므로 코 성형을 희망하지 않는 여성의 비율은 15%이다. 따라서 성형수술을 희망하는 여성 중 눈 성형을 희망하는 여성응답자이면서 동시에 코 성형을 희망하는 사람이 차지하는 최소한의 비율은 37%이다. 따라서 눈 성형을 희망하는 여성응답자 중 코 성형을 또한 희망하는 최소한의 비율은 $\frac{37}{52} \times 100$로 70% 이상이 된다.

④ (O) 지방흡입을 희망하는 남성응답자 수는 2,400 × 25% = 600명이고, 코 성형을 희망하는 여성응답자 수는 800 × 85% = 680명이다. 따라서 전자는 후자보다 적다.

⑤ (O) 눈 성형을 희망하는 남성응답자 수는 2,400 × 40% = 960명이므로, 전체 설문대상 10,000명 중 9.6%를 차지한다.

7 분수 비교형
정답 ⑤

ㄱ. (O) 생산량 중 11위 이하의 비중은 39.2%이므로 상위 10개 국가의 생산량 비중은 60.8%이다. 그리고 상위 3개 국가의 생산 비중의 합은 33%였으므로 그 중 절반 이상은 상위 3개 국가에 의한 것이라 할 수 있다.

ㄴ. (O) 수입량 상위 10개 국가 중 생산량보다 수입량이 확실히 많다고 판단할 수 있는 국가는 미국, 일본, 인도 3개 국가이다.

ㄷ. (O) 생산량 중 수출하고 남은 양과 수입량의 합을 소비량이라고 하면 먼저 생산량 중 수출하고 남은 양은 러시아 494 – 241 = 258톤, 사우디아라비아 452 – 355 = 97톤이다. 수입량 10위 네덜란드가 57톤이므로 수입량을 감안하더라도 소비량은 러시아가 사우디아라비아보다 많다.

8 분수 비교형
정답 ④

ㄱ. (O) 성인 3,000명 중 잠재적 위험 사용자군과 고위험 사용자군에 속한 사람은 각각 73명과 306명으로 379명이었다. 따라서 조사 대상의 12%인 360명 이상이다.

ㄴ. (×) 23.9%와 21.5%는 일반을 포함한 전체 대상자 중 각각 수면 부족과 일상생활 지장에 해당하는 비율이다. 고위험 사용자군과 잠재적 위험 사용자군 대상 중 수면 부족과 일상생활 지장에 해당하는 비율은 $\frac{306 \times 55.6\% + 73 \times 69.9\%}{306 + 73} \fallingdotseq 58\%$ 정도이다.

ㄷ. (×) 고위험군으로 갈수록 수면 부족과 일상생활 지장이라 응답한 사람수의 격차가 점차 커지고 있는지를 묻고 있다. 그러나 각 중독 집단별 인원수를 고려한다면 옳지 않은 선택지임을 판단할 수 있다.

ㄹ. (×) 2011년의 경우 부모, 친구들, 학교 선생님의 순서였으나, 2010년은 부모, 친구들, 전문 상담원의 순서로 나타나 서로 동일하지 않았다.

ㅁ. (O) 부모 1순위 증가폭은 1,500명의 1.7%이므로 25.5명이고 이는 학교 선생님 증가폭 3.0%p의 절반 이상이다.

9 각주 판단형
정답 ③

① (O) $\frac{지역면적}{경지면적} = \frac{경지\ 인구밀도}{산술적\ 인구밀도}$이다. '가'지역이 3으로 가장 크고 다른 지역은 모두 3보다 작다.

② (O) 지역면적이 가장 큰 지역은 $\frac{6,000}{20} = 300$으로 '다'지역이다. 이 지역의 경지면적은 $\frac{6,000}{25}$로서 다른 지역에 비하여 역시 가장 크다.

③ (×) 경지율 = $\frac{산술적\ 인구밀도}{경지\ 인구밀도}$이므로 '나'지역과 '다'지역의 경지율은 동일하다.

④ (O) '가'~'라'지역 각각의 지역면적 = $\frac{인구수}{산술적\ 인구밀도}$은 80, 75, 300, 200이므로 전체 산술적 인구밀도는 $\frac{20,000}{80 + 75 + 300 + 200} = \frac{20,000}{655}$가 되어 30명/km²를 넘는다. 따라서 지역 전체 인구밀도보다 낮은 지역은 '가'와 '다' 2곳이다.

⑤ (O) '라'의 지역면적은 $\frac{9,000}{45} = 200$이고 나머지 지역 모두 인구가 절반으로 감소한다면 '라'지역보다 큰 지역은 없다.('다'지역은 150이 된다.)

10 매칭형
정답 ③

· 정보 ㄱ에서 매년 인구증가율보다 연구개발인력의 증가율이 높았다면 인구 백만 명당 연구개발인력이 증가하게 된다. 따라서 C 또는 D가 영국이 된다.(선택지 ① 제거)

· 정보 ㄷ에서 매년 인구 백만 명당 연구개발인력은 캐나다가 이탈리아의 절반 미만이었다고 하였으므로 선택지 배열상 C는 캐나다가 될 수 없고 A가 B보다 매년 많으므로 A는 이탈리아, B는 캐나다가 된다.(선택지 ④, ⑤ 제거)

· 정보 ㄹ에서 2007년 대비 2008년 첨단기술 관련 제품 수출액이 증가한 국가는 영국과 캐나다이므로 D가 영국이다.

11 각주 판단형
정답 ④

ㄱ. (×) 2022년 3월 경부선 KTX이용률은 99%이므로 이용좌석수는 전체 좌석수에 비해 적었다.

ㄴ. (O) 2021년 10월 이후 매 월 경부선 KTX 이용좌석수가 전체 좌석수의 70% 이상이었으므로 분기별로 보아도 매 분기 70% 이상을 차지해 가장 높은 비율을 보이고 있다. 또한 매월 KTX 이용좌석수는 경부선, 호남선, 경전선 순으로 많다.

ㄷ. (×) 2022년 6월 호남선 KTX 전체 좌석수는 $\frac{542}{0.65} \fallingdotseq 830$천 석 정도이므로 미이용좌석수는 830 – 542 ≒ 290천 석 정도가 된다. 전라선의 경우 전체 좌석수는 $\frac{209}{0.95} \fallingdotseq 220$천 석 정도이다. 따라서 전자는 후자보다 크다.

🖋️ **문제 풀이 팁!**

> ㄷ. 0.65를 대략 3분의 2로 보면 미이용좌석수는 542의 3분의 1 정도인 270석 정도가 된다. 이렇게 보더라도 호남선 KTX 미이용좌석수는 전라선 KTX 전체 좌석수보다 많다.

12 분수 비교형

ㄱ. (O) 광역시 중 보행자 전용도로 대비 자전거 보행자 겸용도로의 비율은 대구가 유일하게 10 이상으로 가장 크고 대전이 5 미만으로 가장 작다.

ㄴ. (×) '걷고 싶은 길' 전체 길이는 대구가 광주에 비해 길지만 자전거 전용차로의 경우는 광주가 대구에 비해 길다.

ㄷ. (×) 인구 = $\dfrac{\text{전체 길이}}{\text{천명당 길이}}$ 이므로 대략적으로 보면 서울 인구는 $\dfrac{844}{84} > 10$ 이고, 부산은 $\dfrac{329}{96} < 4$ 이므로 서울의 인구는 부산 인구의 2배 이상이다.

ㄹ. (O) 인구당 자전거 전용차로 길이는 대구 $\dfrac{\frac{2.2}{548}}{226}$, 광주 $\dfrac{\frac{2.3}{510}}{352}$ 이다. 분자는 크게 차이 없는데 분모는 대구가 더 크기 때문에 인구 1명당 자전거 전용차로 길이의 비율은 대구가 광주보다 짧다.

> **문제 풀이 팁!**
>
> ㄷ. 서울이 부산보다 천 명당 '걷고 싶은 길'의 길이도 작고 전체 길이도 2배 이상이므로 인구 역시 2배 이상이다.

13 조건 판단형

- 네 번째 정보에서 2014년 모범택시 보유율이 가장 높은 회사는 C이므로 C의 전체 택시 보유 대수는 2,500대이다.

- 다섯 번째 정보에서 2014년 C회사의 모범택시 보유 대수 2,000대(네 번째 정보에서 C회사의 전체 택시 보유 대수가 2,500대라고 하였으므로 이의 80%에 해당함)와 2010년 E회사의 모범택시 보유 대수의 합이 2,500대이므로 2010년 E회사의 모범택시 보유 대수는 500대가 된다. 2010년 E회사의 모범택시 500대는 전체의 10%이므로 E회사의 전체 보유 택시 대수는 5,000대가 된다.

- 세 번째 정보에서 2010년 A회사와 B회사 모범택시 보유 대수의 합은 2011년 D회사 모범택시 대수의 2/3라고 하였으므로 5.5A + 11B = 16.5D × $\dfrac{2}{3}$가 된다. 이를 정리하면 5.5A + 11B = 11D이고, 두 번째 정보에서 A회사와 D회사의 전체 택시 보유 대수는 동일하다고 하였으므로 5.5A + 11B = 11A이다. 따라서 B = 0.5A이다. A + B + D = 2,500이므로 2.5A = 2,500이다.

정리하면 전체 택시 보유 대수는 A회사 1,000대, B회사 500대, C회사 2,500대, D회사 1,000대, E회사 5,000대이므로 가장 많은 회사는 E, 가장 적은 회사는 B이고, 두 회사의 격차는 4,500대이다.

14 각주 판단형

생산국	자동차	국내 판매가격	현지 판매가격	부과 관세	수입 판매업체 이익
미국	A	5,300	3,800	760	740
	B	6,000	4,500	900	600
독일	C	3,300	2,500	750	50
	D	3,700	2,800	840	60
일본	E	4,000	3,000	450	550
	F	5,900	4,400	660	840

ㄱ. (O) <표>의 현지 판매가격과 국내 판매가격의 수치를 통해 쉽게 확인 가능하다.

ㄴ. (×) 다른 조건은 변화 없이 자동차 수입 관세율만 현재 20%에서 10%로 변경된다면 A자동차의 국내 판매가격은 3,800(현지 판매가격) + 740(수입 판매업체 이익) + 3,800 × 10%(관세) = 4,920만 원이 된다. B자동차는 4,500(현지 판매가격) + 600(수입 판매업체 이익) + 4,500 × 10%(관세) = 5,550만 원이 된다. 관세율이 10%로 변화한다 하더라도 A의 국내 판매가격은 5,300만 원에서 4,920만 원으로, B의 국내 판매가격은 6,000만 원에서 5,550만 원으로 10% 이상 하락하지는 않는다. 참고로, 국내 판매가격의 식을 정리하면 다음과 같다.
국내 판매가격 = (1 + 관세율) × 현지 판매가격 + 수입 판매업체가격
따라서 관세율이 10% 하락한다고 해도 다른 조건이 불변이라면 국내 판매가격은 10% 이상 하락하지 않는다.

ㄷ. (O) 위 <표>에 따라 차량 한 대당 수입 판매업체 이익가격을 구하면 이익금액이 가장 많은 자동차는 F가 된다.

15 단순 판단형

ㄱ. (O) <표 1>의 대각선열 비율과 <표 2>의 대각선열 비율을 비교해 보면 전자가 후자에 비해 각각 작다.

ㄴ. (×) <표 1>은 2차 시험 응시자를 대상으로 조사한 1차와 2차 시험 응시 교통편 이용에 관한 결과이고, <표 2>는 3차 시험 응시자를 대상으로 조사한 2차와 3차 시험 응시 교통편 이용에 관한 결과이다. 따라서 각 응시 차수별로 사람 수를 파악할 수 없으므로 도보 이동자 수의 비교는 할 수 없다.

ㄷ. (O) 2차 시험 응시자 중 1차 시험 때와 동일한 교통편을 이용한 비율은 자가용이 가장 낮기 때문에 2차 시험 때 사용한 교통편을 1차 시험 때 사용하지 않은 비율은 자가용이 가장 높다.

16 각주 판단형

ㄱ. (O) 전체 득표수는 1,000표로 동일하므로 연령대별 득표수는 득표율이 높을수록 많다. 따라서 연령대별 득표수는 30대가 가장 많고 40대가 가장 적었다.

ㄴ. (×) 40대 역시 갑 후보는 43표로 전체 140표의 절반 이상을 획득하지 못하였다.

ㄷ. (×) 각 연령대별 득표수는 20대 260표, 30대 400표, 40대 140표, 50대 200표이고, 연령대별 선거 참여율이 각각 20대 25%, 30대 40%, 40대 70%, 50대 50%이다. 공무원 수 = $\dfrac{\text{득표수}}{\text{선거 참여율}}$ 이므로 각 연령대별 공무원 수는 20대 1,040명, 30대 1,000명, 40대 200명, 50대 400명이다. 따라서 30대보다 20대가 더 많다.

ㄹ. (×) 갑 후보자에 투표한 20~30대는 154 + 224 = 378명이고, 40~50대는 70명이다. 비중의 격차가 80%p 이상이 되기 위해서는 득표수 배율은 적어도 20~30대가 40~50대의 9배 이상이 되어야 한다. 득표수가 5배 정도이므로 비중의 차이는 80%p 이상이 되지 않는다.

17 분수 비교형　　　　　　　　　　　정답 ①

ㄱ. (×) 2000년의 경우 근로자 중 최저임금 대상자가 차지하는 비중이 가장 낮았던 것은 8분위 또는 9분위이다.

ㄴ. (○) 각 분위별 근로자 수는 동일하므로 3분위와 6분위 비율을 기준으로 판단해주면 된다. 2005년 3분위의 비율은 1.2로 6분위의 비율 0.6보다 2배 높고, 2010년 3분위 비율은 1.6으로 6분위 비율 0.8보다 2배 높다.

ㄷ. (×) 각 조사연도별 근로자 수를 알 수 없으므로 연도 간 비교는 할 수 없다.

ㄹ. (○) 전체 근로자 수가 10%씩 상승했다는 것은 각 소득분위별 근로자 수 역시 10%씩 상승하는 것을 의미한다. 따라서 2005년 3분위 근로자를 1,000이라 하면 3분위 최저임금 이하 근로자는 12가 된다. 2010년 3분위 근로자는 1,100이므로 3분위 최저임금 이하 근로자는 0.016 × 1,100 = 17.6이 된다. 따라서 2005년 대비 2010년은 3분위인 최저임금 이하 근로자는 12.0 → 17.6으로 40% 이상 증가하였다.

18 빈칸형　　　　　　　　　　　정답 ④

지원율과 합격률을 통해 지원자 수와 합격자 수를 정리해주면 다음과 같다.

구분		A기업	B기업	C기업	D기업	합계
가 대학교	지원자 수	350	80	50	20	500명
	합격자 수	140	60	40	19	259명
나 대학교	지원자 수	360	120	60	60	600명
	합격자 수	180	78	33	54	345명
다 대학교	지원자 수	110	50	24	16	200명
	합격자 수	66	26	x	14	106+x명

ㄱ. (○) 대학별 입사 지원자 수와 기업별 입사 지원 비율을 통해 알 수 있다. 위 <표>를 통해 나 대학교 학생이 A~D기업 각각에 대하여 지원한 사람 수가 가장 많았음을 알 수 있다.

ㄴ. (×) 각 대학교 입사 지원자 500명 중 A~D기업에 채용된 사람은 259명으로 절반을 넘었다.

ㄷ. (○) 나와 다 대학교 입사 지원자 중 어느 기업에도 합격하지 못한 학생이 차지하는 비율이 두 대학교 입사 지원자 전체의 40%를 넘는지 검토하는 것보다 합격자 수가 차지하는 비중이 60%인 480명 미만인지 검토하는 것이 수월하다. 전체 800명 중 합격자는 나 대학교 345명이고 다 대학교는 C기업 입사 지원자 모두 합격했다 하더라도 130명이 되므로 최대값이 475명이 된다. 따라서 60% 미만이므로 어느 기업에도 합격하지 못한 학생이 차지하는 비율은 40%를 넘는다. 참고로, 나와 다 대학교 입사 지원자 전체는 800명이고, 그 중 채용이 되지 못한 학생은 나 대학교 255명, 다 대학교의 최소 70명이므로 적어도 325명 이상이다.

ㄹ. (×) 다 대학교 지원자 수는 200명이고 그 중 전체 합격률이 61%라고 했으므로 합격자 수는 122명이 된다. 따라서 C기업 합격자 수는 16명이 되므로, 합격률은 약 66.7%이다. 가 대학교가 80%로 다 대학교보다 높다.

19 분수 비교형　　　　　　　　　　　정답 ①

ㄱ. (×) 전년 대비 증가폭으로 비교하면 2014년이 2015년보다 크다. 따라서 전년 대비 증가율은 2015년보다 2014년이 더 크다.

ㄴ. (○) 2020년 1월에 비해 2021년 1월 내국인 입국자 수의 증가율은 20% 가까이 되지만 내국인 출국자 수의 증가율은 약 13% 정도로 이에 미치지 못한다. 따라서 내국인 입국자 수 증가율이 더 컸다.

ㄷ. (×) 월별 전체 외국인 입국자 수는 9월에서 10월 증가하는 것을 제외하고 매월 감소하고 있다. 이와 증감방향이 동일한 국적은 중국뿐이다.

ㄹ. (○) 2020년 1월 외국인 입국자 수는 570,395명이고, 2021년 1월에는 590,489명이 입국하였다. 따라서 외국인 입국자 수 증가폭은 약 20,000명 정도이다. 중국의 경우 약 30,000명 이상 증가하여 전체 외국인 입국자 수 증가폭에 비해 컸으며, <표 2>는 순위별 현황이므로 러시아 순위 이하에 있는 국가의 입국자 수는 2021년 1월에 7,873명 이하일 것이므로 전년 동월 대비 증가폭이 20,000명을 넘을 수는 없다.

> ✏️ **문제 풀이 팁!**
>
> ㄱ. 전년 대비 증가율의 분모인 전년도 입국자 수가 2017년까지 매년 증가하고 있으므로 분자인 증가폭으로 판단할 수 있다.
>
> ㄷ. 전체 외국인 증감방향을 파악했다면 2021년 1월부터 거꾸로 증가하는 국적이 있는지 검토한다면 좀 더 쉽게 답을 찾을 수 있다.

20 분수 비교형　　　　　　　　　　　정답 ⑤

① (×) 2017년과 2019년 서울의 물가가 강원 물가가 100일 경우 154로 동일한 것은 맞으나, 실제 서울의 물가가 2017년과 2019년에 동일한지 파악할 수 없다.

② (×) 알 수 없는 선택지이다. 각 연도의 강원의 물가를 100으로 놓았을 때, 132, 134, 136으로 2씩 증가하여 증가율이 지속적으로 하락하는 것으로 보이나, 강원의 물가 수준에 따라 변하므로 알 수 없다.

③ (×) 강원 물가의 상승률이 전남과 경북의 물가지수 변화율보다 높았다면 두 지역 모두 물가는 상승하게 되므로 증감방향이 동일할 수도 있다.

④ (×) 2017년 130 − 123 = 7, 2018년 131 − 119 = 12, 2019년 134 − 121 = 13, 2020년 140 − 124 = 16, 2021년 152 − 126 = 26으로 상대적 격차는 지속적으로 증가하고 있으나, 이 <표>에서 제시된 물가는 강원을 100으로 놓은 상대적 자료로서 격차가 지속적으로 증가하는지 여부는 알 수 없다.

⑤ (○) 강원이 100이므로 동일 연도 내에서 도시 간 대소관계는 파악할 수 있다. 따라서 2018~2020년 동안 매년 전북의 물가가 가장 낮다.

21 분수 비교형　　　　　　　　　　　정답 ②

ㄱ. (○) 조사 비율을 도출하려 하지 말고 개인과 법인의 대상 인원과 조사 인원의 수치 구조에 주목한다. 개인과 법인의 조사 인원은 상대적으로 큰 차이가 없는 반면 대상 인원은 개인보다 법인이 10% 정도로 상대적으로 큰 차이를 보인다. 따라서 조사 비율을 구체적으로 도출하지 않고도 조사 비율은 당연히 개인이 법인보다 낮을 수밖에 없다.

ㄴ. (×) 조세범칙조사에서 무혐의 처분 건수가 가장 많은 해는 2019년으로 36건이었고, 세무조사에 따른 부과 세액은 4,771 + 20,735였다. 그러나 부과세액은 개인과 법인 모두 2020년에는 각각 전년 대비 증가하였으므로 개인과 법인 사업자 부과세액 합은 2019년에 비해 2020년이 더 많다.

ㄷ. (○) 조세범칙 부과 세액의 전년대비 증가폭이 가장 컸던 연도는 6,000억 원 이상 증가한 2014년이고, 전년 대비 조사 건수 증가율 또한 2배 이상으로 다른 연도에 비해 가장 컸다.

ㄹ. (×) 법인 세무조사의 조사 인원 1인당 부과세액은 2013년 $\frac{23,495}{4,536}$ 에서, 2021년 $\frac{44,438}{4,689}$ 이므로 증가하였으나, 100% 이상(2배 이상)은 되지 않는다.

ㄷ. (×) 20~29세의 한 달 평균 게임비용은 20~24세와 25~29세의 가중평균이므로 4,725~8,280원 사이에 존재한다. 35~39세의 한 달 평균 게임비용은 8,113원이므로 대소를 정확하게 비교할 수 없다.

22 표-차트 변환형 정답 ③

ㄱ. (×) 법인의 조사 인원은 2018년 3,000명 미만, 2019년 4,000명 미만이 되어야 한다.

ㄴ. (○) <표 2>

ㄷ. (○) <표 1>

ㄹ. (×) 2018년 범칙처분은 536건이고 고발은 468이므로 조세범칙 조사 건수 중 고발의 비중은 80% 이상이 되어야 한다.
(그래프는 조세범칙 조사 건수 중 고발의 비중에 대한 값이다.)

23 분수 비교형 정답 ⑤

① (×) 2019년 A국은 B국에 대해 무역수지 적자(126 – 186)를 기록하였고 B국 역시 C국에 대하여 무역수지 적자(77 – 92)를 기록하고 있다.

② (×) A국 총수출액의 8%가 400억 달러이므로, A 국가 전체 수출액은 정확히 5,000억 달러이다.

③ (×) A국의 총수출액은 2,400억 달러이고 B국의 총수출액은 6,700억 달러이다. 따라서 3배 미만이다.

④ (×) B국의 2020년 총수출의 8%가 415억 달러이고, 총수입의 9%가 415억 달러이다. 따라서 무역수지 흑자이다. 풀이 시, $\frac{415}{8} > \frac{415}{9}$ 를 통해 쉽게 판단할 수 있다.

⑤ (○) B국의 C국에 대한 수출비율과 수입비율이 2019년과 2022년에 각각 2.0%와 24.0%로 동일하다. 이를 이용하여 2022년 총수출 대비 비중을 2.0%로 같게 맞춰서 비교하면 수출금액은 225억 달러, 수입금액은 약 100억 달러가 된다. 따라서 수출금액은 2019년 77억 달러에서 2022년 225억 달러로 거의 3배(약 200%) 증가하였고, 수입금액은 2019년 92억 달러에서 2022년 약 100억 달러로 10% 정도 증가하여 총수출 증가율은 총수입 증가율보다 크다.
(수출금액은 2020년 3,850억 달러에서 2022년 11,250억 달러로 약 192% 증가하였고, 수입금액은 2019년 4,600억 달러에서 2022년 5012.5억 달러로 약 9% 증가하였다.)

25 조건 판단형 정답 ①

장타율은 A가 0.790으로 가장 높고 출루율 역시 A가 0.492로 가장 높다.

✏️ 문제 풀이 팁!

장타율상은 A와 E의 비교이므로 분모인 타수가 10% 이상 차이가 나기 때문에 분자의 합이 대략적으로 10% 미만 차이가 나는지 확인한다. 또한 출루율상 역시 A와 B의 비교이므로 분모인 타석수＝타수＋사구합이 575, 587로 A가 더 적지만 안타와 4사구 합은 A가 더 크기 때문에 어렵지 않게 판단할 수 있다.

24 평균 개념형 정답 ①

ㄱ. (○) 한 달 평균 게임비용의 여성 대비 남성의 비율은 2에 가장 근접한 비디오게임이 $\frac{46,025}{24,273}$ 로 가장 높다. 비율이 1 미만인 모바일게임과 온라인게임을 비교해 보면 분자인 남성은 3배 이상 차이나지만 분모인 여성은 3배 이상 차이가 나지 않는다. 따라서 모바일게임이 가장 낮다.

ㄴ. (×) 20~29세의 한 달 평균 게임비용은 20~24세와 25~29세의 가중평균이므로 24,643~46,457원 사이에 존재한다. 또한 30~39세의 한 달 평균 게임비용은 30~34세와 35~39세의 가중평균이므로 28,204~33,340원 사이에 존재한다. 따라서 온라인게임의 경우 한 달 평균 게임비용은 20~29세가 30~39세보다 높을 수도 있다.

2회 실전동형모의고사

정답

p.36

1	②	조건 판단형	6	③	각주 판단형	11	③	분수 비교형	16	①	각주 판단형	21	⑤	분수 비교형
2	③	표-차트 변환형	7	⑤	분수 비교형	12	④	각주 판단형	17	①	빈칸형	22	②	보고서 검토·확인형
3	③	분수 비교형	8	①	곱셈 비교형	13	①	분수 비교형	18	④	빈칸형	23	②	각주 판단형
4	②	분수 비교형	9	③	단순 판단형	14	④	분수 비교형	19	⑤	분수 비교형	24	②	각주 판단형
5	③	각주 판단형	10	①	각주 판단형	15	④	빈칸형	20	②	분수 비교형	25	⑤	최소여집합형

취약 유형 분석표

유형별로 맞힌 문제 개수와 정답률, 틀린 문제 번호, 풀지 못한 문제 번호를 적고 나서 취약한 유형이 무엇인지 파악해 보세요.

유형		맞힌 문제 개수	정답률	틀린 문제 번호	풀지 못한 문제 번호
자료비교	곱셈 비교형	/1	%		
	분수 비교형	/9	%		
	반대해석형	–	–		
자료판단	단순 판단형	/1	%		
	매칭형	–	–		
	빈칸형	/3	%		
	각주 판단형	/7	%		
	조건 판단형	/1	%		
자료검토·변환	보고서 검토·확인형	/1	%		
	표-차트 변환형	/1	%		
자료이해	평균 개념형	–	–		
	분산·물방울형	–	–		
	최소여집합형	/1	%		
TOTAL		/25	%		

1 조건 판단형

선택기준 이용시간	1시간 미만	1시간 이상 ~2시간 미만	2시간 이상 ~4시간	4시간 이상
속도(38%)	15%	20%	25%	40%
이용료(32%)	37.5%	25%	12.5%	25%

응답한 사람 수는 1,000명이므로 ㄱ, ㄴ, ㄷ은 다음과 같다.

ㄱ. 380 × 0.25 = 95명

ㄴ. 320 × 0.125 = 40명

ㄷ. 380 × 0.35 + 320 × 0.625 = 67명

2 표-차트 변환형

ㄴ. (×) 정원 대비 현원의 비율이 아니라 현원 대비 정원의 비율 그래프이다.

ㄷ. (×) 일반직의 경우 70%를 넘지 못하고 별정직 역시 2% 미만이 되어야 하며 계약직 역시 10%를 넘지 못해야 한다.

3 분수 비교형

ㄱ. (×) 809명 중 1차와 2차 타입이 동일한 아동의 수는 91 + 204 + 18 = 313 건으로 절반을 넘지 못한다.

ㄴ. (○) 1차에서 가위 또는 바위를 낸 아동은 220 + 468 = 656명이고, 보를 낸 아동은 121명이므로 5배 이상이다.

ㄷ. (○) 2차 시기에서 가위를 낸 아동 중 1차 시기에서도 가위를 낸 아동이 차지하는 비중은 $\frac{91}{299} = \frac{7}{23}$이고 2차 시기에서 바위를 낸 아동 중 1차 시기에서도 바위를 낸 아동이 차지하는 비중은 $\frac{204}{357} = \frac{4}{7}$이므로 전자보다 후자의 비율이 더 높다.(91과 299는 각각 13의 배수, 204와 357은 51의 배수이다.)

ㄹ. (×) 1차 시기에서 바위를 내고 2차 시기에서 보를 낸 아동 대비 1차 시기에서 가위를 내고 2차 시기에서 보를 낸 아동의 비율은 $\frac{27}{108}$이고 1차와 2차 시기 모두 바위를 낸 아동 대비 1차 시기에는 보를 내고 2차 시기에는 바위를 낸 아동의 비율은 $\frac{51}{204}$이므로 25%로 동일하다.

4 분수 비교형

ㄱ. (○) 2016~2019년 동안 지방세 대비 보유세 비중이 14.2%, 16.0%, 17.8%, 18.2%이고 $\frac{지방교육세}{보유세}$는 매년 약 10% 정도이므로 지방세 중 지방교육세가 차지하는 비중은 매년 3% 미만이 된다.

ㄴ. (×) <표 1>에서 조세총액 = $\frac{지방세}{조세총액 대비 비중}$으로 구할 수 있다. 2018년과 2019년을 보면, 2018년은 조세총액 대비 비중이 21.4%, 지방세가 45.5조 원이고, 2019년은 조세총액 대비 비중이 21.5%, 지방세 45.2조 원이므로 $\frac{45.5}{21.4} > \frac{45.2}{21.5}$이다. 따라서 2018년이 2019년보다 분모인 비율은 더 낮지만 분자인 지방세는 더 크므로 감소하였다.

ㄷ. (×) 재산세가 도시계획세의 2배를 초과했던 해는 2017년과 2018년이다. 2018년에는 2017년에 비해 특별시와 도의 지방세가 각각 증가한 것으로 나타났으나, 2017년에는 2016년에 비해 도의 지방세는 감소하였으므로 옳지 않다.

ㄹ. (○) <표 1>에서 GDP = $\frac{지방세}{GDP 대비 비중}$로 구하면 된다. 2012년 $\frac{31.5}{4.6}$, 2020년 $\frac{48.9}{4.2}$로 분자만 비교해 보더라도 2020년이 2012년에 비해 50% 이상 증가하였고, 분모는 감소하였으므로 GDP는 50% 이상 증가하였다.

5 각주 판단형

세트 구성에 따른 가격을 계산하면 다음과 같다.

A가 4,300원, B가 4,700원, C가 4,500원, D가 4,400원, E가 4,300원이므로 C가 두 번째로 비싸다.

각 구성요소별로 적어도 1개씩 선택한다고 하였으므로 가장 가격이 낮은 종류를 기준으로 삼아 차이값끼리 비교하여 판단할 수 있다. C는 채소가 2가지이다.

> **문제 풀이 팁!**
>
> 각 구성요소별로 적어도 1개씩 선택한다고 하였으므로 가장 가격이 낮은 종류를 기준으로 삼아 차이 값끼리 비교하여 판단할 수 있다. C는 채소가 2가지이다.
>
> | 구분 | 밀 9 | 돼. 치 11 | 상 3 | 버 3 | 탄산 8 | 계 |
> |---|---|---|---|---|---|---|
> | A | +1 | +2 | +4 | | +2 | +9 |
> | B | +4 | | +2 | +7 | | +13 |
> | C | | | +7 +2 | +2 | | +11 |
> | D | +1 | +3 | | +5 | +1 | +10 |
> | E | | | +4 | +5 | | +9 |

6 각주 판단형

맛 속성(0.4 가중치)의 음식점별 평가와 위치 속성(0.1 가중치)의 음식점별 평가 점수가 같기 때문에 아래와 같이 검토할 수 있다.

구분		속성		
		맛 + 위치	가격	친절도
각 속성의 중요도		0.5	0.3	0.2
평가대상 음식점	가	9	8	10
	나	10	7	9
	다	8	10	10
	라	8	9	10
	마	9	9	8

맛 + 위치와 가격 + 친절도의 중요도가 0.5로 동일하므로 가격과 친절도의 가중평균 값과 '맛 + 위치'의 산술평균을 구하여 비교하면

· 가의 경우, 가격과 친절도의 가중평균 값은 9보다 작다. 따라서 전체 값은 9보다 작다.

- 나의 경우, 가격과 친절도의 가중평균은 8보다 작으므로 전체 값은 9보다 작다.
- 다의 경우, 가격과 친절도의 가중평균은 10이므로 전체 값은 9이다.
- 라의 경우, 가격과 친절도의 가중평균은 10보다 작으므로 전체 값은 9보다 작다.
- 마의 경우, 친절도의 값이 9라면, 전체 값은 9이지만 이보다 작은 8이므로 전체 값은 9보다 작다.

따라서 다의 전체 평가점수가 가장 높다.

7 분수 비교형
정답 ⑤

ㄱ. (×) $\frac{2006년}{2010년} \times \frac{2004년}{2006년} = \frac{95}{100} \times \frac{91}{100}$이므로 $0.8645 \times 20억 = 17.29$억 원이다.

ㄴ. (×) 2007년 송파구 아파트 평균 전세가격은 2010년을 기준으로 86이고, 2004년 아파트 평균 전세가격은 2010년을 기준으로 89×0.88로 약 78 정도이므로 2007년이 더 높다.

ㄷ. (×) 2010년을 기준으로 작성한 <표 2>를 통해 2006년 서초구의 아파트 평균 매매가격 지수와 강남구 평균 전세가격 지수가 95로 동일함을 알 수 있다. 따라서 2010년 서초구 아파트 평균 매매가격을 기준으로 2011년 아파트 평균 매매가격은 $20억 \times \frac{102}{95}$이고, 2010년 강남구 아파트 평균 전세가격은 $10억 \times \frac{105}{95}$이다. 따라서 2배 미만이다.

문제 풀이 팁!

ㄱ. <표 1>의 2004년 91은 2006년 기준이므로 2010년과 비교하려면 <표 2>의 2010년과 2006년 관계까지 고려해야 한다.

8 곱셈 비교형
정답 ①

ㄱ. (×) 외국인이 휴가 목적으로 한국 방문 시 '가까운 거리'를 고려한 요인으로 응답한 대상자는 2018년 40.4 × 40.1에서 2019년 47.6 × 37.6으로 증가하였다.

ㄴ. (○) 매년 80% 이상이다.

ㄷ. (×) 2016년부터 2019년까지 종교의 이유로 한국을 방문한 외국인 대비 사업차 한국을 방문한 외국인이 차지하는 비중은 2018년 $\frac{42.0}{0.6}$에 비해 2019년 $\frac{36.3}{0.9}$으로 감소하였다.

ㄹ. (○) 2018년 휴가 목적으로 한국을 방문한 외국인 중 쇼핑이 고려 요인이라고 응답한 외국인이 한국을 방문한 전체 외국인 중에서 차지하는 비중은 40.4 × 0.444 ≒ 17.93%이다. 따라서 20% 미만이다.

문제 풀이 팁!

ㄹ. 비중 계산 시 40 × 0.5 = 20이므로 이를 이용해서 판단할 수 있다.

9 단순 판단형
정답 ③

ㄱ. (○) 2017년부터 2019년까지 만족도가 매년 상승하는 평가기준은 출입국 절차, 숙박, 쇼핑으로 총 3가지이다.

ㄴ. (×) 음식의 경우 하락하였다.

ㄷ. (×) 2018년 대비 2019년 관광지 매력도의 여행 만족도는 감소하였다.

ㄹ. (○) 출입국 절차, 대중교통, 쇼핑의 경우 2017년 대비 2018년의 증감폭이 2018년 대비 2019년의 증감폭보다 크다.

문제 풀이 팁!

ㄱ. 평가기준을 잇는 선분이 교차하지 않은 항목 위주로 보는 것이 좋다.

10 각주 판단형
정답 ①

회사	기본요금	30분당 연장요금	1시간당 연장요금
갑	1시간 30분 1,200원	120원	240원
을	3시간 30분 1,400원	150원	300원
병	2시간 30분 2,000원	50원	100원

ㄱ. (○) 150% 상승하므로 120에 120+60을 더하면 초과 30분당 300원, 1시간당 600원이다. 따라서 기본요금 1,200원에 추가로 1,200원을 더하여 2,400원이 된다.

ㄴ. (×) 5시간 10분 대여라고 하였으므로 5시간 30분 이용요금으로 생각한다. 을회사의 요금은 기본요금 1,400원에 2시간 연장요금 600원을 더하면 2,000원이 된다. 갑회사의 요금은 기본요금 1,200원에 4시간 연장요금 960원을 더하면 2,160원이 된다. 따라서 을보다 갑이 많다.

ㄷ. (○) 6시간 30분 이용시 갑은 1,200 + 1,200 = 2,400원이고 병은 2,000 + 400 = 2,400원으로 동일하다. 연장 요금은 병보다 갑이 더 비싸므로 6시간 30분을 초과하면 병보다 갑의 요금이 더 많아진다.

ㄹ. (×) 일단 ㄷ을 해결했다면 6시간 30분 초과시 병회사의 요금이 갑보다 낮다는 것을 알 수 있다. 을회사가 10시간 이상 이용시 3,000원만 내면 되지만 병회사가 10시간 이용시 2,000 + 750 = 2,750원이 되므로 병회사가 가장 적다.

11 분수 비교형
정답 ③

ㄱ. (○) 수도권 인구는 2017년 23,678천 명, 2018년 23,909천 명으로 각각 우리나라 전체 인구의 절반 미만이다. 따라서 2017년과 2018년에는 수도권 인구가 비수도권 인구보다 각각 적다.

ㄴ. (×) 면적 = $\frac{인구}{인구밀도}$이다. 충북은 $\frac{1,479}{199}$ ≒ 7.43, 경남은 $\frac{3,141}{298}$ ≒ 10.54 이므로 2배 이상 되지 않는다.

ㄷ. (×) 경북의 경우 20을 넘지 못하지만 경기와 전남은 각각 10을 넘기 때문에 경북의 면적은 경기와 전남 면적의 합보다 작다.

ㄹ. (○) 경기지역은 약 500천 명 정도 증가하였고 이보다 더 많이 증가한 지역은 없다.

문제 풀이 팁!

ㄴ. 충북에 비해 경남의 인구는 2배가 넘지만, 인구밀도는 1.5배가량 크므로 면적이 2배 이상 넓지는 않다.

12 각주 판단형

정답 ④

ㄱ. (×) 2020년에 접수 건수는 507건이고 처리 건수는 521건이므로 2019년에서 이월된 건수가 521 − 507 = 14건이다. 따라서 2019년에 접수된 502건 중 2020년으로 이월된 14건을 제외한 488건이 당해연도에 처리되었고 2019년 전체 처리결과는 508건이므로, 2018년에 접수된 건수 중 2019년으로 이월된 건수는 20건이다. 또한 2019년에 접수된 건수 중 2020년으로 이월된 건수는 14건이 된다.

ㄴ. (○) ㄱ. 설명에 따라 확인 가능하다.

ㄷ. (×) 소비자 피해구제처리결과 합계 중 기각건수의 비율은 2019년 $\frac{133}{508}$ ≒ 26.2%이고 2020년 $\frac{80}{521}$ ≒ 15.4%이다. 따라서 2019년에 비해 2020년에 약 41.2%정도 감소하였으므로 감소율이 50% 이상은 되지 않는다.

ㄹ. 소비자 피해구제 접수 건수 중 다단계 판매가 차지하는 비중은 2019년이 $\frac{35}{502}$ 이고 2020년이 $\frac{51}{507}$ 이므로 증가하였다.

13 분수 비교형

정답 ①

ㄱ. (×) 각주 3)에서 각 권역 비율은 수도권 면적(인구) 대비 각 권역이 차지하는 비율이므로 전국을 기준으로 보면 이보다 더 낮다.

ㄴ. (○) 2020년 수도권 전체 인구는 25,425천 명이고 이는 전국의 49.4%이다. 따라서 전국 인구는 50,000천 명을 넘고 그 중 성장관리권역 인구는 4,686천 명이므로 약 9% 정도를 차지한다.

ㄷ. (×) 2017년 이후 과밀억제권역 면적은 증감을 규칙적으로 반복하지만 인구수는 지속적으로 증가하고 있다. 따라서 증감방향이 동일하지 않다.

ㄹ. (○) 비율값을 이용해 구해보면, 수도권 지역은 $\frac{49.4}{11.8}$ >4이고 비수도권 지역은 $\frac{50.6}{88.2}$ <0.6이다. 따라서 수도권 지역의 인구밀도는 비수도권 지역의 인구밀도의 6배 이상이다.

14 분수 비교형

정답 ④

ㄱ. (○) 2020년 11월에는 입국자보다 출국자가 더 적지만 2021년 11월에는 입국자보다 출국자가 더 많다. 따라서 당연히 입국자보다 출국자의 증가율이 높기 때문에 외국인 승객 출입국자 중 출국자가 차지하는 비중이 증가하였다고 판단하면 된다.

ㄴ. (×) 2021년 11월 내국인 승객과 외국인 승객의 입국자 수는 출국자 수보다 각각 적기 때문에 2021년 11월 전체 승객 입국자는 전체 승객 출입국자의 50% 미만이다.

ㄷ. (×) 1~10월까지의 월 평균 출입국자 수보다 1~11월까지의 월 평균 출입국자 수가 더 많으려면 1~10월까지의 월 평균 출입국자 수보다 11월의 출입국자 수가 더 많아야 한다.
1~10월까지의 출입국자 수는 41,599천 − 3,738천 ≒ 37,861천 명 정도이므로 월 평균 출입국자 수는 약 3,786천 명이다. 11월 출입국자 수는 3,738천 명이므로 1~10월까지의 월 평균 출입국자 수가 더 많았다. 따라서 2021년 1~11월까지의 월 평균 출입국자 수는 2021년 1~10월까지의 월 평균 출입국자 수보다 적다.

ㄹ. (○) 2020년 월 평균 출입국자의 수가 2020년 11월과 동일하다면 2020년 1~11월 누적 출입국자 수는 2020년 11월 출입국자 수의 11배가 된다. 따라서 354만 × 11 ≒ 3,890만 명이므로 2021년 1~11월 누적 출입국자 수 4,160만 명은 2020년 1~11월 누적 출입국자 수보다 약 270만 명 더 많다. 따라서 5% 이상 많다.

15 빈칸형

정답 ④

ㄱ. (○) 분모인 등록외국인은 약 9% 증가, 분자인 불법체류자는 약 5% 증가하였으므로 등록외국인 중 불법체류자가 차지하는 비중은 감소하였다.

ㄴ. (×) 합법체류자는 2014년 468,875 − 89,857 = 379,018명, 2015년 485,144 − 107,049 = 378,095명이다. 따라서 2014년에 비해 2015년에 감소하였다.

ㄷ. (○) 2011년 등록외국인 중 합법체류자가 차지하는 비중이 75% 이하가 되려면 불법체류자가 차지하는 비중은 25% 이상이 되어야 한다. 따라서 불법체류자 × 3 ≥ 합법체류자 관계를 만족하면 된다. 합법체류자는 16만 명 정도로 불법체류자 약 6만 명의 3배 미만이다.

ㄹ. (○) 굳이 빈칸을 채울 필요 없이 '합법체류자 수의 증감 + 불법체류자 수 증감폭'이 전년에 비해 증가하고 있는지 판단해서 검토한다.

문제 풀이 팁!

ㄴ. 불법체류자 수는 17,000명 이상 증가(+17,192)하였지만 총계는 2014년에 비해 2015년에 17,000명 미만 증가(+16,269)하였다. 총계 증가폭보다 불법체류자 수의 증가폭이 더 컸으므로 합법체류자 수를 계산하지 않더라도 감소하였음을 판단할 수 있어야 한다.

16 각주 판단형

정답 ①

ㄱ. (×) F의 해소율은 $\frac{976}{1,723}$ × 100 ≒ 56.6%이다. 따라서 60% 미만이다.

ㄴ. (×) <표 1>의 기업집단 중 2020년 4월 1일 기초금액이 2021년 3월 31일 이전에 모두 해소되었던 기업집단은 D, G, I로 총 3곳이다. C의 경우 신규발생 금액이 해소액과 동일한 크기로 발생하였으므로 2020년 4월 1일 기초금액이 2021년 3월 31일 이전에 모두 해소된 기업집단이 될 수 없다.

ㄷ. (○) <표 2>에서 여신상환금액이 전체 해소액의 절반 이상을 차지한 기업집단은 B, C, D, G이다. 이 기업집단의 2021년 4월 1일 잔여 금액은 347 + 650 = 997로 전체 4,214의 23% 정도이다.

ㄹ. (○) I의 채무보증 해소액에서 합병이 차지하는 비중은 $\frac{84}{120}$ × 100 ≒ 70%이고 B의 채무보증 해소액에서 여신상환이 차지하는 비중은 $\frac{20}{28}$ × 100 ≒ 71.4%이다.

문제 풀이 팁!

ㄱ. 1,723의 60% 이상이 되려면 1,000을 초과해야 한다.
ㄴ. C의 경우 기간 내에 해소 금액이 기초 금액과 동일하였으나, 신규발생 금액이 존재하였다. 신규발생 금액이 해소 시점보다 먼저 발생했을 경우를 배제할 수 없으므로 확정할 수 없다.
ㄷ. 4,214의 20% 이상이 되려면 적어도 840 이상이 되어야 한다.
ㄹ. 70% 기준으로 판단하도록 한다.

17 빈칸형
정답 ①

① (×) 2020년 A, B, C 전체의 매출액은 2,734,512천 원이고 영업이익은 386,791천 원이다. 또한 2021년 A, B, C 전체의 매출액은 3,632,833천 원이고 영업이익은 694,205천 원이다. 즉 매출액 증가율은 50% 미만이지만 영업이익 증가율은 50% 이상이므로 영업이익률은 증가하였다.

② (○) 2022년 영업이익률이 25%이므로 매출액의 $\frac{1}{4}$에 해당하는 값은 600,000보다 크다. 따라서 B사의 영업이익은 2020~2022년 동안 지속적으로 증가하였다.

③ (○) A사는 2020년부터 2022년까지 매출액은 지속적으로 증가하나, 영업이익이 지속적으로 감소한다. 따라서 영업이익률은 지속적으로 감소한다.

④ (○) 2020~2022년 동안 A사 매출액은 매년 증가하고 있다. 또한 A사 매출액의 증가폭이 영업이익의 증가폭보다 크다. 따라서 영업비용도 매년 증가하므로 영업비용이 많을수록 매출액도 많았다고 판단할 수 있다.

⑤ (○) 유효숫자 3자리 정도를 잡고 어림산을 하면, 2020년~2021년 B사의 영업이익은 586 + 275 = 861, 2020년~2022년 영업이익은 A사 -23 + 16 + 35 = 28이고 C사 142 + 90 + 76 = 308이므로 A + C사의 2020년~2022년 영업이익의 합은 336이다. 따라서 B사의 영업이익은 A + C의 2배를 초과한다.

📝 **문제 풀이 팁!**

① 앞 자리수 2개씩만 보면 매출액은 27에서 36, 영업이익은 38에서 69로 증가하였다.

18 빈칸형
정답 ④

ㄱ. (○) 2016~2019년 동안 이직률이 10%를 넘는 해는 없다. 따라서 이직률이 가장 높은 연도는 2014년이다.

ㄴ. (×) 신규등록자 중 신규취업이 차지하는 비중은 2016년에는 50%를 넘지만 2018년에는 50% 미만이다. 따라서 비중은 감소하였다.

ㄷ. (○) 이직자 수는 2015년 1,441명, 2020년 1,885명이다. 따라서 2017년까지는 매년 감소하다가 2018년부터는 매년 증가하고 있다.

ㄹ. (×) 각주 1)의 식을 변형하면 직전연도 기존등록자 = 당해연도 기존등록자 - 당해연도 신규등록자 + 당해연도 이직자이므로 2013년 기존등록자는 12,310 - 1,590 + 1,849 = 12,569명이다. 따라서 2013년 대비 2014년 기존등록자는 감소하였다.

📝 **문제 풀이 팁!**

ㄴ. 분자인 신규취업은 감소하고, 분모인 신규등록자는 증가하였다.
ㄹ. 식을 변형하면 당해연도 이직자가 신규등록자보다 많으면 직전연도보다 기존등록자가 감소한 것이고, 당해연도 이직자가 신규등록자보다 적으면 직전연도보다 기존등록자가 증가한 것이다.

19 분수 비교형
정답 ⑤

ㄱ. (○) 자율방범대의 경우 2018년은 2019년보다 작다는 것을 쉽게 파악할 수 있다. 2017년과 2019년을 비교하면 분모인 조직은 1% 미만 차이가 나지만 분자인 인원은 5% 이상 차이가 난다. 생활안전협의회의 경우 2018년에 비해 2019년에는 분모인 조직이 더 적지만 분자인 인원은 더 많다. 2017년과 2019년을 비교하면 조직의 차이는 10% 미만이지만 인원 차이는 10% 이상이다. 따라서 자율방범대와 생활안전 협의회 모두 조직 대비 인원의 비율이 가장 큰 연도는 2019년으로 동일하다.

ㄴ. (○) 2019년 지구대보다 치안센터가 2배 이상 많은 지역은 부산, 대구, 인천, 충남, 전북, 전남, 경북, 경남, 제주로 총 9개이며 2배 미만인 지역은 나머지 7개이다.

ㄷ. (×) 2017년의 경우에는 상위 3개 신고유형의 건수가 기타보다 각각 많았지만 2018년에는 상위 3개 신고유형의 건수가 기타보다 각각 적었으므로 판단할 수 없다.

ㄹ. (×) 2017년은 20% 미만이었다.

20 분수 비교형
정답 ②

ㄱ. (×) 방사선의약품의 경우 전년비가 98.3으로 전년에 비해 감소하였다.

ㄴ. (○) 완제의약품과 화장품원료의 수입액은 3년 연속으로 증가하였다. 2009년의 총 수입액은 감소하였으므로 완제의약품과 화장품원료의 구성비는 전년에 비해 증가하였고, 2010년의 총 수입액은 약 5,000백만 달러에서 5,800백만 달러로 약 16% 정도 증가하였는데 완제의약품과 화장품원료의 수입액 증가율은 각각 이를 넘으므로 구성비 또한 지속적으로 증가했음을 알 수 있다.
(합계의 전년비보다 완제의약품과 화장품원료의 전년비가 각각 더 크기 때문에 차지하는 비중이 증가하였다.)

ㄷ. (○) <표 3>을 통해 판단할 수 있다.

ㄹ. (×) 일본의 수입액 증가폭이 인도의 수입액 증가폭보다 크기 때문에 수입액 차이는 매년 증가하고 있다.

21 분수 비교형
정답 ⑤

우리나라 전체 의약품 수입액은 2009년 약 500만에서 2010년 약 580만으로 증가하였으므로 16% 정도 증가하였다. 2009년과 2010년 의약품 수입액에서 각 국가가 차지하는 비중이 동일하다고 가정한다면 각 국의 2010년 수입액 역시 2009년보다 약 16% 증가한 것이 된다. 2007년에 비해 2009년에 감소한 독일의 경우 2010년 수입액은 대략 467 × 1.16 ≒ 541이 되므로 2007년 533에 비해 10 미만 증가하였다. 영국은 2010년 280 × 1.16 ≒ 324로 2007년 286에 비해 40 가까이 증가하였고 프랑스는 332 × 1.16 ≒ 385로 50 넘게 증가하였다. 따라서 (A)는 독일이다.

2007~2010년 동안 증감방향이 독일과 동일한 국가는 사실상 2007~2009년 동안 증감방향이 독일과 동일한 국가가 된다. 따라서 증가, 감소인 국가가 되므로 중국, 프랑스, 이탈리아, 벨기에, 인도로 총 5개이다.

22 보고서 검토·확인형

ㄴ. 두 번째 문단 두 번째 문장 '직업별로는~'과 세 번째 문단 두 번째 문장 '또 정규직 여성은~'에서 남성과 여성의 직업별 혼인이행률 자료가 추가로 필요하다.

ㄷ. 두 번째 문단 네 번째 문장 '부모의 학력이~', 부모가 자가주택에 살면~'에서 부모의 학력별·주거형태별 혼인이행률 자료가 추가로 필요하다.

23 각주 판단형

국가	경제활동참가율	15세이상인구	경제활동인구	고용률	취업자	실업자	실업률
A	40%	100	40	10%	10	30	75%
B	70%	100	70	30%	30	40	57.1%
C	60%	100	60	40%	40	20	33.3%
D	90%	100	90	20%	20	70	77.8%
E	60%	100	60	20%	20	40	66.7%

ㄱ. (O) 고용률이 가장 높은 국가는 C국이며, C국의 경제활동참가율은 60%이고, 고용률은 40%였다. 15세 이상 인구를 100이라 하면 경제활동인구 수는 60이고, 취업자 수는 40이므로 실업자 수는 20이 된다. 따라서 실업률은 20/60이 되어 실업률은 33.3%가 된다.

ㄴ. (×) 실업률이 가장 높은 나라는 D국이며, 실업률은 약 77.7%이다. 따라서 경제활동참가율(90%)이 실업률보다 높다.

ㄷ. (O) 고용률이 실업률보다 높은 곳은 C국 1개이다.

24 각주 판단형

ㄱ. (O) A병 검사에서 음성반응이 나타날 확률 = (A병 발생확률) × (A병이 발생하였음에도 불구하고 음성으로 나오는 경우) + (1 − A병 발생확률) × (A병이 발생하지 않아 음성으로 나오는 경우) = 0.01 × 0.3 + 0.99 × 0.6 = 0.003 + 0.594 = 0.597이다. 따라서 50% 이상이다.

ㄴ. (×) 황인종이 A병이 발생하지 않음에도 불구하고 검사결과 양성반응이 나타날 확률 = (1 − A병일 확률) × A병이 발생하지 않았음에도 불구하고 검사결과 음성반응이 나타날 확률 = 0.99 × 0.4 = 0.396이다.

ㄷ. (O) 백인종에 대한 A병 검사에서 양성반응이 나타날 확률 = (A병 발생확률) × (A병이 발생하여 양성으로 나오는 경우) + (1 − A병 발생확률) × (A병이 발생하지 않았음에도 불구하고 양성으로 나오는 경우) = 0.001 × 0.7 + 0.999 × 0.3 = 0.0007 + 0.2997 = 0.3004이다. 따라서 30% 이상이다.

ㄹ. (×) 흑인이 A병이면서 검사에서 음성반응이 나타날 확률 = A병일 확률 × A병이 발생하였음에도 불구하고 음성으로 나오는 경우 = 0.003 × 0.4 = 0.0012이다. 따라서 0.01 미만이다.

✎ 문제 풀이 팁!

ㄱ. A병이 발생하지 않을 확률 99%에 음성인 확률 60%만 감안해도 50%를 넘는다.

25 최소여집합형

ㄱ. (×) 세무직렬 합격자는 74명이다. 전체 합격자 중 수험기간이 1년 6개월(18개월) 이상인 사람은 207 − 129 = 78이다. 따라서 전체 합격자 중 수험기간이 1년 6개월(18개월) 이상인 사람 78명 모두 세무직렬이라고 가정하면 1년 6개월(18개월) 미만인 사람 중 세무직렬 합격자가 없게 된다. 따라서 세무직렬 합격자 중 수험기간이 1년 6개월(18개월) 미만인 사람이 반드시 존재한다고 볼 수 없다. ($A - B^c < 0$인 경우이다.)

ㄴ. (O) 일반행정직렬 합격자는 100명이고 수험기간이 1년 3개월(15개월) 미만인 사람은 95명이다. 따라서 수험기간이 1년 3개월(15개월) 이상인 사람은 최소 5명이므로 일반행정직렬 합격자 중 적어도 5% 이상이 된다.

ㄷ. (×) 수험기간이 1년(12개월) 이상인 합격자는 207 − 41 = 166명이다. 세무 74명과 외무영사직렬 33명 모두 수험기간이 1년 이상이라면 일반행정직렬 합격자는 166 − 107 = 59명이 될 수도 있다. 따라서 수험기간이 1년 이상인 합격자 중에서는 일반행정직렬 합격자가 가장 많은지 판단할 수 없다.

3회 실전동형모의고사

정답

p.52

1	①	빈칸형	6	④	각주 판단형	11	①	매칭형	16	③	분수 비교형	21	③	조건 판단형
2	⑤	빈칸형	7	④	각주 판단형	12	③	분수 비교형	17	②	빈칸형	22	②	분수 비교형
3	③	분수 비교형	8	②	분수 비교형	13	④	각주 판단형	18	②	표-차트 변환형	23	④	빈칸형
4	②	분수 비교형	9	①	분수 비교형	14	③	분수 비교형	19	③	분수 비교형	24	①	빈칸형
5	②	분수 비교형	10	⑤	분수 비교형	15	⑤	단순 판단형	20	③	각주 판단형	25	②	분수 비교형

취약 유형 분석표

유형별로 맞힌 문제 개수와 정답률, 틀린 문제 번호, 풀지 못한 문제 번호를 적고 나서 취약한 유형이 무엇인지 파악해 보세요.

유형		맞힌 문제 개수	정답률	틀린 문제 번호	풀지 못한 문제 번호
자료비교	곱셈 비교형	–	–		
	분수 비교형	/12	%		
	반대해석형	–	–		
자료판단	단순 판단형	/1	%		
	매칭형	/1	%		
	빈칸형	/5	%		
	각주 판단형	/4	%		
	조건 판단형	/1	%		
자료검토·변환	보고서 검토·확인형	–	–		
	표-차트 변환형	/1	%		
자료이해	평균 개념형	–	–		
	분산·물방울형	–	–		
	최소여집합형	–	–		
TOTAL		/25	%		

해설

1 빈칸형 정답 ①

ㄱ. (×) 압수 전산자료 건수는 2016년 210천 건에서 2019년 429천 건으로 2배 이상 증가하였다. 2배를 기준으로 비교 대상을 검토하면 자유형집행의 경우 역시 854천 건에서 1,825천 건으로 2배 이상 증가하였다. 압수는 107% 증가, 자유형집행은 120% 이상 증가하여 자유형집행의 증가율이 더 높았다.

ㄴ. (×) 영장의 경우에도 신규 등록건수는 매년 증가하고 있다.

ㄷ. (O) 연평균 신규 등록건수가 가장 많은 분야는 매년 2,000건을 넘는 '사건'이고 두 번째로 많은 분야는 매년 1,000건을 넘는 '기록보존'이다.

ㄹ. (O) 2017년 14,663, 2018년 15,429로 증가하였다.

> **문제 풀이 팁!**
>
> ㄱ. 2배를 뺀 나머지만 비교한다. 압수는 $\frac{9}{210}$, 자유형집행은 $\frac{117}{854}$ 이므로 자유형집행이 더 높다.
>
> ㄹ. 누계의 2017년 대비 2018년 증가폭과 2018년 대비 2019년 증가폭을 15,000 기준으로 비교한다.

2 빈칸형 정답 ⑤

ㄱ. (O) C후보의 득표율을 x라고 하면, B후보의 득표율은 $60-x$가 된다. 이때, A가 당선되었으므로 B와 C의 득표율은 각각 40보다 작아야 한다. 즉 x의 범위는 $20 < x < 40$이 된다. 따라서 x가 30일 때 두 후보의 득표율을 곱한 값이 900으로 최댓값이 된다.

ㄴ. (O) 다른 후보가 싫어서 투표한 국민 중 B후보에 투표한 국민과 C후보에 투표한 국민 모두가 A후보를 싫어했다고 가정하면, A를 싫어했던 투표자의 최댓값을 구할 수 있다. C의 득표율을 x, B의 득표율을 $x-600$이라고 하면 $(60-x) \times 0.5 + x \times 0.6 = 30 + 0.1x$이다. $20 < x < 40$이므로 $32 < 30 + 0.1x < 34$이다. 따라서 최대 34% 미만이다.

ㄷ. (O) $40 \times 0.7 + (60-x) \times 0.5 + x \times 0.4 = 58 - 0.1x$이고 x값은 $20 < x < 40$이므로 $54 < 58 - 0.1x < 56$이다. 따라서 최대 56% 미만이다.

3 분수 비교형 정답 ③

ㄱ. (O) 우즈베키스탄의 합법체류자는 불법체류자 수의 700배 이상이고 이보다 높았던 국가는 없다.

ㄴ. (O) 2023년 중국인 불법체류자 중 유학생과 관광사유가 차지하는 비중은 $\frac{2,723}{42,993} \times 100 ≒ 6.3\%$ 정도이다. 일본의 불법 체류율은 $\frac{3,850}{40,577} \times 100 ≒ 9.5\%$ 정도이므로 전자는 후자의 절반 이상이다.

ㄷ. (×) 불법체류자 수가 가장 많은 국가는 중국이지만 불법체류율은 중국보다 몽골이 더 높다.

ㄹ. (×) 중국인의 한국 체류 사유 중 불법체류율이 가장 높은 사유는 관광(약 37%)이지만 몽골의 불법체류율(50% 이상)보다 낮다.

> **문제 풀이 팁!**
>
> ㄱ. 국적의 수가 많지만 불법체류자의 수가 3보다 작은 국적을 먼저 찾는다면 시간을 줄일 수 있다.
>
> ㄴ. 5% 이상과 10% 미만이라는 점을 파악한다.
>
> ㄷ. 50% 기준으로 판단하도록 한다.

4 분수 비교형 정답 ②

ㄱ. (O) 두 번째 <보고서>에서 원유수입량이 전년 대비 4.5% 증가하였으며, 국가별로 원유수입실적은 사우디 277백만 배럴(31.7%), UAE 106백만 배럴(12.1%), 쿠웨이트 103백만 배럴(11.8%), 이란 73백만 배럴(8.3%) 순이다.

ㄴ. (×) 첫 번째 <보고서>에서 $\frac{금액}{총물량}$으로 판단하면 벙커C유는 벙커A유에 비해 총물량은 대략 70배 이상이지만 금액은 대략 50배 이상으로 70배 미만 정도이다. 따라서 총물량 대비 금액의 비율은 벙커C유보다 벙커A유가 더 크다.

ㄷ. (×) 세 번째 <보고서>를 통해서 판단할 수 있다. 2018년 대비 2020년 등유는 27,659천 배럴에서 29,385천 배럴로 1,726천 배럴 증가하며 10% 미만의 증가율을 보이고 있지만 휘발유의 경우에는 62,037천 배럴에서 68,931천 배럴로 6,894천 배럴 증가하여 10% 이상의 증가율을 보이고 있다. 따라서 등유가 가장 크지 않다.

ㄹ. (O) 네 번째 <보고서>를 통해서 판단할 수 있다. 2018년 휘발유 소비량 증가폭은 2017년 이후 가장 작기 때문에 사실상 가장 낮은 전년 대비 증가율을 보이고 있지만 휘발유 가격은 2017년 대비 2018년 171원 상승으로 증가폭이 가장 컸다.

> **문제 풀이 팁!**
>
> ㄱ. 표 제목에서 상위 6개 국가라고 하였으므로 기타를 고려하지 않아도 된다.
>
> ㄴ. 총물량 대신 총물량 비중으로 판단해도 된다. 벙커C유는 $\frac{2,796}{75.8}$이고 벙커A유는 $\frac{48}{1.0}$이므로 $\frac{2,796}{758} < 4$, $\frac{48}{10} = 4.80$이다. 따라서 벙커A유가 벙커C유보다 크다.

5 분수 비교형 정답 ②

① (×) 기간연장, 자격부여, 자격 외 활동, 근무처변경, 근무장소변경, 거소신고, 등록사항변경으로 총 7개이다.

② (O) 자격부여, 자격변경, 자격외활동, 등록사항변경으로 총 4개이다.

구분	2020년	2021년 추정치	
기간연장	649,474	566,616	
자격부여	2,796	3,528	+
자격변경	114,140	126,228	+
재입국	322,451	10,944	
자격외활동	19,043	38,556	+
근무처변경·추가	76,992	65,040	

구분	2020년	2021년 추정치	
근무장소변경·추가	9,014	2,736	
외국인등록	286,089	277,308	
거소신고	46,802	46,188	
등록사항변경	57,349	61,560	+

(2021년 1월×12 > 2020년을 만족하는지 판단한다.)

③ (×) 2016~2020년 동안 통고처분 1인당 금액은 2016년이 유일하게 인원 수치가 금액 수치보다 크다. 따라서 통고처분 1인당 금액이 가장 적다. 과태료처분 1인당 금액의 경우 2016년과 2017년을 비교하면 인원은 10% 이상 차이나지만 금액 차이는 10% 미만이다. 따라서 과태료처분 1인당 금액은 2016년이 가장 적지 않기 때문에 서로 다르다.

④ (×) 기타를 제외하면 2020년 1월 출입국관리법위반에 따른 처리인원이 가장 많았던 방법은 강제퇴거(826 + 158 = 984)가 아니라 통고처분(2,760 - 1,210 = 1,550)이다.

⑤ (×) 2018년 출입국관리법위반자 처리인원의 전년 대비 증가율은 출국권고의 경우 약 50% 정도이지만 강제퇴거의 경우 60%를 넘는다.

6 각주 판단형
정답 ④

ㄱ. (○) 국외지급요소소득=국외수취요소소득-국외순수취요소소득이므로 국외지급요소소득은 113, 131, 148, 180천억 원으로 매년 증가하고 있다.

ㄴ. (○) 국민총소득 = 국민순소득 + 고정자본소모액 = 국내총생산 + 국외순수취요소소득의 관계에 있으므로 국내총생산 - 국민순소득 = 고정자본소모액 - 국외순수취요소소득이 된다. 따라서 고정자본소모액이 국외순수취요소소득보다 많다면 국내총생산 역시 국민순소득보다 많을 수밖에 없다.

ㄷ. (×) 국내총생산은 2020년 8,323에서 2021년 8,528로 증가한 반면 국민총소득은 2020년 8,326에서 2021년 8,523으로 증가폭이 더 작다. 따라서 2021년의 경우 국내총생산의 전년 대비 증가율이 국민총소득의 전년 대비 증가율보다 높다.

ㄹ. (○) 고정자본소모액= 국민총소득 - 국민순소득이므로 <표 2>를 통해 각 연도별 격차는 1,000천억 원(100조 원) 이상이었음을 알 수 있다.

✏ 문제 풀이 팁!

ㄱ. 수취 증가폭이 순수취 증가폭보다 큰지 판단하여 비교한다.
ㄷ. 국민총소득 = 국내총생산 + 국외순수취요소소득이므로 국내총생산의 증가율보다 국외순수취요소소득의 증가율이 더 높았다면 국민총소득의 증가율이 더 높다. 따라서 2021년에 국외순수취요소소득은 전년 대비 감소하였으므로 국내총생산의 증가율이 국민총소득 증가율보다 더 높았음을 알 수 있다.

7 각주 판단형
정답 ④

ㄱ. (×) 2022년 대비 2023년 농업소득은 증가하였으나 어업소득은 감소하였다.

ㄴ. (○) 2021년에 비해 2022년 어업소득률의 분자인 어업소득은 감소하였지만 분모인 어업총수입은 증가하였으므로 어업소득률은 감소하였다.

ㄷ. (×) 농업외소득이 농가소득에서 차지하는 비중이 매년 감소하고 있으므로 농업외소득의 전년 대비 증가율은 농가소득의 전년 대비 증가율보다 매년 더 낮아야 한다.

ㄹ. (○) <표 2>와 같이 수치와 비중이 함께 주어져 있는 경우에는 $\frac{\text{농업소득비중}}{\text{경상소득비중}} < \frac{\text{어업소득비중}}{\text{경상소득비중}}$ 으로 비교한다. 농업소득비중은 어업소득비중보다 더 작지만 농가의 경상소득비중은 어가의 경상소득비중보다 크다. 따라서 농가 경상소득 중 농업소득이 차지하는 비중은 어가 경상소득 중 어업소득이 차지하는 비중에 비해 낮았다.

8 분수 비교형
정답 ②

ㄱ. (×) 관광수지가 가장 적은 해는 2022년이지만 관광수입의 전년 대비 감소율이 가장 큰 해는 2019년이다.

ㄴ. (○) 외국인 입국자가 전년에 비해 가장 많이 증가한 해와 내국인 출국자 수가 전년에 비해 가장 많이 증가한 해는 2020년으로 동일하다.

ㄷ. (×) 2019년의 경우 2018년에 비해 관광수입과 관광지출 각각 감소하고 있다.

ㄹ. (○) 2014년 이후 관광수입의 전년 대비 증가율이 가장 큰 해와 관광수지의 전년 대비 증가폭이 가장 큰 해는 2014년으로 동일하다.

9 분수 비교형
정답 ①

ㄱ. (×) GDP = $\frac{\text{ODA 규모}}{\text{GDP 대비 ODA 비율}}$ 이므로 2019년 GDP는 $\frac{832}{125}$, 2020년 GDP는 $\frac{911}{167}$ 이다. 2019년은 6을 넘지만 2020년은 6을 넘지 못한다. 따라서 GDP는 감소하였다.(0.125는 $\frac{1}{8}$ 과 0.167은 $\frac{1}{6}$ 이므로 832 × 8 > 911 × 6이다.)

ㄴ. (×) 인구 = $\frac{\text{ODA 규모}}{\text{1인당 ODA}}$ 이므로 2020년 $\frac{911}{191}$, 2021년 $\frac{943}{202}$ 이다. 분모는 11만큼 차이가 나므로 5% 이상, 분자는 32 차이이므로 5% 미만 차이가 난다. 따라서 2021년에는 2020년에 비해 감소하였다.(2018년 대비 2019년도 동일하게 판단하면 감소하였다.)

ㄷ. (○) GDP 대비 ODA의 비율이 매년 커지고 있으므로 분모인 GDP의 증가율보다 분자인 ODA 증가율이 더 높다.

ㄹ. (○) 1인당 ODA × 전체 ODA 중 양자간 유상 ODA 규모 비중을 통해 각 연도별 국민 1인당 양자간 유상 ODA 규모를 계산할 수 있다. 따라서 2018년은 16,600 × $\frac{145}{752}$ ≒ 16,600 × 20% 미만 ≒ 3,320 정도이고, 2021년은 20,201 × $\frac{292}{943}$ ≒ 20,201 × 30% 이상 ≒ 6,060 정도이므로 2021년은 2018년에 비해 50% 이상 증가하였다.

10 분수 비교형
정답 ⑤

ㄱ. (×) <그림>에서 국가 채무액은 증가하였으나 2011년 420.5조 원에 비해 2017년 610.0조 원은 50% 이상 증가하지 않았다.

ㄴ. (○) GDP = $\frac{\text{국가 채무}}{\text{GDP 대비 비율}}$ 이므로 <그림>에서 GDP 대비 비율이 매년 감소하고 국가 채무가 매년 증가하고 있으므로 GDP는 매년 증가할 것으로 예상된다. 또한 2017년 $\frac{630.0}{0.356}$ ≒ 1,769.7이므로 1,500조 원 이상이다.

ㄷ. (O) 일반회계 국가 채무액이 외환시장 안정용 국가 채무액을 넘어선 연
도는 2014년이다. 2014년 이후 두 분야의 국가 채무액 격차는 2014년
13.7, 2015년 20.4, 2016년 24.7, 2017년 27.5로 매년 증가할 것으
로 예상된다.

ㄹ. (O) 2012년 이후 국가 채무는 매년 증가하지만 국민주택 기금은 감소하므
로 비중 역시 감소할 것으로 예상된다.

📝 **문제 풀이 팁!**

ㄱ. 420의 1.5배가 정확히 630이므로 420.5의 1.5배는 630을 넘어야 한다.

ㄷ. 일반회계의 증가폭이 외환시장 안정용의 증가폭보다 더 큰지 판단하도록
한다.

11 매칭형
정답 ①

· 첫 번째 조건으로부터, 정, 무, 기는 A, B, D 중 하나씩에 해당됨을 알 수
있다.

· 두 번째 조건으로부터, 경, 신은 C, E 중 하나씩에 해당됨을 알 수 있다.

· 세 번째 조건으로부터 기는 D, 두 번째 조건과 연결하여 보면 경은 C, 신은
E임을 알 수 있다.(선택지 ②, ④, ⑤ 제거)

· 네 번째 조건으로부터 B가 무, E가 신이라는 것을 알 수 있다.

따라서 A는 정, B는 무, E는 신임을 알 수 있다.

12 분수 비교형
정답 ③

ㄱ. (×) 가구당 주민 수는 D마을이 1.5 이상으로 가장 많지만, 벼의 생산량은
C마을이 가장 많다.

ㄴ. (O) B마을과 D마을의 논 경지 면적은 같다. 따라서 벼 생산량을 비교하면
B마을의 생산량 2,994kg은 D마을의 생산량 5,882kg의 50% 이상이다.
따라서 B마을의 벼 생산성은 D마을 벼 생산성의 50% 이상이다.

ㄷ. (O) 주민 1인당 배추 소비량 $= \frac{배추 생산량}{주민 수}$ 이므로 A마을이 1인당 10kg
미만으로 가장 적다.

ㄹ. (×) 논과 밭을 합한 경지 면적이 두 번째로 큰 마을은 C이며, 배추 생산량
은 세 번째로 많다.

13 각주 판단형
정답 ④

ㄱ. (O) D구의 2013년 예산이 1,000일 경우, 2023년 예산은 200%(3배) 증
가하여 3,000이 된다. 이때 2013년 D구의 생활비는 900이고, 식비는 그
중 60%이므로 54가 된다. 2023년의 경우는 생활비는 360이고 식비는
그중 75%이므로 2700이 된다. 따라서 2023년 식비는 2013년 식비의 4
배 이상이다.

ㄴ. (O) 생활비 대비 식비의 비율이 80%이므로 기타비용은 20%를 차지하고
있다. 1인당 기타비용이 500천 원이므로 1인당 생활비는 $\frac{500}{0.2}$ = 2,500
천 원이 된다.

ㄷ. (×) 예산 대비 식비의 비율 = 예산 대비 생활비 × 생활비 대비 식비.
이에 따라 A구는 8 × 80, E구는 24 × 50 = 8 × 150이므로 E구가 2배 미
만이다.

ㄹ. (O) 1인당 기타비용이 1,000천 원이고 이는 1인당 생활비의 20%이므로
1인당 생활비는 5,000천 원이다. 이는 1인당 예산의 8% 값이므로 1인당
예산은 5,000 × 12.5 = 62,500천 원 = 6,250만 원이다.

14 분수 비교형
정답 ③

ㄱ. (O) 2021년 연간 총 수탁고는 350,009억 원이고, 2022년 연간 총 수탁
고는 426,778억 원이므로 10% 이상 증가하였다.

ㄴ. (×) 총 수탁고는 증가하였지만 주식관련 상품은 감소하였으므로 2022년
4분기 총 수탁고 규모 중 주식관련 상품이 차지하는 비중은 전년 동기 대
비 감소하였다.

ㄷ. (×) MMF의 전년 동기 대비 증감폭은 3분기가 10,000억 원 이상으로 가
장 크지만, 채권형은 3분기보다 4분기가 더 크므로 서로 동일하지 않았다.

ㄹ. (O) 주식형, ELF의 합이 매 분기 10%를 하회하므로 혼합형은 90%를 초
과한다.

📝 **문제 풀이 팁!**

ㄱ. 2022년 각 분기별로 2021년에 비해 10% 이상 증가하였으므로 전체의 증
가율도 10% 이상이 되는 것을 알 수 있다.

15 단순 판단형
정답 ⑤

ㄱ. (O) 반대해석을 해서 주거만족도 조사 항목 중 전국 기준 불만족비율이 가
장 낮은 항목이 지역유대인지 판단하면 된다.

ㄴ. (×) 문화시설은 수도권, 광역시, 도지역 순으로 높다.

ㄷ. (×) 수도권은 주거환경 개선이 주택유형보다 높지만 광역시는 주거환경 개
선보다 주택유형이 더 높다.

16 분수 비교형
정답 ③

ㄱ. (O) 2016년 대비 2019년의 증가율은 $\frac{12}{130}$ 이고, 2019년 대비 2022년의
증가율은 $\frac{14}{142}$ 이므로 후자가 더 크다.

ㄴ. (×) 매년 충원수는 증가하고 있으나, 직위수 대비 충원수는 2018년에 전
년 대비 감소하고 있다.

ㄷ. (×) 주어진 <표>에 나타난 외부임용율은 충원수 대비 외부임용의 비율
이다. 따라서 개방형 직위 전체를 기준으로 한다면 2020년에 외부임용이
이루어진 직위의 비중은 약 39.6%(61 / 154 × 100), 2021년에 42.9%,
2022년에 34.8%이다.

ㄹ. (O) 외부임용률 50%를 기준으로 가장 근접한 2021년이 가장 격차가 작
고, 2017년이 가장 격차가 크다.

17 빈칸형
정답 ②

ㄱ. (O) 부동산 평균 보유 금액은 남성가구주가 24,945.7만 원으로 여성가구
주 11,591.6만 원보다 2배 이상 많다.

ㄴ. (×) 가구주 전체의 총자산 중 저축액이 차지하는 비중은 남성과 여성의 저축액 비중의 가중평균값이 된다. 따라서 16.2~16.5% 사이의 값을 갖는다. 그리고 부동산 중 주택이외가 차지하는 비중은 31.5/76.8 × 100이므로 40%를 넘는다. 따라서 전자는 후자의 절반 미만이다.

ㄷ. (○) 총자산의 10%인 2,811과 부채총액 3,947.9의 70%를 비교하면 된다. 3,947 × 70% < 2,800이므로 10% 미만이다.

ㄹ. (×) 여성 가구주의 평균 순자산은 15,658.5 - 2,484 = 13,174.5만 원이고 가구주 전체 평균 순자산은 28,112.3 - 3,947.9 = 24,164.5만 원이다. 따라서 전자는 후자의 절반 이상이다.

📝 **문제 풀이 팁!**

ㄹ. 간단하게 보면 대략 전체는 24,000 정도이고, 여성은 13,000 초과이다.

18 표-차트 변환형
정답 ②

ㄱ. (○) <표 1>을 그대로 표현한 자료이다.

ㄴ. (×) 소주가 차지하는 비중은 2015년에는 30% 미만이고 2021년에는 2020년에 비해 감소해야 한다.

ㄷ. (○)

ㄹ. (×) 2017년의 경우 수입분 출고량의 전년 대비 증가율은 40% 이상이고, 2022년의 경우 역시 15% 미만이어야 한다.

19 분수 비교형
정답 ③

ㄱ. (×) 2020년에 비해 2021년에는 주류 출고량의 전년 대비 증가폭이 감소하고 있다. 따라서 주류 출고량의 전년 대비 증가율 역시 2021년에는 감소한다.

ㄴ. (○) 탁주가 2배를 초과하여 증가하고 있으므로 나머지에 비하여 증가율이 가장 높다.

ㄷ. (○) 2016~2018년 동안은 10%를 넘는다.

ㄹ. (×) <표>는 출고량에 대한 자료이다. 국내분 주류 소비량에 대한 정보는 판단할 수 없다.

20 각주 판단형
정답 ③

ㄱ. (○) 대지면적 × 건폐율 = 건축면적이므로 A가 가장 크다.

ㄴ. (○) A를 제외한 B~E는 건폐율이 클수록 용적률이 크다.

ㄷ. (×) 건물의 바닥면적 총합으로 임대료가 결정되므로 임대료의 산정 기준은 건축연면적이 된다. 임대수입 = 대지면적 × 용적률 × m²당 임대수입이다. m²당 임대수입이 가장 높은 건물은 E이고 E와 비교대상이 될 만한 용적률이 가장 높은 C와 비교하자. E = 2,000 × 201 × 800이고 C = 1,201 × 480 × 70이므로 정리하면 E = 2 × 201=400, C = 12 × 6 × 7 = 42 × 12 > 400으로 임대수입은 E보다 C가 크다. 따라서 옳지 않다.

ㄹ. (○) 층수 = $\frac{건축연면적}{건축면적}$ = $\frac{용적률}{건폐율}$ 이므로 C가 6으로 층수가 가장 높다. 그리고 C의 m²당 대지가격도 1,201로 가장 낮지는 않다.

21 조건 판단형
정답 ③

ㄱ. (○) 수입 총금액은 금액지수(= 물량지수 × 단가지수)로 판단 가능하다. 2023년의 수입물량지수와 수입단가지수가 100보다 크므로 2018년보다 각각 물량, 단가가 높다. 따라서 수입 총금액이 2018년에 비해 증가하였다.

ㄴ. (○) 각 연도별 분모와 분자의 감소율로 대략적으로 판단하도록 한다. 2020년 $\frac{831}{875}$ ≒ 0.949, 2021년 $\frac{851}{956}$ ≒ 0.89, 2022년 $\frac{915}{1,073}$ ≒ 0.85, 2023년 $\frac{927}{1,173}$ ≒ 0.79로서 지속적으로 하락하고 있다.

ㄷ. (×) 2018년 100에 비해 2019년 100.7 × $\frac{869}{910}$ < 100으로 하락하였다.

22 분수 비교형
정답 ②

① (○) 경상북도, 부천시, 인제군, 해운대구가 해당된다.

② (×) 2017년 공무원 정원 1인당 총액인건비 기준액은 김포시가 $\frac{430}{838}$ 으로 창원시 $\frac{980}{1,542}$ 보다 적다.
(김포시가 약 513,000원/인, 창원시가 약 635,000원/인)

③ (○) 2차 시범실시 자체단체는 모두 2016년 공무원 정원이 전년 대비 증가하였지만 1차 시범실시 자치단체는 그렇지 않다.

④ (○) 2차 시범실시 자치단체 중 총액인건비 기준액이 가장 적은 지역은 인제군이며 2015년 공무원 정원도 489명으로 가장 적다.

⑤ (○) 1차 시범실시 자치단체 중 총액인건비 기준액이 두 번째로 적은 지역은 홍성군이고 2017년 공무원 정원도 1차 시범실시 구역 중 두 번째로 적다.

23 빈칸형
정답 ④

ㄱ. (○) 2007년 기준으로 2배 이상이 되기까지 걸린 기간은 승용차는 2011년, 승합차는 2015년, 화물차는 2015년, 특수차는 2010년이다. 따라서 기간이 가장 짧은 차종은 특수차이다.

ㄴ. (×) 전년 대비 자동차 증감폭은 2018년 1,035,325대이지만 2010년의 경우 1,130,339대로 더 크다.

ㄷ. (○) 전체 증가율이 0.5%이고 승용차와 특수차는 감소하며, 승합차는 4% 이상, 화물차는 1% 이상 증가하므로 승합차와 화물차의 비중이 증가한다.

📝 **문제 풀이 팁!**

ㄴ. 110만 기준으로 판단하면 빠르게 확인할 수 있다.

24 빈칸형
정답 ①

ㄱ. (○) 2007~2010년 동안 매년 남성 응시자수는 감소하나, 여성 응시자수는 증가하고 있다.

ㄴ. (○) 2007년 이후 여성과 남성 합격률의 전년 대비 증감방향이 동일한 연도에는 2010년뿐이다. 2010년에는 여성과 남성 최종합격자가 각각 전년 대비 감소하였으므로 증감방향이 동일하다.

ㄷ. (×) 2009년 최종합격자의 전년 대비 감소율과 여성의 전년 대비 감소율을 비교해도 되지만 최종합격자의 수는 감소하고 남성의 수는 증가하므로(즉 전년 대비 최종합격자 중 남성이 차지하는 비중이 증가하므로) 여성이 차지하는 비중은 전년 대비 감소하게 된다.

ㄹ. (×) 남성 합격률 대비 여성 합격률의 비율은 2006년이 가장 높고(비교 대상은 2012년 정도) 가장 낮은 해는 2009년이 아닌 2011년이다.

25 분수 비교형

정답 ②

① (○) C통신사의 점유율이 30%라면 45만 명이다. C통신사의 점유율이 30%보다 낮으므로 45만 명 이하이다.

② (×) 2021년 B통신사의 이동통신 가입자 중 2022년에도 B통신사를 사용하고 있는 사람의 비중은 $30 \times 0.75 = 22.5\%$이고 2021년 C통신사의 이동통신 가입자 중 2022년에도 C통신사를 사용하고 있는 사람의 비중은 $29 \times 0.7 = 20.3\%$이므로 전자가 더 크다.

③ (○) 2022년 C통신사의 고객점유율은 $41 \times 0.4 + 30 \times 0.2 + 29 \times 0.7 = 42.7\%$이고, 그 중 2021년 A에 가입했던 고객이 16.4%, B에 가입했던 고객이 6.0%로 다른 통신사에 가입하고 있던 고객이 22.4%이다. 따라서 50% 이상이다.

④ (○) A통신사의 경우 2021년 41%에서 2022년 22.25%로 가입자 수가 가장 크게 변하였다.

⑤ (○) A의 경우 24.6%, B의 경우 7.5%, C의 경우 8.7%이므로 B가 가장 적다.

<전체 가입자 기준 구성비>

2021 \ 2022	A	B	C	계
A	16.40	8.20	16.40	41.00
B	1.50	22.50	6.00	30.00
C	4.35	4.35	20.30	29.00
계	22.25	35.05	42.70	100.00

4회 실전동형모의고사

정답

p.70

1	④	빈칸형	6	⑤	빈칸형	11	③	분수 비교형	16	③	조건 판단형	21	④	각주 판단형
2	⑤	분수 비교형	7	⑤	보고서 검토·확인형	12	⑤	분수 비교형	17	②	곱셈 비교형	22	⑤	최소여집합형
3	①	조건 판단형	8	③	분수 비교형	13	①	각주 판단형	18	⑤	분수 비교형	23	②	분수 비교형
4	⑤	분수 비교형	9	①	분수 비교형	14	⑤	각주 판단형	19	①	단순 판단형	24	④	분수 비교형
5	①	단순 판단형	10	①	빈칸형	15	②	분수 비교형	20	④	빈칸형	25	③	단순 판단형

취약 유형 분석표

유형별로 맞힌 문제 개수와 정답률, 틀린 문제 번호, 풀지 못한 문제 번호를 적고 나서 취약한 유형이 무엇인지 파악해 보세요.

유형		맞힌 문제 개수	정답률	틀린 문제 번호	풀지 못한 문제 번호
자료비교	곱셈 비교형	/1	%		
	분수 비교형	/10	%		
	반대해석형	–	–		
자료판단	단순 판단형	/3	%		
	매칭형	–	–		
	빈칸형	/4	%		
	각주 판단형	/3	%		
	조건 판단형	/2	%		
자료검토·변환	보고서 검토·확인형	/1	%		
	표-차트 변환형	–	–		
자료이해	평균 개념형	–	–		
	분산·물방울형	–	–		
	최소여집합형	/1	%		
TOTAL		/25	%		

1 빈칸형

① (×) 2023년 3분기의 가구당 사육마릿수는 닭이 $\frac{164,844}{3,150}$ ≒ 52,331마리이고 오리는 $\frac{10,467}{771}$ = 13,575마리이다. 따라서 닭이 오리보다 더 많다. (닭은 50천 마리 이상, 오리는 10천 마리 정도이다.)

② (×) 2023년 1분기 자료가 주어져 있지 않기 때문에 2023년 2분기의 전기 대비 증가폭은 판단할 수 없다.

③ (×) 한·육우 사육마릿수의 전년 동기 대비 감소율은 2023년 2분기 $\frac{131}{2,879}$이고 2023년 3분기 $\frac{67}{2,820}$이다. 따라서 2023년 2분기가 2023년 3분기보다 더 높다.

④ (○) 2023년 3분기의 전년 동기 대비 증감폭보다 전기 대비 증감폭이 1만 이상 크다. 따라서 소의 사육가구수는 2022년 3분기 대비 2023년 2분기에 1만 가구 이상 감소하였다.

⑤ (×) 2023년 2분기 닭과 오리 사육마릿수 합은 201,000천 마리이고 고기를 이용할 목적으로 사육하는 닭과 오리의 합은 110,489 + 9,968천 마리로 약 120,000천 마리이다. 따라서 80%를 넘지 못한다.

> **✏️ 문제 풀이 팁!**
>
> ③ 분모는 거의 같지만 분자인 감소폭은 2분기가 3분기의 2배 정도인 것으로 파악한다.

2 분수 비교형

ㄱ. (×) '통신'은 '오락 및 문화'보다 품목 수는 적지만 가중치는 더 높다.

ㄴ. (○) 2022년 9월 '주류 및 담배' 지수는 $\frac{156.17}{1.503}$ ≒ 103.90이고 '의류 및 신발' 지수는 $\frac{117.87}{1.014}$ ≒ 116.24이다. 따라서 '주류 및 담배' 지수는 '의류 및 신발' 지수보다 작다.

ㄷ. (○) 기타상품 및 서비스를 제외하고 2023년 8월 지수가 100을 넘지 못하는 품목은 '통신'뿐이다. 참고로, 교통은 $\frac{99.96}{0.986}$ ≥ 100이다.

ㄹ. (○) 기타상품 및 서비스를 제외하고 2022년 9월이 2023년 8월보다 크려면 기여도의 전월 대비 증감폭이 전년 동월 대비 증감폭보다 커야 한다. 따라서 '주택, 수도, 전기 및 연료', '교통', '통신' 3개이다.

3 조건 판단형

먼저 신청자는 A~L까지 총 12명이다. 공통 제출서류는 모든 신청자가 제출해야 하므로 12 × 3 = 36부이고 세대분리·미혼·사별·이혼인 경우 가족관계증명서가 각각 1부씩 필요하므로 11부, 혼인상태에 따라 기혼인 경우(규정에 따라 C만 해당) 혼인관계증명서 1부, 청약통장 순위확인서 6부를 합하면 총 54부가 된다. 따라서 신청자 1인당 제출서류 부수는 $\frac{54}{12}$으로 4.5부이다.

4 분수 비교형

① (×) 배추는 2014년 15,233ha에서 2015년 12,724ha로 2,959ha 감소하여 약 16.5% 감소하였지만 무는 2014년 5,498ha에서 2015년 5,769ha로 271ha 증가하여 증가율은 10% 미만이다.

② (×) 배추 가격은 2014년에는 전년 대비 감소하였으나 무 가격은 2014년에 전년 대비 증가하였다.

③ (×) 2006년 배추 가격 328원보다 무 가격 279원이 더 낮고 2007년 배추 가격 715원보다 무 가격 752원이 더 높다. 따라서 2007년 배추 가격의 전년 대비 증가율은 무 가격의 전년 대비 증가율보다 더 낮다.

④ (×) 재배면적 1ha당 가격이 2014년과 2015년에 동일하다고 가정하면 2015년 배추 재배면적은 2014년에 비해 감소하였으므로 배추 가격 역시 2014년 401원보다 작다. 반면 2015년 무 재배면적은 2014년에 비해 증가하였으므로 무 가격 역시 2014년 471원보다 높다. 따라서 재배면적 1ha당 가격이 2014년과 2015년에 동일하다고 가정하면, 2015년 배추 가격은 무 가격보다 더 낮다. 수치로 보면, $\frac{401}{15,233}$ → $\frac{401↓}{12,724}$, $\frac{471}{5,498}$ → $\frac{471↑}{5,769}$이다.

⑤ (○) 먼저 2005~2014년 중 배추 가격보다 무 가격이 더 높은 해는 2014년이 유일하다. 2014년의 무 재배면적 대비 배추 재배면적의 비율은 2.5 이상으로 가장 높다.

5 단순 판단형

ㄱ. (×) 산업별 취업자 수가 주어져 있지 않으므로 비율만 가지고 실제 취업자 수를 비교할 수 없다. 따라서 판단할 수 없는 보기이다.

ㄴ. (○) 직업별 취업자 수가 모두 동일하다고 가정하면 비율의 크기로 비교 가능하다. 남성 기능원과 관리자의 합은 86.9 + 90.6 = 177.5이고 여성 판매종사자, 단순노무 종사자, 서비스 종사자의 합은 167.2이다. 따라서 전자가 후자보다 더 많다.

ㄷ. (○) 남성 취업자의 수가 여성 취업자의 수보다 3배 이상 많은 산업은 운수업과 건설업으로 2개이고, 남성 취업자의 수가 여성 취업자의 수보다 7배 이상 많은 직업은 관리자와 장치 기계조작 종사자 2개이다. 따라서 2개로 동일하다.
<그림 1>과 <그림 2> 모두 상위 3개의 산업이므로 판단이 가능하다.

6 빈칸형

① (×) 2023년 2분기의 전년 동기는 2022년 2분기이므로 판단할 수 없다.

② (×) 2023년 3분기 20대의 이동 인구는 337천 명으로 전기인 2023년 2분기 361천 명에 비해 감소하였다.

③ (×) 2023년 3분기 전입인구보다 전출인구가 더 많은 지역은 순이동 인구가 (−)인 서울, 부산, 대구, 광주, 대전, 울산, 충북, 전북으로 총 8개이다.

④ (×) 대구의 경우 2023년 3분기 순이동 인구가 −2,558명으로 2022년 3분기 −9,195명에 비해 증가한 지역이지만 2023년 3분기 순이동 인구는 (−)이므로 전입인구보다 전출인구가 더 많다.

⑤ (O) 2023년 2분기 25~34세 이동 인구는 204 + 244 = 448천 명으로 2022년 3분기 182 + 234 = 416천 명에 비해 32천 명 증가하였다. 따라서 $\frac{32}{416} \times 100 \geq 7\%$ 증가하였다.

7 보고서 검토·확인형
정답 ⑤

ㄷ. <보고서> 세 번째 문단 두 번째 문장 후단에서 기타 여가활동에 47분을 사용하였으며 이 중 대부분을 게임, 유흥 등에 사용했다고 언급하고 있으므로 기타 여가활동의 하위 구성항목을 알아야 판단 가능하다.

ㄹ. <보고서> 마지막 문단 마지막 문장에서 식사 시간의 증감 현황을 파악하려면 간식 시간을 파악해야 한다. <표>는 식사 및 간식 시간으로 묶여 있다.

8 분수 비교형
정답 ③

ㄱ. (×) 2021년에는 우리나라 쌀 생산량과 10a당 생산량의 전년 대비 증감 방향이 반대이다.

ㄴ. (O) 2010~2025년 중 2011년에 재배면적이 1,083,125ha로 가장 넓었고, 생산량도 5,366천 톤으로 가장 많았다.

ㄷ. (×) 우리나라 쌀 생산량은 2021년 4,110천 톤에서 2022년은 3,898천 톤으로 212천 톤 감소하여 2022의 전년 대비 감소율은 $\frac{212}{4,110} \doteqdot 5\%$ 정도이다. 이에 반해 2020년의 전년 대비 감소율은 2019년 4,787천 톤에서 2020년 4,180천 톤으로 607천 톤 감소하여 $\frac{607}{4,787} > 10\%$ 이다. 따라서 2020년 이후 우리나라 쌀 생산량의 전년 대비 감소율은 2022년보다 2020년이 더 크다.

ㄹ. (×) 2016년에는 전년에 비해 재배면적과 생산량이 모두 감소하였으나 10a당 생산량은 증가하였다.

9 분수 비교형
정답 ①

ㄱ. (×) 기타어류를 제외하고 2025년의 전년 대비 생산량 증가율이 가장 큰 어종은 참돔(40% 이상의 증가)이지만 전년 대비 생산금액 증가율이 가장 큰 어종은 숭어류(약 20% 증가)이다.

ㄴ. (O) 기타어류를 제외하면 2024년 수면적 대비 생산량의 비율은 조피볼락이 20 이상으로 가장 크고 숭어류가 6 정도로 가장 작다. 참고로, 넙치류는 약 9.6, 참돔은 약 9.3이다.

ㄷ. (O) 2025년 육상수조식 수면적은 2,373m²이다. 넙치류가 차지하는 수면적은 2,257m²이므로 전체 중 넙치류를 제외한 나머지 어종이 차지하는 수면적 4,393 - 2,257 = 2,136m² 모두 육상수조식이라 하더라도 2,373 - 2,136 = 237천m²는 육상 수조식 중 넙치류가 차지하는 최소한의 면적이다.

10 빈칸형
정답 ①

① (×) 남한의 고령인구는 2030년에 52,160 × 24.3% ≒ 12,675천 명이고 2060년에 43,959 × 40.1% = 17,627천 명이므로 증가율은 $\frac{17,627 - 12,675}{12,675} \times 100 \doteqdot 39\%$ 이다. 따라서 50% 미만 증가한다.

② (O) 1970~1975년 대비 1990~1995년 합계 출산율은 남한과 북한 각각 감소하였지만 기대수명은 각각 증가하였다.

③ (O) 남북한의 생산가능인구는 2025년 75,772 × 71.8%이고 2030년 78,879 × 64.8%이다. 따라서 감소할 것으로 예상된다.

④ (O) 2025년 남북한과 남한의 유소년인구 비중의 차이는 2.4%p이고, 생산가능인구 비중의 차이와 고령인구 비중 차이는 각각 1.2%p로 같다.

⑤ (O) 2060년 남북한 전체인구 중 유소년인구와 고령인구가 차지하는 비중의 합은 12.8 + 32.8 < 50.0이므로 생산가능인구가 차지하는 비중은 절반 이상이다.

11 분수 비교형
정답 ③

ㄱ. (O) 1960년 인구 순위 상위 10위 이내 국가 중 2060년 인구가 1960년 대비 2배 이상 증가할 것으로 예측되는 국가는 중국, 인도, 미국, 인도네시아, 브라질, 방글라데시로 적어도 6개 이상이다. 따라서 10위 이내 중 절반 이상을 차지한다.

ㄴ. (×) 2060년 방글라데시 인구는 1억 9,800만 명으로 전 세계 인구에서 차지하는 비중이 2.0%이므로 1%는 1억 명 미만이다. 따라서 전 세계 인구는 100억 명을 초과하지 못한다.

ㄷ. (×) 2060년 독일의 인구가 10위인 콩고민주공화국의 172백만 명 미만이라는 사실은 확실하지만 1960년 독일의 인구 73백만 명보다 적은지는 정확하게 파악할 수 없다. 따라서 판단할 수 없는 보기이다.

ㄹ. (O) 2060년 인도+중국+미국의 비중 합은 33.9%이고 러시아와 일본은 각각 1.7% 미만이므로 이를 모두 더해도 50%를 넘지 못한다.

12 분수 비교형
정답 ⑤

ㄷ. (×) 2060년 대륙별로 인구가 많은 순서는 아시아 – 아프리카 – 남아메리카 – 유럽 – 북아메리카 – 오세아니아 순이다.

ㄹ. (×) 증가율은 나이지리아가 가장 높지만 증가폭은 나이지리아 354백만 명
보다 인도 362백만 명이 더 크다.

13 각주 판단형

정답 ①

ㄱ. (×) 2002년에 비해 2003년은 감소한다.

ㄴ. (O) 종업원 1인당 매출액은 2009년이 3.5 이상으로 가장 많다.

ㄷ. (O) 영업이익 = 매출액 × 영업이익률이고 2006과 2008년의 방위산업
체 영업이익률은 5%로 동일하다. 즉 매출액이 30% 이상 증가하였는지 판
단한다. 매출액은 2006년 54,517억 원에서 2008년 72,351억 원으로 약
18,000억 원 증가하였기 때문에 30% 이상이다. 따라서 2008년 영업이
익은 2006년에 비해 30% 이상 증가하였다.

14 각주 판단형

정답 ⑤

ㄱ. (O) 경제활동인구의 증가율이 15세 이상 인구의 증가율보다 높다는 것은
경제활동 참가율이 증가한다는 말과 같다. 2018~2021년 동안 매년 경제
활동 참가율이 증가하고 있으므로 경제활동인구의 전년 대비 증가율은 15
세 이상 인구의 전년 대비 증가율보다 매년 더 높다.

ㄴ. (×) 전직 실업자 = 실업자 × 전직 실업자 비중이므로 2021년 708 × 93.8
2022년 777 × 91.4이다. 708에서 777로는 약 10% 증가하였지만 91.4
에서 93.8은 2.4로 5% 미만 증가하였다. 따라서 2022년의 전직 실업자
가 더 많다.

ㄷ. (×) 각 연도별 취업자 중 여성 비중이 40% 이상이므로 남성 비중은 60%
미만이다. 따라서 남성 취업자는 여성 취업자의 1.5배 미만이 된다.

ㄹ. (×) 2021년 실업자 중 직장을 가져본 경험이 없던 실업자 비중은 6.2%
이고, 2022년에는 8.6%였다. 따라서 2022년은 2021년에 비해 2.4%p
높다.

15 분수 비교형

정답 ②

ㄱ. (O) 인구 = $\dfrac{\text{GDP 중 유아교육비가 차지하는 비중}}{\text{인구 1명당 유아교육비}}$ × GDP이므로 C국의

GDP를 2, D국의 GDP를 1이라고 하면 인구는 C국 $\dfrac{0.36}{6,347}$ × 2 = $\dfrac{0.72}{6,347}$

, D국은 $\dfrac{0.09}{3,123}$ × 1이 된다. 분모는 2배 정도이지만 분자는 8배이므로 C
국 인구는 D국 인구보다 약 4배 정도 많다. 따라서 3배 이상 차이가 난다.

ㄴ. (×) 조세부담률이 가장 높은 국가는 A국이고, 유아교육비 대비 초등교육비

비율은 $\dfrac{\text{초등교육비}}{\text{유아교육비}} = \dfrac{\text{1인당 초등교육비}}{\text{1인당 유아교육비}}$로 판단하면 된다. 유아교육비 대비

초등교육비는 A보다 E가 더 크다.(2를 기준으로 비교한다.)

ㄷ. (O) A국의 인구 1명당 유아교육비는 3,210달러이고, 인구 1명당 초등교
육비는 5,579달러이다. 이는 각각 전체 유아교육비와 초등교육비를 A국
가 인구수로 나누어 준 값이고, GDP 대비 유아교육비가 차지하는 비중
은 전체 유아교육비를 GDP로 나누어 준 값이다. 인구 1명당 교육비를 구
하기 위한 A국 인구수는 동일하므로 결국 (3,210 × 인구)가 차지하는 비
중은 GDP의 0.59%이므로, (3,210 + 5,579) × 인구가 차지하는 비중은
1%를 넘게 된다.

16 조건 판단형

정답 ③

조건에 따라 반복하면,
· 1번째 그물은 A가 받고 2번째 그물은 C가 받는다.
· 3번째 그물은 A가 받고 4번째 그물은 B가 받는다.
· 5번째 그물은 C가 받고 6번째 그물은 A가 받는다.
따라서 B와 C가 받는 그물의 합은 3이다.

17 곱셈 비교형

정답 ②

학년 스포츠	1학년	2학년	3학년	학생
축구	160	120	120	400
야구	75	120	105	300
농구	135	105	60	300
계	370	345	285	1,000

ㄱ. (O) 농구를 좋아하는 2학년 학생 수는 105명이고 농구를 좋아하는 3학
년은 60명이다.

ㄴ. (×) B음료를 좋아하는 1학년 학생 수는 370 × 37%, 2학년은 345 × 28%
이다. 따라서 1학년이 더 많다.

ㄷ. (×) B음료를 좋아하는 2학년 학생은 345 × 28% = 96.6명, A음료를 좋아
하는 3학년 학생은 285 × 35%=99.75명이고, E음료를 좋아하는 1학년
학생은 370 × 60% = 222명이다. 따라서 전자보다 후자가 더 많다.

ㄹ. (O) E음료를 좋아하는 2학년 학생 수는 345 × 40%, B음료를 좋아하
는 3학년 학생 수는 285 × 40%, D음료를 좋아하는 1학년 학생 수는
370 × 50%이다. 따라서 630 × 40과 370 × 50 × 1.2 = 370 × 60을 비
교하면 60은 40보다 50% 크고 630은 370보다 50% 이상 크기 때문에
옳은 선택지가 된다.

📝 문제 풀이 팁!

ㄷ. 345 × 28% + 285 × 35%와 370 × 60%의 대소비교 시 3학년 학생을
285가 아닌 345라고 현재보다 많게 설정하면 345 × 28% + 285 × 35%
= 345 × 63%가 된다. 이를 370 × 60%와 비교하면 63은 60보다 5% 큰
반면 370은 345보다 5% 이상 크다. 따라서 3학년 학생을 많게 잡아도
후자가 더 크기 때문에 원래 수치대로 하면 당연히 후자가 더 크게 된다.

18 분수 비교형

정답 ⑤

ㄱ. (O) 2004년에 비해 2013년 한국영화 관객은 100에서 311로 211만큼
증가하였고, 외국영화 관객은 76에서 123으로 47만큼 증가하였다. 2008
년 외국영화 관객 수와 2012년 한국영화 관객 수는 같으므로 외국영화 관
객 수는 한국영화 관객 수의 2.8배이다. 따라서 211 > 47 × 3이므로 한국
영화의 증가폭이 더 크다.

ㄴ. (×) 우리나라의 영화시장 관객 수는 2010년 101 × 2.8 + 431 = 713.8이
다. 2011년의 경우 144 × 2.8 + 350 = 753.2이므로 2010년보다 더 많다.
(2010년에 비해 2011년은 외국영화 관객은 43 × 2.8만큼 더 많고 한국
영화 관객은 81만큼 더 적다.)

ㄷ. (×) 2010년 한국영화 관객 수의 전년 대비 증가율은 $\frac{56}{375}$이고 2011년 외국영화 관객 수의 전년 대비 증가율은 $\frac{43}{101}$으로 후자가 더 높다.

ㄹ. (×) 외국영화 관객 수는 한국영화 관객 수의 2.8배이다. 따라서 2007년의 격차가 가장 작다.

19 단순 판단형   정답 ①

① (×) <표>는 A국의 기준으로 한국, 중국, 미국으로부터의 수입이 차지하고 있는 비중을 정리한 자료이다. 따라서 중국의 수출에서 A국이 차지하고 있는 비중은 판단할 수 없다.

② (O) 비료의 경우 A국 수입량 중 한국이 매년 70% 이상이므로 다른 국가에 비해 가장 많이 수입하였다.

③ (O) 2021년 한·중·미 3국으로부터 수입한 비율이 90%를 넘었던 품목은 곡물, 육류, 비료로 총 3개 품목이다.

④ (O) 매년 한국으로부터의 수입량이 미국보다 많았다.

⑤ (O) 기계류 수입량 중 한·중·미 3국이 차지하는 비중은 39.2%에서 67%로 27.8%p 증가하였고, 전기기기는 53.4%에서 71.9%로 18.5%p 증가하였다.

20 빈칸형   정답 ④

ㄱ. (O) <표 2>에 직접 제시된 2016~2020년 기소율은 모두 지속적으로 감소하고 있으므로 2015년과 2016년만 비교하도록 한다. 2015년 $\frac{171}{465}$, 2016년 $\frac{156}{441}$이므로 분자인 기소인원은 5% 이상 감소, 분모인 처리인원은 5% 정도 감소하였으므로 2015년에 비해 2016년에는 감소하였다. 따라서 2016~2020년 기소율은 매년 전년 대비 지속적으로 감소하고 있다.

ㄴ. (×) 2016년 이후 구공판의 전년 대비 증감방향과 구약식의 전년 대비 증감방향이 동일한 연도는 2016, 2020, 2021년이다. 2020년에는 미제 건수가 전년 대비 증가하고 있다.

ㄷ. (O) 2021년의 5대 강력사범 접수인원은 414,878명으로 조사기간 중 가장 적다. 기소율과 불기소율의 격차 역시 2021년이 61.7-31.5=30.2%p로 가장 크다.

ㄹ. (O) 처리율은 2015년 $\frac{465}{474}$이고, 2021년 $\frac{406}{414}$이다. 분자와 분모의 감소폭이 비슷하였으므로 2015년에 비해 2021년 처리율이 더 낮다.

21 각주 판단형   정답 ④

순위	팀명	경기	승	무	패	득점	실점	득실차	승점
1	A	16	10	5	1	34	22	12	35
2	B	16	10	3	3	29	13	16	33
3	C	16	10	2	4	32	17	15	32
4	D	16	8	5	3	21	12	9	29
5	E	16	6	8	2	26	14	12	26
6	F	16	8	2	6	21	15	6	26
7	G	16	7	4	5	18	16	2	25

순위	팀명	경기	승	무	패	득점	실점	득실차	승점
8	H	16	6	6	4	25	21	4	24
9	I	16	6	6	4	20	19	1	24
10	J	16	5	8	3	29	21	8	23
11	K	16	6	5	5	13	14	−1	23
12	L	16	5	6	5	21	19	2	21
13	M	16	5	5	6	16	21	−5	20
14	N	16	4	4	8	20	31	−11	16
15	O	16	4	4	8	18	31	−13	16
16	P	16	4	3	9	18	26	−8	15
17	Q	16	3	5	8	15	24	−9	14
18	R	16	3	5	8	18	28	−10	14
19	S	16	3	3	10	17	30	−13	12
20	T	16	1	3	12	13	30	−17	6

ㄱ. (×) 순위 자체가 승점이 높은 순서대로 나열되어 있으므로 30점이 될 수 있는 팀을 찾으면 된다. 4위인 D가 8승 5무로 승점 29점이므로 1~3위까지의 팀이 승점 30점 이상이다.

ㄴ. (O) 현재 강등권 순위 중 가장 높은 승점은 17위 Q와 18위 R의 승점인 14점이다. 시즌 종료까지 3경기가 남아 있으므로 위 두 팀이 남은 경기를 모두 승리한다면 최대 승점은 23점이 된다. 만약 10위인 J가 남은 경기를 모두 패배하고 득실차까지 적게 된다면 강등될 가능성이 있다. 따라서 전체 20개 팀 중 10위 이하인 11개 팀이 강등될 가능성이 있다.

ㄷ. (×) 2위인 B의 득실차는 16으로 3위인 C의 15보다 크지만 득점과 실점의 합은 2위 B의 42보다 3위 C가 49로 더 크다.

ㄹ. (O) 득실차가 (+)인 팀은 12위 L을 포함하여 11개이므로 득실차가 (−)인 팀보다 더 많다. 따라서 득점이 실점보다 많은 팀의 수는 전체의 50%를 초과한다. 참고로, 득실차 > 0이면 득점 − 실점 > 0이므로 득점 > 실점이다.

22 최소여집합형   정답 ⑤

ㄱ. 2014년 정보공개 결정건수는 39,851건이며, 당일 17,053건과 2~3일 6,984건의 합은 24,037건이다. 따라서 그 비율은 60% 이상이다.
(결정 건수는 40천 건 미만이고, 3일 이내의 합은 24천 건 초과이다.)

ㄴ. 2013년 전부 공개된 결정건수는 133,074건이고, 직접출석한 건수는 128,653건이다. 직접출석한 건수 모두 전부공개 되었다고 가정하면 적어도 133,074 − 128,653 = 4,421건은 우편, 팩스 또는 정보통신망을 이용한 건수의 최솟값이 된다.

ㄷ. 2015년 직접출석 또는 정보통신망을 이용한 청구건수의 합은 29,694 + 10,429 = 40,063건이다. 미결정 + 기타 = 3,310건이므로 미결정과 기타 건수 모두 직접출석 또는 정보통신망을 이용했다고 가정하면 40,063 − 3,310 = 36,753건은 직접출석 또는 정보통신망을 이용한 청구건수 중 결정 건수의 최솟값이 된다.

23 분수 비교형   정답 ②

ㄱ. (O) 2016년의 미결정건수는 60건으로 다른 연도에 비해 가장 많다.

ㄴ. (×) 정보공개 여부 결정건수 중 소요기간이 당일인 비중은 2017년 $\frac{19}{72}$ < 30%로 2013년 $\frac{123}{140}$ > 80%의 절반 미만이다.

ㄷ. (○) 결정건수 중 비공개건수가 차지하는 비중이 가장 작은 연도는 비공개
건수가 가장 적고 소계가 가장 많은 2013년이고 청구건수 중 비공개건수
가 차지하는 비중이 가장 큰 연도는 유일하게 10%가 넘는 2014년이다. 따
라서 2014년의 미결정건수는 27로 2013년의 34보다 작다.

ㄹ. (×) 정보공개 청구건수의 전년 대비 증가율이 가장 높았던 연도는 2017
년이며, 정보공개 청구방법 중 직접출석의 비율이 가장 높았던 연도는 적
어도 2017년은 아니다.(2017년은 50% 정도이지만 나머지 해는 이보다
더 높다.)

24 분수 비교형   정답 ④

ㄱ. (×) 긍정적 평가가 가장 높은 항목은 업무지장이고, 여성인력 전반에 대한
기피는 부정적 평가가 가장 높은 항목이다.

ㄴ. (○) 응답자 수는 1,504명으로 동일하므로 비율로 비교한다. 육아휴직기간
을 '현 수준보다 연장되어야 한다.'는 응답자 비율은 10.7%이며, 출산휴가
제도개선 요구에 '대체 인력풀을 보유한 파견회사와 원활한 연결'을 요구
하는 응답자 비율은 5.0%이므로 2배 이상이다.

ㄷ. (○) 육아휴직 제도개선 요구에서 '육아휴직 장려금'이 현 수준보다 인상
될 것을 요구하는 비율이 59.2%이므로 요구하지 않는 나머지 40.8%가
전부 출산휴가 제도개선 요구에서 '출산휴가 기간 전체 임금보전'을 요구
한다면 49.3 - 40.8 = 8.5%이상은 육아휴직 제도개선 요구에서 육아휴직
장려금 수준을 요구하면서 출산휴가 제도개선 요구에서 출산휴가 기간 전
체에 대한 임금보전을 요구한다. 따라서 1,504 × 0.085 ≒ 127.8명이므
로 120명 이상이다.

25 단순 판단형   정답 ③

ㄱ. (○) 2010년에 비해 2015년의 경우 신문 광고비 지수는 8만큼 하락하였
고 TV 광고비 지수는 1만큼 상승하였다. 지수는 모두 1985년 기준이고
1985년 광고비는 TV보다 신문이 더 많으므로 2010년 대비 2015년 광고
비 총합은 감소하였다고 판단할 수 있다.

ㄴ. (○) 2015년 TV 광고비 지수는 142이고 1990년 잡지 광고비 지수는 141
이다. 1985년 광고비는 TV가 잡지보다 많기 때문에 얼마나 많은지 정확
히 판단할 수 없다고 해도 2015년 TV 광고비는 1990년 잡지 광고비보
다 많다.

ㄷ. (×) 1995년에는 1990년에 비해 지수값이 11만큼 증가했지만 1990년에
는 1985년에 비해 지수값이 16만큼 증가하였다. 따라서 TV광고비가 가
장 큰 폭으로 변화한 연도는 1990년이다.

🖋️ **문제 풀이 팁!**

ㄱ. 잡지는 감소, 라디오는 불변이므로 이 두 가지는 감안하지 않더라도 판단
가능하다.

5회 실전동형모의고사

정답

p.88

1	②	단순 판단형	**6**	③	각주 판단형	**11**	①	분수 비교형	**16**	④	분수 비교형	**21**	③	매칭형
2	③	곱셈 비교형	**7**	④	단순 판단형	**12**	④	각주 판단형	**17**	④	빈칸형	**22**	①	표–차트 변환형
3	②	단순 판단형	**8**	④	각주 판단형	**13**	①	분수 비교형	**18**	③	분산·물방울형	**23**	①	빈칸형
4	④	곱셈 비교형	**9**	③	분수 비교형	**14**	①	분수 비교형	**19**	④	분수 비교형	**24**	②	분수 비교형
5	③	분산·물방울형	**10**	②	각주 판단형	**15**	⑤	분수 비교형	**20**	①	분수 비교형	**25**	③	조건 판단형

취약 유형 분석표

유형별로 맞힌 문제 개수와 정답률, 틀린 문제 번호, 풀지 못한 문제 번호를 적고 나서 취약한 유형이 무엇인지 파악해 보세요.

유형		맞힌 문제 개수	정답률	틀린 문제 번호	풀지 못한 문제 번호
자료비교	곱셈 비교형	/2	%		
	분수 비교형	/9	%		
	반대해석형	–	–		
자료판단	단순 판단형	/3	%		
	매칭형	/1	%		
	빈칸형	/2	%		
	각주 판단형	/4	%		
	조건 판단형	/1	%		
자료검토·변환	보고서 검토·확인형	–	–		
	표–차트 변환형	/1	%		
자료이해	평균 개념형	–	–		
	분산·물방울형	/2	%		
	최소여집합형	–	–		
TOTAL		/25	%		

해설

1 단순 판단형 정답 ②

ㄱ. (×) 시 지역 고용률 상위 5개 지역 중 서귀포와 이천을 제외하고는 해당 도 지역에서의 고용률이 최상위가 아니다.

ㄴ. (O) 고용률 최상위지역과 최하위지역의 격차는 경북이 24.9로 가장 크다.

ㄷ. (×) 경기도에서 시지역 중 고용률이 두 번째로 낮은 지역은 과천시(53.4)이고 도지역에서 고용률이 가장 낮은 지역은 양평군(56.1)이지만 두 지역 사이에 다른 시가 존재할 가능성이 있다. 따라서 판단할 수 없는 보기이다.

2 곱셈 비교형 정답 ③

ㄱ. (×) 16대 국회의 정부제출법률안 가결건수는 97건이다. 15대의 경우 가결률이 544건 중 84.6%로 460건 정도이므로 16대 국회보다 더 많다.

ㄴ. (O) 부결건수의 경우 18대는 17대보다 건수와 의원발의법률안 비율 모두 증가하였고, 19대는 18대에 비해 의원발의법률안 비율은 감소하였지만 부결건수가 2배 가까이 증가하였으므로 17대 국회 이후 의원발의법률안 부결건수는 지속적으로 증가하였다.

ㄷ. (×) 17대, 18대, 19대 가결건수의 합은 340 + 222 + 492 = 1,054건이고 전체건수의 합은 489 + 379 + 938 = 1,806건이다. 따라서 55%를 초과한다.

ㄹ. (O) 법률안 전체건수 중 폐기건수가 차지하는 비중이 가장 높은 국회는 19대이며(20% 이상), 의원발의법률안 가결건수가 492 × 34.8%로 가장 많다.

3 단순 판단형 정답 ②

ㄱ. (×) B의 판매량이 1월에는 최하위이고 6월에는 최상위이나 판매량 자체는 지속적으로 증가하는지 알 수 없다. 왜냐하면 문제에서 주어진 그림에는 매월 A와 비교하여 상대적인 위치만 나타내기 때문이다.

ㄴ. (O) 2024년 1월과 2월의 D화장품 판매량이 동일하다면, D화장품 판매량 지수 역시 110으로 동일하므로 1월에 비해 2월의 화장품 판매량 지수가 상승한 상품을 찾으면 된다. 따라서 2월 화장품 판매량이 전월대비 증가한 상품은 B와 C로 총 2개이다.

ㄷ. (×) <그림>은 매월 A의 판매량을 기준으로 작성된 그래프이므로 현재 주어진 자료만으로는 판매량을 월별로 비교할 수 없다. (4월은 C의 판매량 지수가 가장 크고 D의 판매량 지수가 가장 작은 달이다.)

ㄹ. (O) 2024년 2월과 4월에는 B~E의 화장품 판매량 지수의 합이 같기 때문에 월별 판매량 중 A가 차지하는 비중이 같다.

4 곱셈 비교형 정답 ④

ㄱ. (O) 30대 이하 투표자 비중은 남자 24.8%, 여자 28.6%이다. 50대 투표자 비중은 남자 72.5 – 44.6 = 27.9%, 여자 88.6 – 40.5 = 48.1%이다. 전체 남자 투표자와 여자 투표자 수는 알 수 없지만 남녀 투표 비율이 50대가 30대 이하보다 각각 높았으므로 선거에 투표한 사람 중 30대 이하 투표자 수는 50대 투표자 수보다 적었다.

ㄴ. (O) 전체 남자 투표자 중 30대 남자 투표자는 24.8 – 10.5 = 14.3%이고 그 중 갑에 투표한 남자는 33%, 을에 투표한 남자는 21%이므로 이 둘의 격차는 14.3% × 12%이다. 같은 방법으로 40대 남자 투표자 중 갑과 을에 투표한 사람의 격차는 19.8% × 12%가 된다. 따라서 격차는 전자가 더 작다.

ㄷ. (×) 병 후보자에게 투표한 20대 이하 여자는 15.3% × 30%이고 30대 여자는 13.3% × 44%이므로 20대 이하에 비해 30대가 더 많다.

5 분산·물방울형 정답 ③

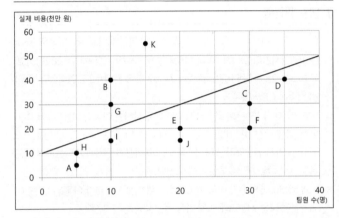

ㄱ. (×) 예산 = 1천만 원 × 인원수 + 10,000만 원이므로 평면상에서 Y = X + 10이 실제 비용과 예산이 같은 선이 된다. 따라서 실제 비용이 예산보다 많은 부서는 B, G, K이고 실제 비용이 예산보다 적은 부서는 이를 제외한 나머지 부서이다.

ㄴ. (O) Y = X + 10에서 X축과 직각인 수선의 발을 그었을 때의 폭 차이를 비교하면 된다. 예산과 실제 비용의 차이는 F프로젝트가 2억 원, K프로젝트가 3억 원이다.

ㄷ. (O) 예산이 실제 비용에 미치지 못하는 프로젝트는 Y = X + 10의 좌상방에 위치하는 B, G, K이다. 따라서 X축과 직각인 수선의 발을 그었을 때 그 차이가 보조금의 크기가 된다. B는 2억 원, G는 1억 원, K는 3억 원이므로 총 보조금 액수는 6억 원이 된다.

ㄹ. (×) 원점과 각 점을 잇는 선분의 기울기가 클수록 팀원 수 대비 실제 비용의 비율이 높다. 가장 낮은 프로젝트는 F이지만 가장 높은 프로젝트는 K가 아닌 B가 된다.

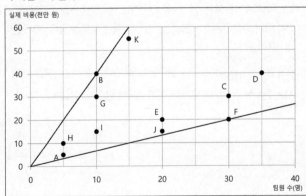

6 각주 판단형 · 정답 ③

ㄱ. (O) 생산가능연령인구의 비중은 1970년부터 2010년까지 증가하고 있는 반면 그 이후에는 감소하고 있다.

ㄴ. (O) 유소년 인구의 비중 = 생산가능연령 인구의 비중 × 유년 부양비이며 고령인구의 비중 = 생산가능연령 인구의 비중 × 노년부양비이다. 따라서 1970년 대비 1980년 생산가능연령인구비중은 증가하고 유년부양비는 크게 감소, 노년부양비는 증가하였으므로 전자는 감소, 후자는 증가하였다.

ㄷ. (×) 총부양비 = 유년 부양비 + 노년 부양비 = $\dfrac{\text{유소년 인구 + 노년 인구}}{\text{생산가능연령인구}}$ 이므로 유소년 인구수와 노년인구수의 합이 생산가능연령 인구수보다 많으면 총부양비는 100보다 클 수 있다.

7 단순 판단형 · 정답 ④

ㄱ. (O) 17:01 이후의 비중이 51.1%로 17:00 이전의 비중 48.9%보다 높다.

ㄴ. (×) 귀가시간이 18:01 이후인 아동은 109 + 79 + 77 + 17 = 282명이고, 그중 3세 이상~5세 미만 아동은 87 + 69 + 53 + 14 = 223명이었다. 따라서 약 80% 정도이다.

ㄷ. (O) 연령대가 높아질수록 18:01 이후에 귀가하는 아동의 비율은 2세 미만 40%, 2세 이상 3세 미만 37.5%, 3세 이상 5세 미만 25.7%로 감소하고 있다. 따라서 연령대가 높아질수록 18:00 이전에 귀가하는 아동의 비율은 60%, 62.5%, 74.3%로 증가하게 된다.

ㄹ. (O) 15:30 이전 귀가 아동 116명 중 3세 이상 5세 미만 아동은 112명이 귀가하여 다른 시간대에 비해 가장 높은 비중을 차지한다.

8 각주 판단형 · 정답 ④

ㄱ. (O) 각주 2)의 식을 변형하면 직전연도 등록원생수 = 당해연도 등록원생수 - 당해연도 신규등록수 + 당해연도 환불원생수가 된다. 2018년 개강을 하지 않으려면 직전연도인 2018년 등록원생수가 0이 되어야 하므로 2019년도의 당해연도 신규등록수 = 당해연도 등록원생수 + 당해연도 환불원생수가 성립하는 영역이 된다. 따라서 탐구와 영어의 경우 2019년 직전년도 등록원생수가 0이므로 2018년에 개강하지 않았음을 알 수 있다.

ㄴ. (O) 전체 등록원생수가 증가하고 있는지 판단하기 전에 먼저 각 영역에서 모두 증가하는지 판단해보도록 한다. 2020년에는 모든 영역에서 전년 대비 등록원생수가 증가하고 있다. 2021년의 경우 수학과 사회의 등록원생수를 도출하면 290, 217이므로 매년 전년 대비 등록원생수는 증가한다. (신규등록수 - 환불원생수 > 0을 만족하면 등록원생 수는 증가하게 된다.)

ㄷ. (×) 국어 환불원생수는 2022년 가장 많지만 탐구의 경우 2019년이 가장 적다.

ㄹ. (O) 탐구는 $\dfrac{147}{180}$이다. 국어, 영어는 0.5미만이고 수학은 0.5정도이며 한국사는 분자는 같으나 분모가 더 크기 때문에 탐구가 가장 크다.

영역 \ 유형 \ 연도		2019	2020	2021	2022
국어	등록원생수	495	525	550	565
	신규등록수	205	220	(205)	220
	환불원생수	175	190	180	205
수학	등록원생수	265	275	(290)	315
	신규등록수	215	205	180	190
	환불원생수	175	195	165	165
영어	등록원생수	305	335	365	395
	신규등록수	355	(185)	195	(185)
	환불원생수	50	155	(165)	155
한국사	등록원생수	195	205	(217)	235
	신규등록수	160	155	160	(165)
	환불원생수	150	145	148	147
탐구	등록원생수	165	170	175	180
	신규등록수	185	151	(165)	152
	환불원생수	20	(146)	160	147
전체 등록원생수		1,425	(1,510)	1,597	1,690

9 분수 비교형 · 정답 ③

ㄱ. (O) 2018년 이후 전년 대비 과세표준은 매년 증가하였으므로 법인 1개당 부과세액이 증가한 연도에는 당연히 과세표준도 증가하게 된다.

ㄴ. (×) 전체 법인 구성원 수 증감 여부는 주어진 자료만 가지고는 판단할 수 없다.

ㄷ. (×) 2017년에 비해 2022년에는 구성원 수는 50% 미만 증가, 부과세액은 50% 이상 증가하고 있으므로 1인당 부과세액은 증가하였다.

ㄹ. (O) <표 2>에서 2018년의 부과세액은 다른 연도에 비해 가장 적었고, 법인세 상위 50% 법인이 전체 부과세액에서 차지하는 비중 역시 2018년이 가장 낮았다. 따라서 2018년 상위 50%와 하위 50%에 해당하는 법인의 부과세액의 비율간의 격차가 가장 작았고, 부과세액도 가장 적었으므로 부과세액의 격차 또한 가장 적었다.

10 각주 판단형 · 정답 ②

ㄱ. (×) 철강은 석유화학보다 고용계수가 크지만 고용규모는 더 작다.

ㄴ. (O) 섬유의복 산업은 2사분기에 비해 3사분기에 보다 높은 상관계수 값을 갖고 있으므로 생산과 고용규모 간에 보다 큰 양(+)의 상관관계가 있다는 것을 알 수 있다.

ㄷ. (×) 철강 산업의 2사분기 상관계수는 -0.11이다. 상관계수는 생산의 증가율과 고용의 증가율을 통하여 산정되며 -1에 가까울수록 음(-)의 상관관계가 있음을 알 수 있지만 생산액과 고용규모 중 어떤 항목이 증가하고 어떤 항목이 감소하는지는 상관계수가 (-)이라는 사실만 가지고는 판단할 수 없다.

ㄹ. (O) 섬유의복 산업에 비해 반도체 산업의 생산-고용 간 상관계수가 1~4사분기 모두 낮았다.

11 분수 비교형   정답 ①

ㄱ. (×) 중국의 수출 증가율은 2006년 모든 분기에서 (+)이므로 매분기 증가하고 있다.

ㄴ. (○) 홍콩을 제외한 나머지 4개 국가로부터의 중국의 수입액은 매년 지속적으로 증가하고 있다. 따라서 일본, 대만, 한국, 미국의 대 중국 수출액은 각각 매년 증가하고 있다.

ㄷ. (○) 중국의 총수입액 증가율은 2009년에 전년 대비 39.9%가 증가하였는데 한국으로부터의 수입액 증가율은 같은 기간 51.0% 증가한 것으로 나타났다. 따라서 2008년에 비해 2009년에 중국 총수입액 중 한국으로부터의 수입액이 차지하는 비중은 증가하였다.

12 각주 판단형   정답 ④

단위당 총수송비를 정리하면 다음과 같다.

	원료산지 → 공장	공장 → 시장	단위당 총 수송비
A	5 × 70 = 350	2 × 90 = 180	530
B	6 × 50 = 300	3 × 100 = 300	600
C	2 × 70 = 140	6 × 100 = 600	740
D	4 × 50 = 201	5 × 90 = 450	650

① (○) A지역의 단위당 총수송비가 530원으로 가장 적고 C지역의 단위당 총수송비는 740원으로 가장 많다.

② (○) 철도 개통 시 B지역의 단위당 총수송비는 6km × 50원 + 3km × 90원 = 570원으로 기존의 600원에 비해 30원 감소한다. 따라서 $\frac{30}{600}$ = 5% 이다.

③ (○) 단위당 원료 수송비가 가장 많은 지역은 A이고 A지역의 단위당 제품 수송비는 다른 지역에 비해 가장 적다. 또한 단위당 원료 수송비가 가장 적은 지역은 C이며 C지역의 단위당 제품 수송비는 가장 많다.

④ (×) 철도 수송비 변화에 영향을 받는 것은 D이다. C는 종전과 동일하게 740원이 발생하고 D지역은 4km × 55원 + 5km × 99원 = 715원이다.

⑤ (○) D지역에 공장을 설립하여 제품 100kg을 생산하는 경우 총수송비는 4 × 50 × 300 + 5 × 90 × 100 = 105,000원이다.

13 분수 비교형   정답 ①

ㄱ. (×) 수입량이 전체 수입에서 차지하는 비율은 증가하였으나 전체 수입량을 알 수 없으므로 판단할 수 없다.

ㄴ. (○) 수입량 중 중간재에서 반제품이 차지하는 비중은 $\frac{46.1}{61.7}$에서 $\frac{31.5}{60.9}$로 감소하였다.

ㄷ. (×) 2022년 수입 100, 2023년 수입 120이므로, 자본재는 25.1, 22.1이 된다. 따라서 2022년 25.1에서 2023년 22.1 × 1.2 = 26.52로 증가한다.

ㄹ. (○) 무역량 대비 수출량의 비율이 60%라는 것은 수입량의 비율이 40%라는 것을 의미한다. 따라서 2023년 중간재의 경우 수입량은 40 × 60.9% = 24.36이고, 수출량은 60 × 35.7% = 21.42이므로 수출량에 비해 수입량이 많았다. 따라서 중간재는 적자를 기록하였다.

14 분수 비교형   정답 ①

<보고서>에는 폭행을 경험한 적이 전혀 없는 청소년이 가장 높았다고 되어있으나 선택지의 자료에서는 집단따돌림을 경험한 적이 전혀 없는 청소년이 가장 높은 것으로 나타나고 있다.

15 분수 비교형   정답 ⑤

ㄱ. (○) 시중은행의 은행채 발행건수는 2022년 166건이고 2023년은 1~9월만 해도 172건이므로 2023년 10~12월 발행건수를 모르더라도 증가하였다고 판단할 수 있다.

ㄴ. (○) 시중은행의 경우 2021년 $\frac{264,317}{271}$, 2022년 $\frac{246,750}{166}$으로 2022년이 더 컸으며, 지방은행의 경우 2021년 $\frac{23,971}{40}$, 2022년 $\frac{21,870}{24}$로 역시 2022년이 더 컸다.

ㄷ. (○) 2023년 10~12월 동안 시중은행의 월별 은행채 발행 금액이 당해연도 1~9월까지의 월평균 은행채 발행 금액을 유지한다면 2023년 시중은행의 은행채 발행금액은 188,775 × $\frac{4}{3}$ = 251,700이므로 2022년 246,750보다 증가하게 된다.

🖊️ **문제 풀이 팁!**

ㄴ. 시중은행과 지방은행 모두 금액의 감소율보다 건수의 감소율이 더 크다.

16 분수 비교형   정답 ④

① (○) 무인도서는 2,721개이고 유인도서는 466개이다. 따라서 5배 이상이다.

② (○) 전남의 도서개수가 압도적으로 많으며, 면적 역시 45.92km²로 충남, 경남, 제주의 합보다 더 넓다.

③ (○) 무인도서 중 면적이 0.001km² 미만인 것이 410개, 0.001km² 이상~0.01km² 미만인 무인도서가 1,192개이므로 이 둘을 합하면 1,602개이다. 이는 무인도서 2,721개의 절반 이상이다.

④ (×) 도서면적이 0.01km² 이상~0.1km² 미만인 도서개수는 984개이고 도서면적이 0.1km² 이상~1.0km² 미만인 도서개수는 399개이다. 최대면적의 차이가 10배가 나므로 도서면적이 0.01km² 이상~0.1km² 미만인 도서의 전체면적이 도서면적이 0.1km² 이상~1.0km² 미만인 도서의 전체면적보다 반드시 넓다고 할 수 없다.

⑤ (○) 인천의 무인도서 개수는 경남의 절반에 못 미치나 면적은 절반 이상이다.

17 빈칸형   정답 ④

ㄱ. (○) 1쿼터 B팀의 점수는 14 + 6 + 3 = 23점이었고 이후 2쿼터까지는 B팀의 점수가 더 높았다. 3쿼터 A팀의 점수는 전체 A팀의 2점 슛 성공 횟수가 28회이므로 3쿼터에는 10번을 성공하여 29점이 된다. 따라서 A팀이 B팀을 앞서게 된다.

ㄴ. (○) A팀의 3점슛 성공률이 가장 낮았던 쿼터는 40% 성공률을 기록한 3쿼터이고, B팀도 25% 성공률을 기록한 3쿼터로 동일하다.

ㄷ. (×) A팀의 쿼터별 점수의 합은 22 + 20 + 29 + 28 = 99점이고, B팀의 쿼터별 점수의 합은 23 + 26 + 20 + 19 = 88점이다. 점수의 격차는 11점으로 15점을 넘지 않는다.

ㄹ. (○) A팀의 자유투 성공 횟수는 7회이고 이를 모두 실패했다고 하더라도 A팀의 최종점수는 92점이 되어 B팀보다 높은 점수를 획득한다.

구분		1쿼터	2쿼터	3쿼터	4쿼터	점수
A팀		22	20	(29)	28	(99)
B팀		(23)	26	20	(19)	88
비고	A팀 2점슛	6/8	3/4	(10/12)	9/10	28/34
	A팀 3점슛	3/4	4/7	2/5	3/4	(12/20)
	A팀 자유투	(1/4)	2/3	3/3	1/2	7/12
	B팀 2점슛	7/9	7/10	8/12	5/8	27/39
	B팀 3점슛	2/5	3/4	1/4	(2/4)	8/17
	B팀 자유투	3/5	3/4	1/3	3/5	(10/17)

18 분산·물방울형
정답 ③

① (○) 주주 1명당 상장 주식수가 가장 적은 기업은 원점과 각 원의 중심을 그은 직선의 기울기가 가장 큰 기업이므로 2013년과 2023년 모두 A기업이다.

② (○) 2023년에 주주 1명당 상장 주식수가 동일한 기업은 C와 D이다. 주식가치 대비 1주당 시가의 식을 정리하면 결국 주주 1명당 상장 주식수의 역수가 되므로 결국 동일하다.

③ (×) 2023년의 경우 1주당 시가는 B$\left(\frac{6}{400}\right)$ < C$\left(\frac{4}{150}\right)$이지만 주식가치는 B$\left(\frac{6}{150}\right)$ > C$\left(\frac{4}{150}\right)$이다.

④ (○) C보다 주주수, 상장 주식수, 시가총액이 모두 많은 기업은 2013년 D, E이고 2023년 E, F이다.

⑤ (○) 2013년 A기업과 B기업의 주식가치는 $\frac{4}{700}$와 $\frac{6}{350}$으로 3배 차이가 나고 2023년 A기업과 B기업의 주식가치는 $\frac{3}{500}$과 $\frac{6}{150}$으로 4배 이상 차이가 난다. 따라서 2023년이 더 크다.

> **문제 풀이 팁!**
>
> ③ $\frac{상장\ 주식수}{주주수}$가 동일한 경우에만 1주당 시가가 높아질수록 주식가치가 높아진다.
>
> ④ C보다 우상방에 위치하면서 원 내부값이 커야 한다.

19 분수 비교형
정답 ④

① (○) 전체 외식업 모범업소는 1,653개소이고 전체 개인서비스업 모범업소는 844개소이므로 약 2배인 관계에 있다.(2배에 조금 못 미침) 따라서 외식업 모범업소의 수가 개인서비스업 모범업소의 2배를 넘지 못하는 지역을 찾으면 서울, 대구, 광주, 울산, 경기, 전남 총 6개이다.

② (○) 대전이 94개, 충남이 93개이다.

③ (○) 개인서비스업 모범업소 중 기타 서비스업이 차지하는 비중이 10% 이하인 지역을 찾으면 된다.(반대해석)

④ (×) 외식업에서 한식 이외의 업종이 차지하는 비중이 가장 낮은 지역을 비교해보면 제주와 울산 정도이다.

제주와 울산을 보면, $\frac{2}{31}$ < $\frac{3}{36}$이므로 $\frac{29}{31}$(제주) > $\frac{33}{36}$(울산)이 된다.

⑤ (○) 충청권역(대전 + 충남 + 충북)의 모범업소에서 대전이 차지하는 비중은 $\frac{94}{310}$으로 30% 이상이고 영남권역(부산 + 울산 + 경남)의 모범업소에서 부산이 차지하는 비중은 $\frac{84}{281}$으로 30% 미만이다.

20 분수 비교형
정답 ①

ㄱ. (×) 실행액과 회수액은 연구분야와 개발분야로 나누어져 있으므로 이를 합하여 비교해 보아야 한다. 2022년 12월에 실행액보다 회수액이 더 많았던 업종은 음식료품(0 < 1), B(0 < 27), C(322 < 472)이고 2023년 12월은 C(285 < 566)뿐이다.

ㄴ. (○) 2022년 11월 말에 비해 12월 말 투자 잔액이 가장 많이 증가한 업종은 D(1,692 + 1,228 − 1,973 − 810 = 137)이고, 2023년 12월 말 D의 잔액 3,436(1,346 + 2,090)과 회수액이 470(197 + 273)이므로 비율이 10% 이상이다.(2022년 월말 투자잔액이 100이상 증가한 업종은 D뿐이다.)

ㄷ. (○) 2023년 12월 제조업 R&D 투자에서 실행액 중 제조업이 차지하는 비중과 비제조업이 차지하는 비중의 차이는 60%p 이상이라는 의미는 전체 실행액 증 제조업 비중이 80% 이상이고 비제조업 비중이 20% 이하라는 것을 의미한다. 전체 실행액 연구 + 개발 = 688 + 1,554 = 2,242이고 비제조업 실행액 연구 + 개발 = 110 + 272 = 382이므로 20% 이하이다. 따라서 비중의 차이는 60%p 이상이다.

> **문제 풀이 팁!**
>
> ㄷ. 연구와 개발 각각 살펴보아도 해당 분기 전체 신기술금융 투자 실행액에서 비제조업 투자 실행액이 차지하는 비중이 20% 미만이므로 전체 역시 20% 미만임을 쉽게 알 수 있다.

21 매칭형
정답 ③

풀이

먼저 2023년 A~D의 연구분야 실행액 대비 회수액 비율이 가장 작은 업종은 B이고 가장 큰 업종은 C이다.

· 첫 번째 정보에서 2022년 연구분야의 11월 말 잔액과 12월 말 잔액의 변동이 없는 업종은 제제·지류, 비금속, 금속이다.
  → A 또는 B는 비금속 또는 금속임을 알 수 있다.

· 네 번째 정보에서 2023년 12월 말 잔액의 전월말 대비 증가율은 비금속이 금속보다 높다.
  → A는 133에서 159로 증가, B는 183에서 187로 증가하였다. 따라서 A는 비금속, B는 금속임을 알 수 있다.

· 세 번째 정보에서 2023년 제조업 개발 분야의 12월 말 잔액 중 통신·방송이 차지하는 비중은 20% 이상이다.
  → 통신·방송은 C 또는 D임을 알 수 있다.

· 두 번째 정보에서 2022년 12월 말 잔액의 화학업종과 기계장비 개발 분야의 합은 통신·방송 개발 분야와 1,000억 원 미만 차이가 난다.
  → 기계장비는 C, 통신·방송은 D임을 알 수 있다.

22 표-차트 변환형   정답 ①

① (×) 2013년 유형별 가구당 자산 보유액의 구성에서 저축액과 전·월세 보증금은 금융자산에 포함되고 부동산과 기타 실물자산은 실물자산에 포함되므로 이를 제외한 구성비를 도출해야 한다.(항목이 중복되어 그림으로 나타나 있다.)

23 빈칸형   정답 ①

① (×) 남자 외국인과 여자 외국인의 실업률은 각각 4.1%와 6.5%이다. 외국인 전체 실업률의 단순평균은 5.3%이고 남자 외국인의 수가 더 많으므로 실제 외국인 전체 실업률은 5.3%보다 작아야 한다.

② (○) 경제활동 참가율과 고용률의 공통점은 분모가 15세 이상 인구라는 점이다. 또한 경제활동인구는 취업자와 실업자의 합이므로 실업자가 0이 되지 않는 한 경제활동 참가율은 고용률보다 당연히 높다.

③ (○) 우리나라의 실업자 수는 남자 15,445 × 3.4, 여자 실업자 11,317 × 3.7이므로 남자 실업자 수가 더 많다.

④ (○) 우리나라의 경제활동참가율은 남자 $\frac{154}{208}$(70%대), 여자 $\frac{113}{217}$(50%대)이다. 따라서 10%p 이상 차이가 난다.

⑤ (○) 우선 외국인의 15세 이상 인구의 남녀 차이는 145천 명이다. 외국인의 남녀 실업자 구성비가 54.8%와 45.2%이므로 실업자는 각각 24, 20천 명이다. (실업자의 차이가 거의 나지 않고) 취업자의 남녀 차이가 201천 명 이상이기 때문에 경제활동 인구의 남녀 차이가 15세 이상 인구의 남녀 차이보다 크다.

24 분수 비교형   정답 ②

① (×) 20세 이상의 인구 중에서 음주를 '한적 없음'이라고 응답한 사람의 비중은 2013년 64.5% × 84.8%이고 2014년 70.8% × 79.3%이다. 64.5% → 70.8%는 6.3%p 증가로 $\frac{6.3}{64.5}$ ≒ 9% 증가하였지만, 79.3% → 84.8%는 5.5%p 증가로 $\frac{5.5}{79.3}$ ≒ 7% 정도 증가하였다. 따라서 2014년에는 20세 이상의 인구 중에서 음주를 '한적 없음'이라고 응답한 사람의 비중이 전년 대비 증가하였다.

② (○) 20세 이상 인구 중 자신의 건강평가를 나쁨이라고 평가한 인구는 18.2%이다. 2013년 전체 비율과 농촌 비율의 차이와 전체 비율과 도시 비율의 차이가 같으므로 20세 이상 인구는 도시와 농촌이 같다. 따라서 음주를 한다고 응답한 농촌인구는 전체 20세 이상 인구의 18.0%이므로 전자가 후자보다 더 많다.

③ (×) 2014년 20세 이상 인구 중에서 음주량이 1병 이상~2병 미만인 사람의 비율은 29.2 × 50.7% ≒ 14.8%이다.

④ (×) 2013년 20세 이상 인구 중 '음주 안함'이라고 응답한 사람은 '음주함'이라고 응답한 사람보다 매우건강 + 건강의 비중 합이 더 적다.

⑤ (×) 2014년 전체 비율과 도시의 비율 차이가 전체 비율과 농촌 비율의 차이보다 더 작다. 따라서 2014년 20세 이상 인구는 도시가 농촌보다 더 많다.

> ✏️ **문제 풀이 팁!**
>
> ① $\frac{6.3}{64.5}$ 은 $\frac{5.5}{79.3}$ 에 비해 분자는 크고 분모는 작다. 따라서 위와 같이 비율을 도출하지 않고도 쉽게 판단 가능하다.

25 조건 판단형   정답 ③

① (○) 7월의 경우 3위 득표수는 42표이므로 1위와 2위를 선택한 기자는 158명이다. 1위와 2위 간 차이는 13%p이고 26표의 차이가 발생하므로 (1위는 92표, 2위는 66표가 된다.) 2위와 3위의 득표수 차이는 24표이다. 같은 방법으로 계산하면 8월은 44표, 9월 36표, 10월 24표, 11월 20표로 가장 적었던 것은 11월이다.

구분 \ 시기	7월	8월	9월	10월	11월
3위 득표수	42	26	40	50	50
1+2위 득표합	158	174	160	150	150
1+2위 득표합/2	79	87	80	75	75
1위와 2위 격차(%p)	13	17	4	1	5
1위 득표수	92	104	84	76	80
2위 득표수	66	70	76	74	70
2위와 3위의 득표수 격차	24	44	36	24	20

② (○) 7월 MVP가 A인 경우 1단계에서 얻은 득표수는 1단계 1위 득표인 92표 또는 2위 득표인 66표이다. 2단계 득표 결과 A와 B의 득표율 차이는 40%p(= 70% − 30%)이고 A가 MVP이므로 A는 140표를 획득하였다.(B는 60표 획득) 따라서 A가 얻은 총득표수는 232표 또는 206표가 되어 1단계 투표와 상관없이 201표를 넘는다.

③ (×) 월별 1단계 투표 결과 1위 득표수는 7월부터 순서대로 92, 104, 84, 76, 80표이다. 따라서 1위 득표수가 가장 많았던 달은 8월이다.

④ (○) 7월 C는 1단계에서 탈락하였으므로 1단계 3위에 해당하는 42표를 획득하였다.

⑤ (○) MVP가 획득한 2단계 득표수는 10월에 144표이고, 11월에는 108표이므로 36표의 차이가 발생하였다.

해커스PSAT psat.Hackers.com

PSAT 학원 · PSAT 인강

해커스공무원 gosi.Hackers.com

모바일 자동 채점 및 성적 분석 서비스

목표 점수 단번에 달성,
지텔프도 역시 해커스!

해커스 지텔프 교재 시리즈

유형 + 문제				
32점+	43점+	47~50점+	65점+	75점+

목표 점수에 맞는 교재를 선택하세요! ⟺ : 교재별 학습 가능 점수대

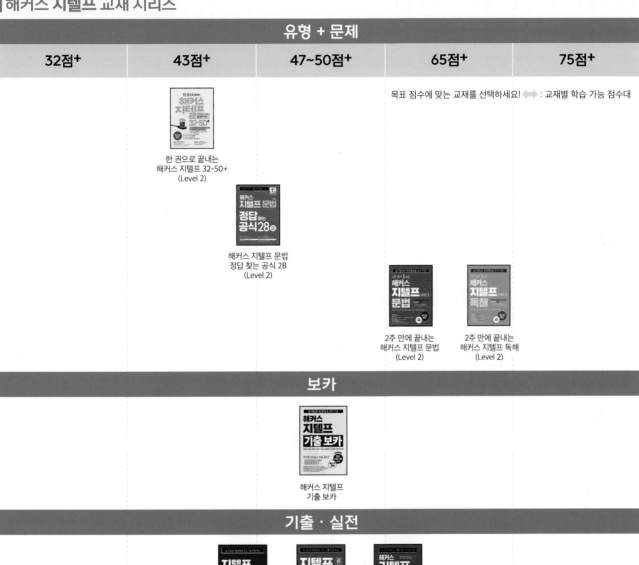

한 권으로 끝내는
해커스 지텔프 32-50+
(Level 2)

해커스 지텔프 문법
정답 찾는 공식 28
(Level 2)

2주 만에 끝내는
해커스 지텔프 문법
(Level 2)

2주 만에 끝내는
해커스 지텔프 독해
(Level 2)

보카

해커스 지텔프
기출 보카

기출 · 실전

지텔프 기출문제집
(Level 2)

지텔프 공식
기출문제집 7회분
(Level 2)

해커스 지텔프
최신기출유형
실전문제집 7회
(Level 2)

해커스 지텔프
실전모의고사
문법 10회
(Level 2)

해커스 지텔프
실전모의고사
독해 10회
(Level 2)

해커스 지텔프
실전모의고사
청취 5회
(Level 2)